조선 목공예 · 칠공예

머리말

한국의 목공예품은 인위적인 장식과 기교에 넘치는 조각이나 채색보다는 자연 나뭇결을 이용하여 순수하고 또 건강한 조형미를 갖고 있는 실용품으로서 자리 잡아 왔다. 또 국토 면적에 비해 많은 산맥과 강으로 나뉘어 지방색이 강한 문화권을 형성하게 되어 재질, 제작 기법, 형태, 금속 장석 등에서 특유의 조형 양식을 보여주고 있다.

나전칠공예품 또한 자개로 사실적이고 정교하게 표현하기보다 성글게 오려내어 단순한 가운데 무늬의 인지도를 높이고 그 영롱한 빛을 잘 살리고 있다. 문양도 인간의 염원인 수복, 길상, 장생문과 자연의 꽃과 새를 즐겨 사용하여 친근한 생활 속 공예품으로 전승되어 오늘날에도 널리 그 가치를 인정받고 있다.

예로부터 우리 생활문화의 필수품이었으며 조형미가 뛰어난 목공예와 칠공예 소품은 관련 박물관이나 고미술상에서 접할 수 있었다. 그러나 새로운 유물의 출현이 어려워지고 박물관에서조차 기타 공예 분야에 밀려 나전칠기를 제외하고는 사랑방의 문방용품, 규방용품, 함과 농, 주방용품 등으로 세분화된 주제별 전시는 더욱 기대하기 어려운 현실이다.

그마저도 박물관 전시물은 진열장 너머에 있고, 기존 책자에 수록된 사진들은 외형만 전달할 뿐 측면과 뒷면은 상세하게 살펴볼 수 없어 정확한 비례 감각을 느낄 수 없다. 또 사진 속의 가로, 세로, 높이만의 치수로 제작하게 되면 실물과 동떨어진 형태가 되고 더욱이 각 면에 새겨진 문양들은 연결된 형태를 파악하지 못해 바르게 재현하거나 연구에 활용할 수 없었다.

필자는 전통 목가구 중에서 뛰어난 유물을 선정하여 그에 대한 사진과 정확한 실측, 상세 도면, 짜임과 이음, 목재, 금속 장석, 실내 가구 배치, 목공구에 이르기까지 집성한 『한국 전통목가구』(1982년)와 『조선 목가구 정석』(2023년)을 발간한 바 있다.
이후 오래전부터 접하기 어려운 수준급의 목공예품과 칠공예품을 별도 책자로 묶어 보려 하였으나 그 범위와 숫자가 방대하여 기본 구상을 설정하는 데 어려움이 많았다.

본 『조선 목공예·칠공예』의 공예품 선정 기준은 생활공간에서 사용하는 크기가 작고 전통적 조형미가 뚜렷하면서 공예의 본질인 기능성에 충실한 것을 택했다. 다음 그 비례와 치수, 구조, 제작 기법에 대한 폭넓은 조사를 통해 현대 생활 속에서도 지속적으로 활용되길 바라는 의도로 집필했다.

촬영한 사진은 250여 점이 넘었으나 엄선하여 목공예품 130점, 칠공예품 73점으로 총 203점을 실었으며, 각각의 상세 장면 6~8매씩을 첨부하여 1,500여 장면으로 구성했다.

여기에 해설과 함께 외형적인 관찰로 어려운 목재의 두께와 각 부위별 치수를 정확히 실측하고 명칭을 표기했다. 또 세세한 설명을 통해 구조, 제작 기법, 문양, 금속 장석 등을 밝히고, 사진만으로도 물성物性을 접하는 효과를 얻도록 조명과 촬영 각도에 최선을 다했다.

게재된 사진들은 유물을 심도 있게 살펴 가며 촬영하느라 많은 시간이 소요되었고 또 그 숫자가 많고 다양해 필자가 스트로브 조명 기술을 익혀 직접 촬영했다. 결과로 의도하는 장면을 여러 각도로 시도한 끝에 좋은 효과를 얻을 수 있었다.

이후 포토샵 작업까지 직접 하여 전통 목공예와 칠공예에서 보이는 질감과 색조에서 유물을 마주한 듯 사실감이 전달되도록 접근했다.

편집에서도 상세 구조와 제작 기법, 질감 등의 이해도를 높이고자 다양한 장면을 촬영했으나 한정된 페이지로 인해 그 중요성에 따라 사진을 선정하고 확대, 축소했는데 이 과정 또한 필자가 담당했다.

본 『조선 목공예·칠공예』가 전통 장인에게는 재현품 제작에 도움을 주고, 현대 공예 작가에게는 디자인과 제작 기법의 DNA를, 미술사학자에게는 연구 자료로서, 고미술상에는 미술품 감정의 기준을 제공하고, 나아가 젊은 세대들의 관심을 끌 수 있는 아름다운 공예품을 소개하는 데 보탬이 되기를 기대한다.

본 책이 출간되기까지 유물 선정에서부터 촬영, 재촬영, 원고의 자료 수집을 위한 수없는 방문에도 '공유共有한다.'는 수집의 취지와 지향으로 귀중한 유물을 내어주신 소장자님께 고개 숙여 감사드린다.

불교 장엄구 선정과 원고 집필에 도움을 준 최선일 박사와 나전칠기 전 공정을 실제로 제작하여 이해도를 높인 국가무형유산 칠장 정수화 님께도 감사드린다.

2년에 걸친 사진 촬영과 실측을 도와준 동료들과 출판업계의 어려운 실정에도 한결같이 밀어주는 한문화사, 복잡한 편집과 진행을 적극 지원해 준 편집실에도 감사드린다.

2025년 8월

박 영 규

차 례

I 개론
概論

1. 목공예木工藝

가. 조선 목공예 특성

목가구를 비롯한 한국의 목공예품은 장식적이고 인위적인 정교한 조각이나 화려한 칠보다는 자연 나뭇결을 사용하여 순수하고 소박한 미를 나타내고 있다. 또한 한반도의 자연환경과 지역적 특성을 잘 반영하고 사회적 규범과 생활문화에 따라 개성이 강하고 건강한 조형미를 보여주고 있다.

1) 기후적 특성

한국의 기후는 사계절이 뚜렷하여 여름철에는 덥고 습해 나무가 잘 자라고 춥고 건조한 겨울에는 덜 자라므로 오랜 세월이 지나는 동안 선이 분명한 나이테가 생성되는데 이를 켜면 아름다운 자연 나뭇결의 판재를 얻게 된다. 수종에 따라 판재의 색감과 나뭇결, 재질 등에서 특성을 지니고 있으므로 가구의 형태와 용도에 따라 적재적소에 사용한다.

이러한 한서의 차이는 나뭇결이 뚜렷하여 아름다운 판재를 구성할 수 있는 장점은 있으나 여름철에는 습도가 높아 늘어나고 겨울에는 건조하여 줄어드는 심한 수축 팽창으로 인해 넓은 판재는 비틀리고 갈라지기 쉽고, 기둥도 비틀리고 휘어져 가구 재료로서는 적당하지 않다.

이런 현상을 극복하기 위해 느티나무, 물푸레나무, 단풍나무, 먹감나무 등 무늬가 좋은 판재를 얇게 켠 후 수축 팽창이 별로 없는 잘 마른 오동나무나 소나무 판재를 뒤쪽에 엇갈려 붙여 부판을 제작해 사용했다. 부판 기법의 활용으로 목재가 수축 팽창되는 결점을 막을 그럴 뿐만 아니라 좁은 판재로도 아름다운 나뭇결의 활용이 가능하게 되었는데, 기둥과 쇠목, 동자 등 힘을 받는 골재와 함께 사용함으로써 한층 조형성이 뛰어난 대형 가구의 제작이 가능하게 되었다.

한서의 차이가 심한 환경에서는 목가구의 짜임과 이음에 대한 구조적 복안이 마련되어야 한다. 비교적 넓은 판재로 구성된 장과 농의 앞면은 쇠목이나 동자 등의 골재로 분할하고, 머름칸이나 쥐벽간, 복판 등의 좁은 면들로 재구성했다. 판재를 골재에 홈을 파고 끼워 넣었는데 이때 풀을 사용하지 않고 홈 안에서 판재의 수축 팽창의 변화를 수용할 수 있도록 했다.

이런 면분할은 서랍, 여닫이문 그리고 수장 공간을 고려하고 또 전체 힘의 균형과 조화를 위해 계획적인 디자인 시도가 필요했다. 조선 시대 가구의 선과 면의 배분은 한국적인 독특한 비례로 발달했는데 가구에서뿐만 아니라 오늘날의 주거 양식이나 실내 공간에도 잘 어울려 그 미적 감각이 높이 평가되고 있다.

| 1 반으로 쪼개기 | 2 부판 | 3 나뭇결 좌우 대칭 | 4 연귀촉짜임 |

〈국가무형유산 소목장 박명배 제공〉

2) 지형적 특성

한국은 국토 면적에 비해 산맥과 강이 많아 여러 지방으로 나뉘어 있다. 이는 지방 간의 교통을 불편하게 하고 고립시키는 요인이 되어 개성이 강한 향토 문화권을 형성하게 되었다. 목공예 분야에서도 지방 특산의 목재와 생활 양식에 따라 목가구들이 제작되었는데, 형태와 제작 방법, 사용된 재질, 금속 장석의 형태 등에서 지방 고유의 미를 내포한 조형 양식을 갖게 되었다.

먹감나무를 즐겨 쓰는 전라도 지방의 좌경, 판재에 조각을 넣은 보성 지방의 좌경, 아름다운 무늬목 판재 둘레에 뇌문을 상감한 통영 지방 좌경, 예천 지방의 정교한 떡살과 다식판, 통나무 속을 파낸 함지와 통나무를 회전시켜 갈이질해 깎은 강원도와 전북 남원 지방의 원반, 제기 등 각 지방 특유의 형식을 보인다. 그중 강한 개성을 보이는 것은 소반이다.
소반은 천판, 운각, 다리 형태와 제작 방법, 사용된 목재질, 제작 기법에 따라 해주, 나주, 통영, 강원, 충주반 등으로 나뉘는데, 각기 특색 있는 아름다움과 기능을 고려한 지방 고유의 조형 양식을 갖고 있다.

3) 주택 양식과 목공예

한옥은 방바닥에 불을 때는 온돌 구조로서 바닥에 앉는 평좌 생활을 했다. 실내에 놓이는 가구들은 천장의 높이와 앉은키에 맞춰 낮게 제작되었고, 좁은 실내 공간을 고려하여 주로 벽면에 가구를 배치했다. 따라서 사용에 편리하고 시각적으로 어울리는 낮으면서도 단순한 선과 면들로 짜인 형태가 바람직하다.

조선 시대는 일찍이 도입된 유교적 관념에서 남녀유별이 강조되어 남자의 공간인 사랑채와 여성의 공간인 안채로 분리되었다. 대가에서는 사랑채와 안채로 구분되나, 서민들의 일반적인 'ㄱ자'형 가옥에서는 부엌과 안방 그리고 대청을 건너 사랑방이 있다. 안방과 사랑방 사이의 대청은 비교적 좁은 주택 구조에서도 독립되고 안정된 공간을 유지했다.
남녀 공간이 분명히 나뉘어져 있었으므로 두 공간에서 사용하는 목공제품들은 형태와 용도에 따라 형식, 구조, 재질, 무늿결, 비례, 색채 등에서 조형 양식이 서로 독특하게 발전되었는데 이는 한국 목공예가 갖고 있는 또 하나의 커다란 특성이라 할 수 있다.

나. 생활문화와 목공예

1) 선비문화와 목공예

가) 선비의 이념과 일상

선비라는 표기는「용비어천가」에 처음으로 나타나며 유생儒生, 유사儒士, 소유小儒, 노유老儒를 의미했다. 즉 조선 초의 선비는 유학을 공부하여 관리가 되려는 사람이나 관리가 된 사람을 가리켰다.
이후 중종 대에 최세진이 편찬한 자서字書인「훈몽자회訓蒙字會」에는 유儒가 선비 유로 나와 있고 뜻을 보충하여 수도공학왈유守道攻學曰儒 즉 도덕을 지키고 학문에 힘쓰는 사람으로 설명하고 있다. 따라서 선비의 바탕이 도덕과 학문에 있음을 알 수 있다.
조선 후기에 이르면 선비의 증가로 벼슬하지 못한 이들이 주류를 이루게 되었다. 따라서 독서왈사讀書曰士라 하여 관직과 관계없이 유학을 공부하는 모든 사람을 가리키게 되었다. 일반적으로 사랑방 주인의 대부분은 학문을 중시하는 선비이므로 신분적으로는 양반이며 경제적으로는 가난한 층도 있었으나 대부분 중소 지주층이었다.

선비는 학문을 닦고 후학을 가르치는 일 외에도 벗과 함께 인생을 논하고, 진경산수眞景山水를 시로 읊거나, 그림을 그리며, 거문고, 비파, 생황 등 악기 연주와 감상을 통해 예술을 즐기는 학예일치學藝一致의 생활을 즐겼다. 도자기와 청동기의 골동품을 감상하며, 호연지기浩然之氣와 교류의 공간으로 사랑방을 매우 중요한 자리로 인식했다.

그 외 취미로는 활쏘기, 투호, 전각篆刻, 난 기르기, 수석 감상 등이었으며 오락으로 바둑, 장기, 쌍륙, 골패, 윷놀이, 종정도從政圖 등을 했다. 또 글을 읽을 때 향을 피웠으며 차를 마시고 담배도 즐겼다.

선비들의 일상을 잘 나타낸 그림으로 단원 김홍도의 「포의풍류도布衣風流圖」를 들 수 있는데 "흙벽에 종이창을 내고 종신토록 포의 차림으로 시와 그림을 즐겼으면 좋겠다."는 글이 적혀 있다. 그림 속에는 서책과 그림, 벼루, 먹, 붓, 중국 청동기와 도자기, 비파와 생황, 윗목에는 청빈함을 상징하는 파초 등 모두가 선비의 생활이자 취향을 나타내는 것들로 채워져 있다.

또 군현도를 보면, 관직에서 물러난 현자들이 들판에서 회합을 갖고 시와 그림을 감상하며 거문고로 풍류를 즐기는데 곁의 동자가 차를 끓이고 있다. 주변에는 서화, 서책, 필통, 벼루, 종이, 주안상과 찬합이 놓여 있다.

5 포의풍류도布衣風流圖. 김홍도   6 군현도群賢圖. 김홍도

나) 사랑방 목공예 특성

일반적으로 선비들의 생활 공간은 사랑, 공부하는 서재는 문방이라 부른다. 또 서재는 마음을 닦아 맑게 한다는 의미로 청재淸齋나 산재山齋로도 불렀다. 문방에는 안정된 공간에서 문방 생활에 꼭 필요하고 지적 사고에 방해가 되지 않는 간결하고 검소한 기물들을 두었다. 또 집안의 전통을 중시하는 사회적 규범과 주인의 인격, 덕망, 학식, 안목, 취향에 따라 중후함과 격조 있는 가구들로 꾸몄다.

한옥 구조에 따라 가구는 천장의 높이와 앉은키에 맞춰 낮게 제작되었고, 폭이 좁고 깊이도 얕은 아담하고 비례가 좋은 가구들을 벽면에 배치하여 좁은 공간을 너르게 사용할 수 있게 구성했다.

문방생활의 간결하고 고상한 분위기에 부응하는 목가구 형태에 대해, 홍만선洪萬選(1643~1715)이 1700년경 지은 『산림경제山林經濟』를 유중림柳重臨(1705~1771)이 1766년 증보하여 편찬한 『증보산림경제增補山林經濟』에 기술된 내용을 살펴보면 다음과 같다.

책 16권 "서안의 모양은 소박해야 하며 운각을 만들거나 붉은 칠을 하지 않아야 우아하다." "집안에 여러 가지 가구를 놓아두되 속되지 않고 고상해야 한다. 여름과 겨울이 같지 않아야만 비로소 고인운사高人韻士의 집이라 할만하다."

또 연갑의 목재 선택과 제작에서는 "깊은 산중에서 자란 물푸레나무의 혹으로 백 년간 충분히 비, 바람, 이슬, 서리를 맞고 부풀어 올라 울퉁불퉁한 낭종이 있는 것을 쓴다. 그 속에 산천, 운기雲氣, 초목, 날짐승, 인물 등의 문양이 들어 있으면 정말 진기한 물건이다. 재주 있는 장인에게 크기를 마음대로 잘라 벼룻집(연상, 연갑)을 만들게 하되 운각을 새기거나 금석金錫으로 꾸미거나 붉은 칠을 할 필요가 없다. 너무 품위를 잃게 될지 모르기 때문이다. 속새로 광을 내거나 약간의 참기름으로 닦으면 자연스레 매끄럽고 누렇게 되어 좋다."고 했다.

책 11권 '가정家政' 상上에는 "집안에 서책이 있으면 따로 깨끗하고 건조한 방에 간직하여 봉쇄하고 단지 지금 읽는 책만 가져다가 책상 위에 두고 보는 것이 바른 방법이다. 만약 서재에 많이 쌓아 두면 서점 같은 천한 분위기가 있을 뿐 아니라 책에 성의가 없어져 사방에서 빌려 가면 종종 잃어버릴 근심이 생긴다."
"거문고는 아악雅樂으로 사람의 간사한 마음을 금지하므로 군자는 연주하는 것을 배운다."고 했다.
이로써 사랑방에 풍류를 즐기기 위한 거문고를 벽에 걸었던 것을 짐작할 수 있고 이외 우아한 놀이로 여긴 바둑판도 함께 두었다.

사랑방의 의도를 가장 적절하게 충족시킬 수 있는 실용 공예 재료는 목재다. 자연 무늿결의 순수함과 부드러운 질감, 어떤 형태로든 제작이 쉬운 연질이며, 주변에서 쉽게 구할 수 있고 또 생활 공간에서 적응력이 뛰어나기 때문이다.
소나무와 오동나무가 주로 사용되었고 특히 오동나무는 표면을 인두로 지져 짚으로 긁어내면 단단한 나뭇결이 살아나는 낙동 기법으로서 묵직하면서 검소한 분위기를 띠어 선비의 기품을 잘 표현하고 있다. 또 온습 조절이 가능한 특성으로 서류나 의복, 중요 기물을 보호하는 목적으로 필통, 지통, 연상, 망건통, 탕건통, 갓통, 함과 상자 등에 널리 애용되었다. 그 외 느티나무, 배나무, 참죽나무가 적재적소에 사용되었다.

수준 높은 사랑방가구를 제작하는 경우 장인에게만 의존하기에는 미흡하다. 그들은 제작 기술은 완벽하나 문방생활과 실내 분위기에 대한 이해가 부족하며, 깊은 안목이 요구되는 비례감각, 선과 면의 처리, 질감을 통한 재료의 선택 등에서 사고의 깊이가 다르기 때문이다. 선비의 이상과 취향에 맞는 격조 높은 목공품을 제작하기 위해 세심한 부분까지 적극적인 관찰과 지도가 있었음을 짐작할 수 있다.

사랑방의 가구 배치를 살펴보면 방 주인의 사회적 지위, 사고와 이념, 취향에 따라 그 규모와 분위기 등에서 개성이 뚜렷하게 나타난다.
실내의 중심부인 아랫목에는 글을 읽거나 쓰는 용도 외에 내객來客과 마주 앉은 주인의 위치를 지켜주는 서안과 그 측면에 문방사우인 종이, 벼루, 먹, 붓을 넣는 연상을 놓았다. 서안의 옆에는 낮고 넓은 사각의 목판형 재판이 있어서 연초합, 타구, 재떨이, 담뱃대 등 끽연구를 한데 모아 정리하여 사용에 편리하고 또 단정해 보이도록 했다. 아랫목에는 남성의 기백 또는 인생의 좌우명에 대한 시, 사군자 등과 함께 그 방의 주된 분위기를 나타내고 있다.

그 외의 가구들은 벽쪽에 위치한다. 머름 위에 큰 창호를 설치하여 사람이 앉아서 뒷마당의 자연을 내다볼 수 있도록 배려했으며, 그 밑의 공간을 활용하고자 키가 낮은 문갑을 놓았다. 벽면에는 붓걸이와 고비처럼 작고 간결한 구조의 소품들을 부착하고, 책장, 책궤 등을 배치한다.
이처럼 좁은 공간과 앉은키에서 사용이 편리하고 시각적으로도 어울리는 가구는 아담하면서 정리된 선과 면들로 짜인 형태가 바람직하다.

7 사랑방 목공예품 배치 - 오른쪽   8 사랑방 목공예품 배치 - 왼쪽

다) 사랑방용품

사랑방가구로는 문방 용구가 주류를 이루는데 글을 읽고 쓰기 위한 서안, 지필묵紙筆墨을 보관하는 연상, 필통, 지통, 책을 보관하는 책장과 책탁, 중요 기물을 수장하는 함과 상자 그밖에 다양한 소품들이 있다.

『증보산림경제』12권에 사랑방의 살림살이(제중기용齋中器用)로서 책상, 평상, 궤, 갑게수리, 등잔걸이[燈架], 서등書燈, 화로, 향로, 향합, 벼루, 벼루갑, 연적, 필통, 고비, 책장, 화병, 매장梅欌, 병풍, 족자, 대나무발, 바둑판, 병[壺], 술잔, 부채, 갓, 먼지떨이, 약항아리, 협도夾刀, 여의如意 등을 열거했다.

사랑방가구들을 기능에 따라 분류하면 다음과 같다.
- 글을 읽고 쓰기 - 서안, 경상, 서탁書卓
- 벼루 보관 - 연상, 연함, 연갑硯匣
- 책 보관 - 책탁자, 삼층탁자, 책장, 책궤冊櫃
- 종이 보관 - 지통, 고비
- 붓 보관 - 필통, 필가筆架, 필격筆格
- 중요 기물 보관 - 이층장, 갑개수리
- 서류 보관 - 서류함, 상자
- 끽연도구 보관 - 재떨이, 장죽長竹, 장죽걸이, 연초합
- 의관 보관 - 의걸이장, 망건통, 탕건통, 관모함
- 기타 - 목침, 팔걸이, 좌장坐杖, 합죽선, 안경집, 수로手爐

(1) 지통紙筒

지통은 축으로 된 색간지나 종이를 꽂아 보관하는 문방가구로, 24cm가량의 축軸으로 된 색간지나 종이 두루마리는 서너 개를 함께 지통에 꽂아 문갑이나 머릿장, 책장 위에 올려서 보관한다. 또한 45cm가량 되는 긴 종이 두루마리는 더 크고 깊은 지통에 꽂아 방바닥에 내려놓고 사용했다.

지통의 대부분은 굵은 오동나무 내부를 원통형으로 파내고 바닥은 소나무 판재로 덧대어 구성했으며, 표면 전체에 낙동 기법을 활용하여 묵직하면서 소박한 느낌을 준다.

9 지통

10 지통

11 죽제지통

(2) 필통筆筒

필통은 글을 쓰거나 그림을 그리기 위한 붓을 꽂아 두는 용구다. 문방생활에 필수적이며 사용하던 붓을 물로 깨끗이 씻어 붓끝을 위로 하여 꽂아 두며, 사랑방가구 중에서도 주인과 가장 가까이 두고 애용하게 되므로 선비들의 취향과 개성이 그대로 반영되었다. 통나무를 파내어 제작한 것이 있는가 하면, 6각, 8각 등 여러 판재를 붙여 통을 구성한 것, 붓의 용도와 재질에 따라 분리하여 넣을 수 있도록 여러 개로 합쳐 구성된 것도 있다.

주로 오동나무 판재로 짜 맞춘 다음 윗지름에 따라 높낮이를 적절히 배치하여 서로 조화를 이루고, 복잡한 치장이나 문양 없이 낙동 기법을 활용하여 검소한 선비의 기품이 잘 드러나게 만들었다.
이밖에 재질이 치밀하고 부드러워 조각이 쉽고 무늬의 사실적 표현이 가능한 은행나무 판재로써 바닥보다 입구가 넓고 약간 외반되게 8각 형태로 짜 맞춘 전형적인 필통이 있고, 지통의 형태에 양각하거나 입체로 사군자문 또는 십장생문을 사실적으로 투각한 것도 있다.
대나무 통을 한 개 또는 다른 높낮이로 3개, 5개, 7개 합해서 구성한 것도 있는데, 대나무 표면에 매화, 난초, 국화, 십장생문 등을 조각하거나 인두로 지져 무늬를 새기는 낙죽 기법을 사용했다.

12 필통

13 투각 필통

14 죽제필통

(3) 붓걸이筆架

붓을 오랫동안 사용하려면 사용 후 물로 깨끗이 씻어 먹의 아교 성분을 빼고 말려 두어야 하는데, 필통은 붓끝을 위로 세워서 보관하는 반면 붓걸이는 붓대를 걸어 놓아 털을 가지런히 할 수 있는 장점이 있다. 대부분 목재, 대나무, 유기로 만들었으며, 판재를 박쥐나 나비 등의 형태로 깎은 것, 만자나 기하학적 무늬를 넣어 실내 장식을 겸한 것, 극히 단순한 형태의 골재로 짜 맞춘 것 등이 있다.

가느다란 골재로 짜인 붓걸이는 옆으로 긴 단순한 장방형으로 뛰어난 비례감각을 살리고, 붓을 걸어 놓았을 때의 시각적인
길이까지 고려한 것으로 보인다.

15 붓걸이   16 붓걸이   17 붓걸이

(4) 고비考備

고비는 서찰이나 시전 등을 끼워 보관하면서 벽면을 장식하는 가구다.

주로 오동나무나 대나무를 사용했는데, 오동 판재인 전면 중앙에 매화나 대나무문을 음각하거나 만卍자문을 투각하여 그 사이로
편지지나 색간지가 투영되는 효과를 높인 것이 있다.

평좌식 생활로 인해 천장이 낮고 폭이 좁은 실내에서 문갑과 인접한 벽면 공간을 붓걸이 또는 고비로 장식하여 여백을 살리고 안정된
분위기를 추구했다. 실내 분위기는 물론 주위 가구들과의 조화를 고려하고 또 주인의 취향과 안목에 따라 다양한 형태가 있다.

생활 양식이 서구화되면서 규격화된 봉투를 세워 꽂아 두는 편지통이 사용되면서 고비의 기능이 점차 사라져 현존하는 숫자가
많지 않다.

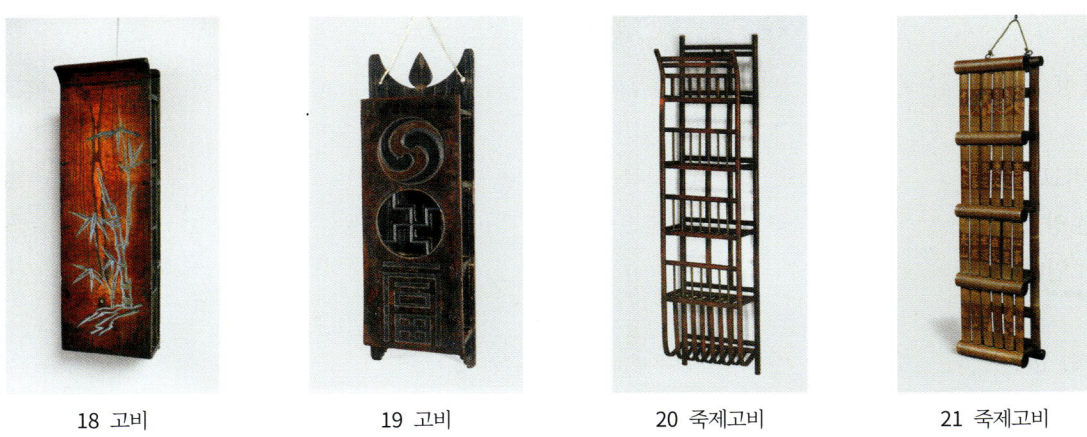

18 고비   19 고비   20 죽제고비   21 죽제고비

(5) 연상硯床

연상은 문방사우인 벼루, 먹, 붓, 종이 등의 소품들을 한데 모아 정리해 두는 문방가구로 서안의 옆에 위치한다. 벼루는 사용하는
중에 먹물이 흘러 주변을 더럽히거나 잘못 다루어 손상되지 않도록 연갑硯匣이나 연상에 보관한다. 연갑과 연상은 뚜껑과 서랍이
있는 점은 공통적이나 연갑은 상자처럼 낮고 사방이 막혀 있다.

현존하는 연상의 대부분은 전라도 지역에서 생산된 것으로 하단에 높고 너른 뚫린 공간을 두어 연적이나 두루마리를 넣기도 하며
버선코형 풍혈을 두르기도 한다. 목재는 주로 짙은 먹감나무 판재를 사용하거나 은행나무에 사슴, 소나무, 운학 등 장수를 뜻하는

문양들을 반양각하여 치장했다. 반면 경기도 지방 것은 전라도 지역 형식을 갖춘 것이 있는가 하면 뚜껑이 없이 높은 다리로 경쾌함을 강조하기도 했다.

연갑은 고려 시대의 초상화에 나타나기도 하고 「산림경제」 기록에 사랑방 비치용품으로 나열되고 있으나 연상에 대한 언급은 없다. 당시에는 연상과 연갑의 구별 없이 연갑으로 불렀거나 또는 19세기 이후에 연상이 연갑의 개량품으로 제작되었을 것으로 짐작된다. 현재 남아 있는 연상의 대부분이 19세기 후반 것으로 이를 뒷받침해 주고 있다.
연갑이나 연상에서 벼루를 넣고 덮는 뚜껑은 두께가 얇은 판재지만, 낮은 턱을 만들어 걸쳐서 미끄러지지 않게 되어 있다. 이 판재는 뚜껑으로 단정하게 닫아두는 용도지만, 무릎이나 서안에 기대어 놓고 간단히 글을 쓰는 서판書板 역할을 하기도 한다.

22 연상   23 연상   24 연상

(6) 서안書案, 경상經床
서안은 책을 읽고 글을 쓰는 용도 외에 유교의 영향으로 가계家系, 관직, 연장자 등의 서열에 따른 아랫목의 위치를 지켜주는 중추적인 사랑방 가구이다.
방바닥에 앉아 책을 읽고 글을 쓰기에 적당한 높이와 함께 책을 펼쳐 놓을 수 있는 면적을 고려한 크기로 개인적인 취향과 용도, 지방 특성 등 여건에 따라 검소, 단순한 것과 중후하고 권위적인 것, 사용에 편리한 기능적인 것 등 매우 다양한 형태로 제작되었다.
경기 지역은 비교적 목재에 구애받지 않고 소나무나 오동나무 판재를 즐겨 사용했는데 단순하고 경쾌한 분위기를 보인다. 다른 지역의 서안은 양 측면에 만卍자문을 투각하거나 공간을 크게 뚫고 주변에 버선코형 풍혈을 둘렀으며 서랍이나 공간을 설치하여 하단이 짧아 보인다.

『증보산림경제』 16권 '청재위치淸齋位置(몸을 깨끗이 재계하는 위치)'에는 "서안의 모양은 소박해야 하며 운각을 만들거나 붉은 칠을 하지 않아야 우아하다." 이는 화려한 조각이나 칠 그리고 금속 장석은 현란하여 안정된 분위기를 얻을 수 없으니 자연적인 무늬목으로 고결함을 취하라는 뜻이다.
"느티나무로 제작된 서안은 무늬가 강하여 정신을 흐리게 하므로 오동나무나 소나무로 만들라."고 할 정도로 사랑방 용품은 의식적인 치장보다는 안정된 분위기를 중시했으며 목재의 선택에도 신중했다.

경상은 서안의 일종으로 사찰에서 불경을 읽을 때 사용했는데 천판의 양 끝부분인 개판이 두루마리 형태로 위로 올라가 있으며 호족형 다리를 갖춘 것을 말한다. 두루마리귀는 권책卷冊 또는 접책摺冊으로 엮인 화엄경華嚴經이나 법화경法華經 등을 펼쳐볼 때 양 끝으로 떨어지는 것을 막아주는 역할을 한다.
두루마리귀 형식은 중국 가구의 탁자에서 전래된 것이나, 조선 목가구에서 호족형 다리를 부착한 것은 하단에 비해 상부가 육중해 보이는 것을 시정하여 안정감을 주도록 토착화한 것으로 보인다. 종교적이고 엄숙한 분위기에서 사용되던 것이 정신적이고 내면의 세계를 추구하던 조선 시대의 사랑방에까지 받아들여진 것으로 생각된다.

이런 형식이 16세기 후반 사랑방에서 사용되었다는 내용의 명문이 적힌 경상으로 미루어 16세기 전반이나 그 이전에 이미 서안으로 쓰였음을 짐작할 수 있다. 참고로 소개하면, 서애西厓 유성룡柳成龍(1542~1607)이 만들어 그 후손이 대대로 사용해 오던 것으로, 난難 중에 천판만 남은 것을 이만부李萬敷(1664~1732)가 유여상柳汝常의 부친으로부터 얻어 다리를 새로 만든 경위를 밝히고 있다.

일반적으로 경상은 천판 하단과 호족에 넝쿨 문양과 죽절 형태의 풍혈을 투각하여 장식성과 권위적인 면을 강조하고 있다. 서랍 앞바탕에 각재로 동자를 설치하여 비례감각을 살려 분할한 후 여의두문과 안상문을 반양각하는데 이는 불구佛具와 사랑방의 책장 등에 즐겨 사용된 문양이다.

25 서안   26 죽장서안   27 경상

이밖에 사랑방 용품으로는 중요 서류와 기물을 보관하는 함과 상자, 인궤, 의관을 위한 망건통, 탕건통, 갓통, 낮잠을 즐기기 위한 목침, 윗몸을 의지하는 팔걸이, 여행과 풍수를 위한 선초, 나침반, 표주박, 심신 단련과 여가 선용을 위한 화약통, 화살통, 바둑판 등이 있다.

28 연초갑   29 팔걸이   30 망건통

31 서찰통   32 인궤   33 바둑판

2) 규방문화와 목공예

조선 시대의 건물 배치를 보면, 남향집으로서 대지가 동서보다 남북이 긴 장방형인 경우 사랑채는 동남쪽, 사당은 동북쪽, 안채는 서북쪽에 배치했다. 안채는 살림을 관장하는 시어머니가 안방을 차지하고 며느리는 건넌방에서 지냈다. 그러나 안채, 별채, 별당이 있는 대저택이면 며느리는 별채를 쓰게 된다.

상류의 부인은 안채 중문 밖으로 발걸음을 내딛지 않는 것을 이상으로 삼았다. 부득이한 경우 외출해 뵈러 가는 대상은 부모 형제, 시부모 및 백부모, 숙부모, 고모, 이모, 삼촌 외삼촌 등 소위 삼친등三親等 범위였다.

가) 규방의 의미와 일상

규방閨房은 여성들이 거처하는 공간을 일컬으며 큰 의미로는 사랑채와 대조해 안채 전체의 생활 공간을 지칭하기도 한다.

유교의 관습으로 모든 학문과 사회 활동은 남성 중심이었고 문방은 남성 전용 공간으로서 인식되었다. 비록 여성이 거처하는 곳에 서적과 지필묵연紙筆墨硯을 위시한 문방 용구를 갖추고 글을 배우더라도 여성의 본분은 집안에서 의식주 살림을 총괄하는 일이었으므로 문방이라 부르지 않고 내실 또는 규방이라 했다.

규방은 가정생활의 중심이 되는 곳으로 식구들이 한자리에 모여 식사나 담소를 즐기거나, 의복을 보관하는 등의 의식주 전반을 관리했다. 그뿐만 아니라 여아를 키울 때는 기본적인 소양, 예의범절, 읽기와 쓰기 등 정신교육도 담당했다. 이 외에도 제사를 받들고 손님을 접대하는 일, 친지들의 경조사를 챙기고 친척 간의 유대와 화목을 다지는 것도 중요한 일과였다.

한편, 자신들의 정서나 생각을 가사로 지어 부르거나 소설을 낭독하고 필사하면서 다른 세계의 문화를 접하고 또 새로운 문화를 만들어 내는 자기 계발의 문화공간이기도 했다.

남녀유별 등의 사회 규범에 얽매여 외부와 단절되고 제한된 속에서 살게 되므로 꽃과 새, 곤충 등의 문양들을 장과 농에 시문해 자연을 접한 듯한 분위기를 살렸으며 밝고 따뜻하고 화사하게 꾸몄다.

안방 또는 안채는 식구들의 사계절 의복, 옷감, 이불 등이 만들어지고 보관되며, 유교의 영향으로 관혼상제에 따른 다양한 예복도 관리되는 장소다. 따라서 의복을 넣어 두는 이층농, 이층장, 삼층장, 함이 가구의 주류를 이룬다. 대가大家에서는 안방의 측면에 긴 고방이 있어 장들을 넣어 두고 창호지를 바른 창살문으로 닫아 복잡한 실내 분위기를 정돈했다.

규방에서 사용하는 목공예품에는 의함衣函, 좌경과 빗접, 비녀, 가락지, 노리개 등을 담는 패물함, 족두리함, 문서함, 바느질함, 실함, 혼수함 등 일상용품을 보관하는 함과 상자가 주류를 이루었다.

혼인 때 신부가 세간을 마련하는 일은 예전부터 내려오는 전통이다. 경제적으로 여유가 없는 집안에서는 이층농 한 개와 좌경이 전부였으며 소목장 가구점에서 일반적인 것으로 구매했다. 그러나 대가에서는 장과 농, 문갑, 좌경, 빗접, 반짇고리, 함 등의 세간을 골고루 갖추어 보냈다.

오동나무를 혼수목이라 부르는 데는, 대가에서 딸이 출생하면 집 마당이나 뒤뜰에 오동나무를 심고(15~18년 동안 자란 나무는 폭이 좁아 대략 20년이 넘어야 사용할 만하다), 정성 들여 가꾼 다음 시집갈 때 베어 장과 농의 측널과 뒷널의 판재로 사용했기 때문이다.

그 외에도 강원도를 비롯해 백두산까지 각 지역으로 좋은 목재를 구하기 위해 치목治木 장인을 보내기도 했다. 이때 구한 나무를 켜서 6개월~1년 이상 자연 건조한 후 행랑채에 소목장을 거처하게 하여 제작했다. 격이 있는 가구들을 제작하기 위해 목재의 선택에서부터 가구의 형태, 색감, 장석 등 재료를 아끼지 않았으며 이 가구들은 친정의 가풍이 담긴 혼숫감이 되었다.

규방의 가구 배치를 살펴보면 다음과 같다.

머리맡에는 낮고 자그마한 머릿장을 놓아 열쇠, 문서, 귀중품들을 안전하고 손쉽게 보관하고 그 위에 함을 올려놓았다. 아랫목의 다락 미닫이문이나 병풍에는 자손 번창과 가내 평안을 바라는 마음에서 화조, 석류, 물고기 등을 그리거나 수를 놓아 장식한다.

아랫목 가까운 곳에 반짇고리를 놓고 실패, 자, 골무, 바늘쌈지, 옷가지를 넣어 두었으며 그 옆 화로에 부젓가락과 부손, 인두를 두었다. 글을 읽거나 바느질을 위해 초나 등잔을 올려놓는 촛대, 유경 또는 등가를 배치해 환하게 불을 밝혔다.

뒷마당이 내다보이는 미닫이 문턱 아래나 옆 벽면에 놓인 문갑은 열쇠, 문서 등 중요 기물을 안전하게 보관하며, 그 상단에는 필통, 연적, 상자 등을 올려놓는다. 이 낮고 긴 문갑으로 인해 벽면은 시원한 여백을 보인다.

문갑 옆에는 몸단장을 위한 좌경, 빗과 화장 용구를 넣는 빗접을 놓았다. 좌경과 빗접은 앉은 자세에 알맞도록 설계되고 사용하지 않을 때는 접어 둘 수 있게 제작했다.
윗목의 이·삼층장과 이층농 위에는 혼수함이나 의함衣函, 실함絲函 등을 올려놓는다.

34 규방 목공예품 배치 - 왼쪽

35 규방 목공예품 배치 - 오른쪽

나) 규방 목공예품 특성

오동나무와 소나무를 사용한 사랑방가구의 단순하고 검소한 분위기와는 달리, 여성 취향이 반영된 부드럽고 따뜻한 분위기 연출을 위해 나뭇결이 아름다운 느티나무, 물푸레나무, 먹감나무를 애용했다. 나전, 화각, 자수, 색종이와 같이 화사하면서 품위 있는 공예 재료를 이용해 꽃과 새, 자연, 다남다복多男多福, 장수를 상징하는 문양을 시문한 가구들이 제작되었다.
주석과 백동 장석으로 꽃과 새 문양을 오려 경첩, 앞바탕장석, 귀장석 등에 적용해 광택이 나고 장식성이 강조된 가구들을 애용했다.

그 외 사물을 깊이 보관하는 머릿장과 문갑, 몸의 단장을 위한 좌경, 빗접, 빗, 바느질을 위한 반짇고리, 자, 실패 등이 규방의 분위기를 꾸미고 있다.
규방의 필수품 즉 규방칠우閨房七友는 바늘, 실, 자, 인두, 골무, 가위, 다리미였다. 여성의 가사일을 여공女工이라 해 바느질, 수놓기, 길쌈 등의 노동을 매우 중요하게 인식했다. 바느질이나 자수로 새, 꽃, 곤충, 사군자 등을 주재로 병풍의 수를 놓기도 했다. 주부의 손재주는 우수한 규방 문화를 만들고 문화적 교류에도 중요한 역할을 했다.

규방가구를 기능에 따라 분류하면 다음과 같다.
  - 중요 기물 수장 - 머릿장, 문갑, 함과 상자, 실함, 혼수함
  - 의복 수장 - 이층농, 이층장, 삼층장, 의걸이장, 의함, 반닫이
  - 몸단장과 치장 – 좌경, 빗접, 빗, 분합, 비녀갑, 패물함, 족두리함
  - 바느질 - 반짇고리, 실패, 자, 누빗대, 바늘, 인두, 골무, 가위, 다리미
  - 글 읽고 쓰기- 서안, 연갑, 연상, 필통
  - 등기류 - 등가, 촛대, 좌등, 초롱
  - 기타 – 장도, 부채

다) 규방용품

(1) 좌경과 빗접
좌경은 앉은 자세에서 얼굴을 보도록 경사지게 만든 거울을 장착한 것으로, 서랍이 없는 접이식 좌경은 간단히 머리를 단장하거나 밝고 편리한 장소로 옮겨 다닐 수 있는 작고 가벼운 것으로 사용하지 않을 때는 접어서 넣어 둔다. 이외 일반적인 형태는 화장용 소품을 넣어 두는 서랍이 달린 다목적 가구로서 경대로도 부른다.
부유한 가정의 여인들은 머리에 빗치개, 첩지, 뒤꽂이, 비녀 등으로 치장하고, 그 외 화장용 분粉 등의 소품을 넣어 두기 위해 여러 개의 넓은 서랍을 장착한 좌경이 필요했다. 이곳에 내용물을 안전하게 보관하고 또 화장할 때만 잠시 사용하고 또 단아한 실내 분위기를 위해 경첩을 달아 접어 두는 형식으로 발전되었다.

빗접은 머리빗과 화장용품을 넣어두는 가구로 자개나 화각 등 화려한 소재와 무늬로 장식했는데 거울이 없으므로 좌경과 함께 사용한다. 소도구를 구분해서 넣어두려면 많은 서랍이 필요하고 이를 당겨서 여는 고리도 부착한다. 상부의 뚜껑 속에 기름종이판을 접어 넣는 공간을 두었는데, 이 종이판은 머리를 빗을 때 너르게 펴놓아 빠진 머리카락 등을 모으고 주변을 깨끗이 정돈하는 역할을 한다.

목재, 나전螺鈿, 화각華角 등 다양한 공예 재료를 활용했으며 경첩, 붙박이자물쇠앞바탕, 거멀잡이 등에서 주석과 백동 장석을 화사하게 부착해 여성의 취향을 잘 반영하고 있다.

| 36 좌경 | 37 좌경. 풍속화, 김홍도 | 38 좌경 | 39 빗접 |

(2) 반짇고리, 실패, 자
반짇고리는 옷가지와 천, 바느질을 위한 소도구인 실패, 바늘, 쌈지, 골무, 자, 누빗대, 가위 등을 넣어두거나 바느질감을 잠시

담아두는 그릇이다. 일반적으로 원형, 4각, 8각이 있으며 화사한 화각 제품, 오색찬란한 자개 제품, 오색종이를 오려 붙인 지紙 제품 등 다양하다.

4각 형태의 반짇고리에는 한쪽 면에 바늘, 골무, 실 등 소품을 별도로 보관하는 공간을 구성하고 경첩을 달아 여닫이문판을 설치한 것도 있다. 모양새를 위해 상, 하부에 둘레 면보다 넓게 각재를 대고 상부에는 주칠, 안팎으로 흑칠을 했다.

실패는 바느질용 실을 감아두는 넓적한 막대다. 실을 감아두는 방식과 용도에 따라 형태가 달라지고 치장용 무늬의 위치 또한 다르게 놓인다. 사용자의 개성과 경제적 여유에 따라 목재, 나전, 화각 등의 재료가 사용되며, 소나무, 은행나무, 피나무, 박달나무 등 가볍고 조각이 잘되는 목재로 제작한다.

자는 옷감의 길이를 재거나 재단 시에 사용하는 도량형 용구의 일종으로 긴 막대기에 눈금으로 치수를 표시하고 있다. 재료는 주로 목재와 대나무이고 나전과 화각을 덧붙인 제품도 있다. 일반적으로 화각자의 내부 심재는 소나무나 대나무를 두껍게 자 모양으로 깎았거나 얇은 대나무를 두 겹으로 맞붙인 것이 있는데, 후자는 자가 한쪽으로 휘어짐을 방지하는 좋은 제작 기법이다.

40 반짇고리   41 나전반짇고리   42 반짇고리

43 실패   44 자와 뒤집개

3) 수장문화와 목공예

일상생활에 사용하는 기물들은 사용 목적과 기능에 따라 그 종류가 다양하고 수량이 매우 많다. 이 소품들을 한데 모아두고 편리하게 사용하거나 안전을 위해 깊이 보관해 두는 큰 용기가 필요하며, 그 기능에 맞춰 수장에 편리한 형태로 변화하고 안전하도록 잠금장치도 달게 되었다.

이런 수장가구들은 장이나 농과 같이 옷감이나 의복을 보관하는 용도가 뚜렷한 가구들을 비롯해 책과 문방구류를 넣어 두는 문갑과 책장, 부엌에서 음식과 곡식을 보관하는 찬장과 뒤주, 그밖에 함函, 갑匣, 상箱, 궤櫃로 나눌 수 있다. 이밖에 한약재를 선별해 보관하면서 편리하게 사용할 수 있는 약장이 있다.

목공예품으로 집안에서 복합적 기능을 갖고 널리 사용되었으며 독특한 개성을 보이는 함과 상자의 성격, 기능, 형태, 재료, 제작 기법은 다음과 같다.

가) 함函, 상자箱子의 기능과 특성

함, 갑, 상자들의 공통점은 사방이 막힌 깊숙한 공간에 뚜껑이 달려 있어 기물을 안전하게 보관할 수 있는 형태인데 동일한 기능이지만 형태에 따라 부르는 명칭이 다르다. 도자와 금속 공예 분야에서는 뚜껑 있는 용기의 대부분을 합이라 부르는데, 목공예 분야에서는 형태와 기능에 따라 세부적으로 분류된 명칭을 갖고 있다.

(1) 상자箱
하부는 사방과 바닥 면이 막힌 깊숙한 공간이 있어 그 안에 기물을 넣어 놓고, 상부는 얕은 깊이의 뚜껑으로 덮어씌우는 형태를 말한다.
상箱의 부수部首에 죽竹이 쓰인 점으로 보아 초기에는 대나무를 엮어 사용하던 것이 점차 목재로 제작되었을 것으로 짐작된다. 상자는 잠금장치가 없어 중요한 기물들을 보관하는 기능보다는 하단이 깊어 많은 양을 넣을 수 있고, 사용할 때는 뚜껑을 열어 옆에 놓고 그 외는 닫아서 보관하는 손쉬운 형식이다.

45 나전상자

46 나전상자

47 반짇고리상자

(2) 함函
함은 상자의 기본형에 뒷면에 금속 경첩을 달아 쉽게 여닫고 앞면에 자물쇠를 사용해 기물들을 보관하는 형태다. 자주 사용하지 않는 중요한 기물을 안전하게 깊이 넣어둔다. 함은 유사한 기능이 있는 상箱, 갑匣 보다 널리 사용되었으며 금속 장석들을 부착해 시각적으로 견고하고 보관에 신뢰감을 주며 장식적인 면까지 고려했다.

선비의 문방생활에서는 보관하고 정돈하는 것이 생활화되었으며 주인의 취향과 방 분위기에 어울리는 형태의 함과 상자가 제작되었다. 함은 서찰이나 문서들을 넣어 보관하는 작은 문서함, 직인이나 낙관落款을 보관하는 인장함, 관복함과 관모함, 서화를 보관하는 대형 족자함에 이르기까지 다양한 형태로 이용되었다.

안방은 계절과 의례에 따른 의복과 일상용품을 보관하는 대형 함과 상자가 주류를 이루었다. 나뭇결이 아름다운 느티나무, 물푸레나무, 먹감나무가 애용되었고 나전칠기, 화각 등의 화사하면서도 품위 있는 재료를 택했다. 의함, 패물함, 족두리함, 문서함, 바느질함, 실함, 혼수함 등 다양한 종류가 있다.

48 함 49 함 50 함

51 함 52 혁장관복함 53 패물함

(3) 갑匣

갑은 상자와 같이 기물을 넣는 깊은 공간 위에 판재로 만든 뚜껑이 있는 형태다. 얇은 덮개 판재의 안쪽에 턱을 주고, 상자 위쪽 양 끝 면에 홈을 파서 덮개를 밀거나 당겨서 사용한다.

연초갑, 비녀갑簪匣, 연갑, 문갑 등의 용도로 생활에서 다양하게 이용되며 뚜껑을 미닫이할 수 있어 편리하다. 이런 갑들은 함이나 상자에 비해 빈번히 사용되며 크기가 작고 금속 장석이 없이 목재로 만들어 소박하고 친근감을 준다.

54 흑칠연초갑 55 연초갑

나) 함과 상자의 유형

12~13세기 고려 시대의 불경함은 뚜껑의 테두리 부분이 사각 면으로 경사지게 깎여 있다. 이는 직육면체 함에 비해 시각적으로 웅장하게 보이는 효과가 있으며 낙랑 시대의 낙랑칠기함 형식이 그대로 유지된 결과로 보인다. 이 형식은 18~19세기 나전함까지 이어지고 있는데 경사도는 고려경함보다 낮아 평면에 가까울 정도다.

조선 시대 대부분의 함과 농은 직육면체로 각 면이 직각으로 만나는 단순한 형태를 갖추고 있다.

특이한 형식으로는 폭이 넓고 높이가 낮은 함으로 상단 뚜껑이 전체 또는 ⅔가 열리는데 이는 문서나 서책 2~3권을 넣어 머릿장, 책장 등의 하단에 두거나 장과 궤에 깊숙이 넣어 두기에 편리하다. 또 주머니에 넣어 말안장에 걸쳐 놓거나 옆에 끼고 다니기 편리해 문서 운반용으로도 제격이다.

정육면체와는 달리 8각, 10각, 12각으로 짜고 폭에 비해 높이가 높은, 탕건과 관모를 넣어두는 통 형식의 관모함도 있다. 이들은 기물의 크기와 형태에 맞추어 제작되며 건습 조절이 쉬운 오동나무와 가볍고 변형이 적은 은행나무, 피나무로 제작해 기물을 보호하고 있다.

원통형 목제 합은 그리 흔하지 않다. 목재의 속을 둥글게 파내기가 쉽지 않고 또 버드나무를 얇게 켠 판을 만들어 휘지 않으면 제작하기 어렵다. 이 때문에 목재보다는 종이나 헝겊 위에 옻칠하는 건칠乾漆 기법으로 제작된다.

다) 함과 상자의 재료와 제작

(1) 목재
함, 상자, 갑의 대부분은 목재로 만든다. 목재는 쉽게 구할 수 있는 천연재료이며 재질이 부드러워 제작이 쉽고 다양한 형태로 기물을 보관하는 데 적격이며 가벼워 운반하기 쉬운 장점이 있다.

자연 나뭇결을 강조하는 의도로 소나무, 잣나무, 단풍나무, 물푸레나무, 느티나무 등의 아름다운 무늿결을 살렸는데 이는 화려한 조각이나 칠을 대신하는 장식 효과를 가져왔다. 또 무늿결은 없으나 부드럽고 물러서 쉽게 제작할 수 있고 얇아도 터지지 않는 은행나무와 피나무, 단단한 배나무와 가래나무 등을 애용했다.

함과 상자, 갑에 사용된 소나무와 잣나무는 직선의 결을 나타내어 경쾌하면서 단아한 멋을 풍긴다. 느티나무, 물푸레나무 등은 곧은 결과 함께 뿌리 근처나 혹이 있는 부분, 무늿결이 서로 뒤엉킨 듯한 부분을 활용했는데 마치 '용의 형상을 보인다'하여 용목龍木이라고도 부른다. 이들은 자연적인 아름다움과 함께 화사하면서 품위를 높이고 있다.

오동나무 판재로는 습도 조절이 잘되는 특유의 섬유질을 활용해 귀중한 서류와 의상들을 보관했다. 그러나 나무의 질감이 무르고 희어 쉽게 상하고 더럽혀지므로 상자의 표면 재목으로 적당하지 않다. 이 점을 고려해 표면을 뜨거운 인두로 태운 후 짚으로 문지르면 연한 재질은 떨어져 나오고 단단한 목심木心만 남게 되는 낙동법烙桐法을 사용했다. 결과로 생성된 검은 색상은 단아하고 검소한 분위기를 추구하는 사랑방의 문서함, 관복함 등에서 제격이다.

56 함. 단풍나무 57 함. 오동나무 58 탕건함. 은행나무

(2) 대나무
대나무는 단단하면서 가볍고 물기에 견디는 힘이 강하다. 또 표면의 곡선은 각도에 따라 빛이 반사되는 편광 효과로 인해 항상 신선하게 느낀다. 깨끗하고 곧게 자라는 성질은 청빈한 선비의 기개를 상징하여 사랑방 용품으로 애용되었다.

죽장竹裝은 목제함과 상자의 표면에 대나무를 가늘게 쪼개어 구성한 기하학적 무늬를 붙여 장식하거나, 삿자리형식으로 엮어 붙여서 장식하는 기법인데 함과 상자에 주로 사용했다.

죽제竹製는 대나무를 얇고 가늘게 쪼개어 생긴 탄력을 이용해 휘어가며 엮어서 함과 상자를 제작하는 기법인데 내부에는 한지를 발랐다.

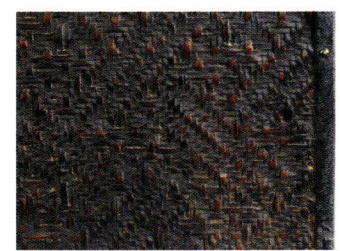

59 죽장인함   60 죽장함   61 60 죽장함 상세

(3) 종이

형태로는 순수하게 종이로 제작된 지제紙製와 목재로 짜고 그 위에 종이를 바른 지장紙裝이 있다. 대부분이 지장으로, 잘 마른 소나무나 잣나무로 백골白骨을 제작하고 표면에 한지를 여러 겹 바르거나 장판지를 바른 후 그 위에 옻칠을 묽게 한다. 목재의 단단하고 반듯한 장점을 활용해 편리하고 질감은 매우 부드럽다. 지장의 함이나 상자는 목제 함보다 비례가 쾌적하고 정성스럽게 제작된 것을 볼 수 있다.

지제는 한지를 여러 겹 붙여가며 제작하거나 한지를 물에 푼 다음 형태를 만드는 방법이 있는데, 판재 위에 바른 것보다 형태 면에서 각이 잡히지 않으나 부드럽고 가볍다. 그러나 넓은 면은 내부로 휘어지며 아랫면 윗면이 서로 어긋나는 단점을 보인다.

62 지제건칠함   63 62 지제건칠함 내부

(4) 가죽

가죽으로 제작된 함이나 상자는 내부에 잘 건조된 소나무나 잣나무로 제작된 목심 표면에 소, 돼지, 노루, 사슴 등 짐승의 가죽을 씌웠다.

간혹 순수하게 전체가 두꺼운 가죽으로 만든 것이 있는데 이때는 진흙이나 목재로 기형 틀을 만들고 그 위에 젖은 가죽을 씌운 후 두들겨서 형태를 만든 후 틀을 제거해서 만든다.

넓은 가죽 표면을 매끄럽게 씌우거나, 형태에 맞추어 모서리와 주변 테두리를 감싸며 성글게 바느질을 해 새로운 조형 효과를 주는 것이 있다. 가벼워 사용하기 편리하나 약간의 형태 변화가 생기며 전래하는 유물도 많지 않다.

함과 상자에서 상어껍질(교피鮫皮) 또는 거북껍질(대모玳瑁)을 이용한 것도 있다.

상어의 우툴두툴한 껍질은 매끄럽게 갈아내고 물에 불린 후 씌우는데 잔잔한 자연적인 점들이 독특한 분위기를 자아내며 주로 작고 고급스러운 서류함과 인궤에 사용된다.

거북 껍질은 크기가 한정되어 있고 구하기도 힘들어 전면을 씌울 때는 소나무나 잣나무 백골 위에 마름모나 사각형의 조각으로 모자이크하거나 용, 봉황 등 기타 무늬로 시문한다.

상어나 거북껍질은 당시 구하기 힘든 재료였으며 문서함, 관복함 등 주로 남성용품에 사용했다.

64 교피함   65 혁장함   66 혁장함

(5) 칠漆

목공예품에는 일반적으로 식물성 기름을 바르며 고급품에는 칠을 입힌다. 부피가 작고 귀중한 기물들을 넣어두는 함이나 상자 등에는 대부분 옻칠했다.

정제칠淨濟漆은 옻나무에서 생성된 생칠에 열을 가해 수분을 증발시키고 고운 천으로 여과해 불순물을 제거한 후 얻은 맑은 칠을 말한다.

옻칠은 투명도가 높고 내구성이 강해 기물을 오랫동안 보호하며 외형도 아름답게 보이게 한다. 따라서 목제木製, 죽제竹製, 지제紙製, 지장紙裝, 혁제革製 등 대부분의 함이나 상자에 옻칠하여 재질의 특성을 한층 살리고 또 오랜 기간 빈번히 사용해도 변형 없이 유지되게 한다.

칠에 산화철酸化鐵 성분을 섞어 검게 만든 흑칠은 지제와 목제함, 상자 등에 칠해 재질을 보호하고 광택과 함께 검은색의 묵직한 분위기를 자아낸다. 주로 패물함이나 영정함 등 귀하고 안정된 분위기에 사용한다.

이밖에 생칠에 수은 성분이 들어 있는 주분朱粉을 섞어 주칠로 사용하는데, 이는 서민의 가구에는 사용하지 않고 궁중 가구에 한정되었으며 화사하면서 권위적인 분위기를 자아낸다.

건칠기乾漆器는 진흙이나 목재로 기본형을 만든 위에 헝겊을 바르고 이를 떼어내어 생성된 기형 위에 곱게 채로 친 토분이나 패분貝粉을 옻칠과 섞어 여러 번 바른다. 이후 표면에 흑칠 또는 자개로 무늬를 놓아 나전칠기로 제작한다. 건칠 제품으로는 반짇고리, 세숫대야, 함 등이 있다.

목심칠기木心漆器는 잘 마른 소나무와 잣나무 판재로 제작한 백골 위에 정제된 칠이나 흑칠, 주칠을 그대로 바르는 것과, 백골 표면 위에 헝겊을 여러 번 바른 후 토분土粉, 패분貝粉, 숯가루 등의 혼합물과 칠을 섞어 천의 눈매를 메우고 갈아낸 후 칠을 입히는 기법이 있는데 후자가 표면을 더욱 매끄럽고 견고하게 만든다.

(6) 나전螺鈿

나전칠기 기법은 목재 백골 위에 베를 바른 후 전복과 소라 껍데기인 자개를 무늬대로 오려 붙이고 그 위에 토분, 패분 등을 칠과 섞어 바른 후 표면을 갈아내는데, 검은 칠 바탕 위에 천연 자개의 영롱한 빛과 반사로써 화사한 아름다움을 보여주게 된다.

단단한 자개를 무늬대로 세세히 오려가며 시문하고, 반복해 갈아내고, 숙련된 칠 작업을 하는 매우 어려운 과정이지만 완성된 뒤에는 다른 공예품에서 찾기 힘든 정교하고 오색찬란한 화사한 분위기를 자아낸다.

고려 시대에는 미세한 크기로 오려낸 다량의 자개가 합쳐져 연화넝쿨문을 구성했으나, 조선 시대 16~18세기경에는 자개를 넓게 사용하는 대신 자개가 휘어진 상태에서 무늬를 오려낸 후 망치로 때려 표면에 닿게 하는 타찰법打扎法이 사용되었다.

보상화문寶相紋, 국화무문, 넝쿨문 등이 크고 대담하게 표현되어 소박하면서 영롱한 자개의 색감을 잘 나타내고 되었다.

또한 고려 시대의 기법인 두 줄의 동선을 꼬아 계선界線을 만들거나 모란넝쿨문의 줄기를 형성하는 기법, 대모를 함께 사용해 바탕의 검은색과 밝은 자개 색의 강한 대비 현상을 중화시키고 화사한 느낌을 주도록 하는 기법들이 이 시기에 계승 발전된 것으로 보며 주로 서류함, 관복함에서 나타난다.

19세기에는 제작 도구의 발달로 자개패를 무늬대로 오려내는 줄음질 기법과 가는 톱과 줄로 오려낸 자개 위에 날카로운 칼로 파서 생긴 가늘고 상세한 음각선으로 무늬를 돋보이는 새김질 기법이 성행했다. 이는 통일신라 시대의 고분 출토품인 나전동경螺鈿銅鏡에서 사용된 기법과 유사하다.
이 기법으로 십장생, 사군자, 용, 산수문 등을 외부 윤곽대로 오려내고 그 안에 선으로 사실적인 무늬를 음각함으로써 표현이 확실하게 전달되었다.
줄음질과 새김질은 조선 시대 말기에 나전칠기가 보편적으로 사용되던 시기부터 현대까지 주류를 이루는 기본 제작 기법이다.

끊음질 기법은 주로 19세기에 발달했는데, 자개를 국수처럼 길고 가늘게 또 일정하게 오려낸 후 직선은 길게, 곡선은 촘촘하게 끊어가며 무늬를 형성하는 기법이다. 풀이나 물결처럼 유연한 선, 뇌문雷紋이나 문자 같은 선문線紋의 표현이 가능해져 새로운 나전 제작 기법의 전성기를 맞았다.

남성용품인 필통, 연초합, 서류함, 연상 등에서는 단순하고 간결하게 시문된 매난국죽과 십장생 문양이 주류를 이루었다. 여성용품에는 모란, 화조, 물고기 등 수복과 부귀영화, 다산을 의미하는 문양이 다양하게 애용되었고, 화사하고 아름다운 자개 효과로써 좌경, 빗접, 베개, 함, 장과 농 등의 생활용품으로 널리 보급되었다.

67 지제건칠함

68 나전상자

69 나전함

(7) 화각華角
화각장 공예華角裝工藝의 시초가 언제인지 확실하지 않으나 고려 시대의 나전칠기에서 자개와 함께 사용한 대모玳瑁 효과에서 비롯되었다고 보인다. 이후 조선 시대 화각함의 테두리에서 소뿔로 만든 판에 대모 무늬를 그려 넣음으로써 구하기 힘든 대모의 대용 효과를 시도한 것도 있다.

화각 기법은 젊은 소의 뿔을 골라 물에 삶아 부드럽게 만든 후 뾰족한 끝부분을 5cm가량 잘라내고 측면을 상하로 켜서 불 위에서 집게로 집어 펴가며 무거운 것으로 눌러 판판하게 만든다.
얻어진 각판 표면을 줄과 끌로 깎아내어 종잇장처럼 얇게 만든다. 표면을 연마 도구로 갈아내고, 투명한 판을 일정한 크기로 마름질하고, 안쪽 판면에 당채인 석채를 밀어 부레풀로 개어 그림을 그린다. 그 후 뒤집어 기물의 표면에 2mm가량 띄우며 부레풀로 붙인다.

각판 사이 벌어진 틈에 소뼈를 사다리꼴로 얇고 길게 갈아내어 눌러가며 끼워 붙인 후 표면에 광을 낸다. 이때 사용되는 석채는 백, 적, 황, 녹의 짙은 색으로 매우 강렬하나 우각판을 통해 중화되어 보인다.

부드럽고 화사한 분위기를 자아내어 여성용품에 애용되었는데 무늬로는 십장생, 운룡, 봉황, 모란, 물고기, 까치와 호랑이 등 민화적 소재가 주류이며 함, 상자, 반짇고리, 자, 실패, 베갯모, 머릿장 등 생활 소품에 활용되었다. 화각 제품은 소뿔의 제한된 크기 때문에 작은 함의 제작에도 수십 장의 우각판이 사용되고 여러 공정과 힘든 작업으로 인해 귀한 공예품이었다.

70 화각함　　　　　　71 화각함　　　　　　72 화각 그림

4) 주방문화와 목공예

전통 가옥에서 부엌은 음식을 조리하고 저장하며 또 난방을 겸한 다목적 공간이었다. 여성 일과의 가장 중요한 부분이 식사를 준비하는 일이었으므로 조선 시대의 여성들은 신분의 차이를 막론하고 부엌의 안팎을 다니면서 바쁜 일상을 살았다. 특히 서민층은 남녀의 구별 없이 길쌈, 가축 치기, 양잠, 양봉, 식목, 과수 등 가족들이 모두 힘을 합해서 집안일을 돕는 공동 작업으로 가계를 꾸려나갔다.
가문이 번성하면서 종가를 중심으로 여성들의 주요 임무는 제사를 받들어 모시고 손님을 접대하는 일이었다. 이에 걸맞는 음식문화가 전해져 왔는데 음식을 만드는 법이나 술을 빚는 비법 따위를 적은 실용서를 만들어 후손들에게 전수하기도 했다.

조선 시대 주택은 신분에 따라 크게 양반 가옥과 서민 가옥으로 나눈다. 주인의 지위에 따른 경제적인 여건, 생활 형태, 지역적 풍속 등에 따라 주방의 크기와 부속 공간의 구조를 달리했다.
조선 중기 이후에 부엌은 안방과 붙여 만들었는데 이는 안주인이 부엌으로 출입하는 데 편리하게 만든 구조다. 안방에는 부엌과 대청, 다락과 벽장, 흔히는 찬방까지 딸렸다. 양반집에 있었던 찬방은 부엌의 한 부분으로서 맷돌질, 지짐질 등의 일을 같이 앉아서 할 수 있는 곳으로 이곳에 음식이나 살림살이를 두기도 했다. 규모에 있어서도 시어머니 방의 크기는 며느리 방의 두 배가 보통이며 시어머니는 고방이나 도장, 곳간의 열쇠까지 쥐고 있었다.

반면 서민들의 주택은 취사와 난방을 겸하는 부엌과 방, 마루로 구성되었고 중부 지방과 남부 지방, 산간과 평야, 도시와 농촌에 따라 조금씩 다른 구조를 보였다.
남쪽 지방의 농민 가옥인 경우 부엌과 방, 윗방의 순서로 배치된 일자형 구조이며 따라서 부엌도 다른 방과 같이 밝고 통풍도 잘 되었다. 중부 지방에서 발달한 ㄱ자집에서도 부엌은 안방에 붙여서 지었으므로 다른 공간보다도 햇볕이 적당하게 들어오고 통풍이 잘되고 여성이 왕래하기에 편리했다.

부엌에 딸린 부속시설로는 장독대, 곳간, 찬광, 창고 등이 있다. 부엌이 좁은 집에서는 앞마당이나 헛간을 주로 작업장으로 이용했는데 이곳에 별도의 화덕을 만들어 쓰기도 했다. 이밖에 곡물 저장과 가축 사육을 위한 별도의 공간도 마련했다.

가) 주방의 의미와 일상

전통 가옥에서 부엌은 음식을 만들거나 보관하고 그릇을 씻어 정리하는 식생활의 공간이며 겨울철에는 조리와 동시에 아궁이를 통하여 온돌 난방을 해결하는 경제적이고 효율적인 다목적 공간이다. 여름철에는 부엌 바닥이나 마당에서 풍로를 사용하여 조리한다.

부엌은 식품과 식기의 저장 공간 즉 찬장, 찬탁 등을 갖추어야 하므로 이곳의 다양한 역할과 구조는 매우 중요하다. 특히 여성들은 불을 관장하는 조왕신竈王神을 부엌에 모셔서 가족의 건강과 복을 기원하며 정성을 들였다.

보통 2~4개의 아궁이에 솥을 걸었는데 가마솥은 물을 끓이거나 메주용 콩을 삶기도 하며 조청을 만들기 위해 엿기름을 삶기도 했다. 중솥과 작은 솥은 밥과 국을 끓이는 데 사용했다. 찬이나 찌개는 아궁이의 불을 조금 내어 삼발이를 얹어서 사용하거나 화로에 불을 피워 준비했다. 부엌 한쪽에 물을 담아두는 물항아리나 물솥을 놓았다.

부뚜막 위에 간이식 선반인 살강을 길게 설치했는데, 살강은 대나무로 엮은 발 또는 통판으로 만들어 씻어서 올려놓은 그릇의 물기가 잘 빠지도록 했다. 또 한쪽에 작은 마루를 내어 찬장이나 찬탁을 두어 항상 쓰는 식기류나 반찬들을 보관했다. 벽면에 선반을 매달아 소반, 목판, 이남박 등을 올려놓았다.

집의 규모에 따라 부엌 옆에 음식물의 준비나 보관을 위한 작은 방인 찬간饌間, 찬방饌房, 과방果房을 두기도 했다. 서민들은 안방 옆의 대청에 찬장 등을 놓아 식기류를 보관하고, 벽면에 시렁을 매어 소반을 얹고, 쌀이나 잡곡을 넣은 뒤주 위에 밑반찬과 기호식품을 담은 항아리를 올려놓았다.

마른반찬이나 곡물을 보관하는 대형 찬장과 뒤주는 더운 부엌에 두지 않고 바람이 잘 통하고 또 안방과 가까이 있는 대청에 배치한다.

73 부엌. 한국민속촌   74 찬방   75 대청. 한국민속촌

나) 주방 목공예 특성

한국은 고대부터 강을 기반으로 농경사회를 이루었으며 산과 산맥을 분기점으로 각 지방으로 나뉘어 있다. 이런 조건은 교통을 불편하게 하고 고립시키는 요인이 되어 지방마다 독특한 언어가 발달하고 개성이 강한 생활문화권을 형성하게 되었다. 즉 관혼상제는 물론 생각과 표현, 취향에 있어서도 지역문화의 특색을 찾아볼 수 있다.

주방가구에서도 지방 특산의 목재와 생활 양식에 따라 지방색이 강한 가구들이 제작되었는데 특히 소반은 해주반, 나주반,

통영반, 충주반, 강원반 등으로 나뉘어 특유의 형태와 제작 기법을 갖고 있다.

습기에 강하고 견고하며 나뭇결이 선명한 소나무의 굵은 기둥과 함께 무늿결이 곱고 힘찬 느티나무 판재로써 견실하게 짜맞춘 주방가구는 단순하면서 건강한 조선 목가구를 대표하고 있으며, 현대생활에서도 잘 어울리는 뛰어난 조형감각을 갖추고 있다.

다) 주방 목공예품 유형

부엌이나 찬방에 두고 쓰는 살림살이에 대하여 『증보산림경제』 12권 「가정家政」 하下에는 주중잡물廚中雜物로서 "큰솥, 중간솥, 작은 솥, 큰 가마솥, 노구솥[鑪口], 놋쇠 솥, 놋양푼, 자장기(장 끓이는 그릇), 주전자, 놋복자(기름을 될 때 쓰는 그릇), 구기𣁬伊(국자보다 작은 기구), 식칼, 회칼, 발우飯盂(겨울에는 놋그릇, 여름에는 사기그릇).

탕기湯器, 대접, 소접, 숟가락, 젓가락, 보시기, 종지, 나무통, 주걱, 동이, 소라所羅(징), 자배기, 큰·중간·작은 항아리, 단지, 병, 대야, 큰·중간·작은 독, 고아리羔兒里, 술주전자, 지웅地雄, 나무절구, 절구공이, 표주박, 도淘(쌀을 씻는 기구), 치호齒瓠, 숫돌.

교마膠磨, 필篲, 솔, 사랑沙郞, 맷돌, 목마木磨(나무 숫돌), 평미레槩, 두승斗升(말과 되), 곡斛(10말을 재는 도구), 찬장, 뒤주, 목이박木耳朴, 용수, 키, 채, 대나무 체, 고리짝, 행담行擔(여행용 작은 상자), 석쇠, 설금이鱻金伊, 부젓가락, 질화로瓦爐, 흙화로, 돌솥, 돌항아리, 쇠공이, 소반, 사철나무 소반, 사철나무 소쿠리, 시루" 등을 나열했다.

주방가구를 용도별로 분류해 보면 다음과 같다.

- 식기 또는 반찬 보관 - 찬탁, 찬장
- 곡물 보관 – 뒤주, 궤
- 음식 운반 또는 식탁
    지방별 - 해주반, 충주반, 나주반, 통영반, 강원반
    유형별 - 호족반, 구족반, 마족반, 원반
    기능별 - 공고상, 일주반, 찻상, 목반
- 음식을 씻거나 운반 - 함지, 이남박
- 찬을 넣어 나르고 보관 - 찬합

(1) 소반

주택의 온돌 양식에 따라 난방을 겸한 부엌 바닥면의 위치가 지표보다 낮고, 부엌에 딸린 식사 전용실이 마련되지 않아 조리된 음식을 소반 위에 올려서 방으로 옮겨 식사했다. 따라서 소반은 음식을 나르는 쟁반과 식탁의 역할을 겸한 독특한 구조로 발전되었다.

또한 유학의 영향으로 남녀유별, 노소의 위계질서가 확연하여 겸상 없이 독상을 차리게 되어 안채에서 조리된 음식은 소반 위에 올려서 사랑채 또는 여러 방으로 멀리까지 운반했다. 이렇듯 상차림과 운반의 횟수가 많고 식기들이 무거운 유기나 도자기 재질이었으며, 더욱이 여성들이 음식상을 차리고 운반해야 했으므로 가능한 한 소반의 무게를 줄이고 혼자서 들고 나르기에 알맞은 인체 공학적 크기가 요구되었다.

이에 따라 소반의 상판을 어깨너비보다 약간 넓게 재단하여 들기에 편안하게 하고, 얇은 판재 사용으로 무게를 줄였으며, 다리와 운각은 무거운 상체를 받칠 수 있도록 견고한 짜임형식을 취했다. 이 결과로써 사용하기 편리한 인체 공학적 설계와 견실한 구조의 짜임은 소반 기능을 충족시키고 또 한국 목가구의 독특한 양식을 보여주고 있다.

불편한 부엌과 가옥 구조를 순리로 받아들이면서 가구의 구조적 개선을 통해 어려움을 극복한 선조들의 슬기를 이를 통해 엿볼 수 있다.

또한 일상식으로 반상, 죽상, 면상, 주안상, 다과상 등을 구별하여 차렸으며, 통과의례에 따라 삼신, 백일, 돌, 혼례, 상례, 제례 등의 상차림을 행했다. 1년을 주기로 매년 반복되는 세시歲時 의례에 맞춰 음식을 장만하기도 했다. 대가에서는 생활필수품으로 용도와 사용량에 따라 상당한 숫자의 소반을 보유했으며 민가에서도 최소한 2~3개는 보유했다.

지방 특산의 목재와 생활 양식에 따라 지방색이 강한 목가구들이 제작되었다. 소반 역시 해주, 나주, 통영, 충주, 예천, 경기, 강원, 경상, 전라, 강원 지방에서 각기 천판天板, 운각雲刻, 목재질, 제작 기법에 따라 특색 있는 아름다움과 기능이 고려된 지방 고유의 조형 양식을 갖게 되었다. 좁은 면적의 국토에서 여러 지방으로 분류되어 다양하게 발전한 것 또한 한국 목공예의 커다란 특성이라 할 수 있다.

5세기 후반 고구려 무용총과 각저총 벽화에는 다리 부분이 없이 음식을 나르기 위한 쟁반 기능의 소반과, 다리가 달려 있어 음식을 올려서 먹기 위한 소반이 함께 표현되어 있다. 이 다리 끝부분의 굽 형태는 확실히는 알 수 없으나 바깥쪽이 굽어 들어가 있어 힘이 센 짐승의 뒷다리 모양을 상징하면서 상부를 안정되게 하려는 디자인 의도로 보인다.
조선 시대 소반에서는 천판의 음식물을 안전하게 받치고 또 시각적인 안정감을 주기 위해 호족虎足, 구족狗足, 마족馬足 등의 형태로 다리를 만들었는데 이 벽화가 그려질 당시의 소반도 이런 형태를 띠었을 것으로 짐작된다.

소반은 식사를 위한 작은 식반을 비롯하여 주안상, 다과상, 약상, 찻상 등 종류가 다양하며, 형태에 따라 사각반, 호족반, 구족반, 원반, 일주반, 회전반, 풍혈반, 또한 용도별로 번상, 공고상, 두리반 등이 있다. 돌상, 제례상, 점상占床 등 특수 기능을 위해 제작된 것들도 있다.

76 소반. 고구려 무용총 벽화　　　77 소반. 음식 운반　　　78 상차림. 온양민속박물관

(가) 사각형 소반

① 나주반羅州盤
나주반의 특징은 천판의 네 귀가 각으로 접혀 있고 천판 아랫면에 견고하게 끼워진 운각에 곧고 굵은 다리를 끼워 상판을 받치고 있는데 힘차고 건강하게 느낀다. 기둥 사이의 가로지른 가락지인 중대가 서로 물려 있으며 다리 힘을 받쳐주는 족대가 있다.
무거운 그릇을 올려놓고 나르는 데에 가벼워야 하는 점을 고려하여 구조와 짜임에서 효율성을 높인 한국 목가구의 대표적 형식이다. 중대와 다리에 조형적 변화를 주어 힘차면서 아름다움을 구사한 것들도 있다.

② 통영반統營盤

통영반은 해주반과 같이 통판의 천판을 파내어 테두리인 변죽을 형성했는데 모서리에 버선코형 곡선을 갖고 있다. 네 기둥이 천판의 하단에 끼워져 있고 그 사이를 중대와 난각으로 단단히 고정했다. 통영반은 타지방에 비해 매우 견고하고 장식적이어서 오늘날의 교자상에 이 전통 양식이 활용되고 있다.

나전통영반은 천판을 통영 지방의 특산인 무지갯빛 자개로 물속의 물고기와 복숭아나무 등의 자연 풍경을 새김질과 끊음질로 시문하고 둘레는 끊음질로 뇌문을 장식했다.

③ 충주반忠州盤

충주반은 해주반과 같이 판각으로 구성된 것이 특징이나 만자나 꽃 등으로 투각이 넓게 뚫려 있지 않고, 작은 사각 구멍이나 만자형 투각, 능형 구멍만 뚫린 것이 대부분이다. 또 판각과 족대 사이에 풍혈이 없이 아주 얇은 족대가 붙어 있어 단아한 분위기를 연출하고 있다.

천판의 모서리가 각진 형식이며, 해주반과 같이 통판을 파내어 변죽을 구성했고, 양다리를 고정시키는 운각도 단순하다. 해주반의 족대는 판각보다 넓게 짜여 있으나 충주반의 족대는 판각의 두께와 별 차이가 없고 높이도 낮게 처리된 것이 특징이다.

④ 강원반江原盤

강원도 지방에서 생산된 소반은 비교적 두꺼운 소나무 판재를 깊고 거칠게 파내어 투박하게 제작되었으나 순수한 정감이 느껴지는 특성을 보인다.

천판을 구성하고 네 귀는 일반적인 원만하고 둥근 형태보다 사각에 가까운 좁은 곡선으로 처리했다. 양측 판각의 크고 네모난 단순한 구멍은 투박한 형태와 재질에 경쾌함을 주고, 족대는 판각 하단에 ㄷ자형 각목으로 촉짜임을 했는데 천판과 시각적으로 통일감을 보인다. 거칠게 깎은 천판과 두꺼운 측널 사이의 단순한 운각 등에서 강원도 목가구의 건강함을 잘 나타내고 있다.

⑤ 해주반海州盤

황해도 해주 지방산으로 일반적인 소반의 다리가 네 개로 구성된 것과는 달리 넓은 판각板脚 두 개가 약간 외반되게 뻗어 있다. 이는 수직 구조보다 상단의 하중을 크게 받칠 수 있으며 시각적으로도 안정감을 준다.

너른 판각에는 만卍자를 비롯한 모란, 꽃과 나비, 파초, 문자 등 여러 종류의 무늬를 투각하여 경쾌해 보이는데 이는 소반을 가볍게 만드는 효과도 있다. 반면 족대가 없이 판각에 단순한 능형이나 작은 크기의 만자를 뚫어 단아한 느낌을 낸 것도 있다.

얇은 판각으로는 무거운 식기들을 올려놓는 상판의 하중을 견디기가 어려우므로 양 판각과 상판 사이를 고하는 운각을 설치했는데 초엽형의 단순한 선 또는 넝쿨문당초문의 화사한 형태가 있다. 천판은 행자목 통판을 버선코인 능형으로 깊게 파내어 부드러운 모습의 변죽을 형성하고 있다.

79 나주반

80 나주반

81 통영반

82 충주반　　　　　　　　　83 해주반　　　　　　　　　84 강원반

(나) 호족형, 구족형 소반

① **호족반**虎足盤

소반의 다리가 호랑이 다리같이 날렵하게 생겼다 하여 호족반이라 부르며, 가장 보편적으로 사용된 형태다. 천판과 그 아래 운각, 이에 끼워진 호족과 두 다리의 힘을 받쳐주는 족대 등이 기본 형식이다.

천판은 12각이 기본이나 6각, 8각, 원형, 화형 등 다양하며 호족 또한 짧고 통통한 것, 길고 날렵한 것, 날카롭고 힘찬 것 등 지방의 특성을 잘 나타내고 있다. 또한 호족의 종아리에 넝쿨문과 죽절형을 투각하여 화사하게 꾸민 것도 있다.

전역에 걸쳐 사용된 일반적인 호족반은 천판 둘레의 변죽이 낮고 다리가 굵고 튼튼해 보이며, 개성을 비롯한 북한에서 생산된 것은 천판의 변죽이 깊고 다리의 종아리 부분이나 코 끝부분이 날카롭게 각져 있어 한결 힘차 보인다. 경기도 지역의 것은 다리가 길고 가늘어 경쾌하고 당당하며 조형미가 돋보인다.

다리의 높이가 일반적이며 반盤이 넓은 것은 식사용이지만, 넓은 천판과 훤칠하게 높게 뻗은 호족으로 날렵하며 당당하게 보이는 것은 식사용보다는 집안의 혼례나 고사 등 각종 예식에 사용되었다. '떡이 담긴 시루를 올려놓고 고사를 지낸다' 하여 시루반으로도 부른다.

② **구족반**狗足盤

소반의 다리가 개犬다리 모양이라 하여 개다리소반 또는 구족반이라 부른다. 이런 형식이 충주 지방에서 주로 생산되어 충주반이라고도 한다. 각이 진 힘찬 다리는 실제 개의 다리 모양은 아니며, 조선 시대의 교자상이나 장과 농의 다리 부분에도 이와 같은 형태가 나타난다.

구족반은 특히 다리의 형태가 전체 느낌을 좌우하는데, 충주 지방 것은 굵고 힘차며, 경기도 지방 것은 길고 가늘며 경쾌하게 뻗어 있고, 북한 지역 것은 하부가 약간 휘어져 부드럽게 느낀다.

천판은 8각, 12각, 원형이 있다. 일반적으로 원형 천판은 천판 둘레에 변죽을 따로 대지 않고 천판 하단의 운각과 함께 한 덩어리의 목재를 목물레인 갈이틀로 회전시켜 깎는다. 그러나 천판 하단의 운각을 별도 제작하여 톱으로 홈을 내어 둥글게 모접이 해가면서 붙인 것도 있다.

| 85 호족반 | 86 호족반 | 87 나전구족반 | 88 구족반 |

③ 원형반圓形盤

원반은 천판과 하단의 굽이 둥근 형태의 소반이다.

갈이틀(녹로轆轤)에 목재의 축을 고정한 다음 연속하여 회전시키면서 날카로운 칼로 외부와 내부를 깎아내는 갈이질 기법으로 제작한다. 발이나 손의 힘으로 회전시켜 깎기 때문에 느린 속도로서 투박하게 깎으나 회전된 칼자국인 깊게 파인 골을 느낄 수 있어 오히려 힘차고 생동적이다. 이 작업으로 항아리, 이남박, 원반 등 대형 기물에서부터 제기, 밥통에 이르기까지 다양한 형태의 그릇들을 깎아낸다.

20세기 초 전동식 갈이틀로 제작된 원반은 빠른 회전 속도로 인해 기능적이고 경쾌한 조형을 보이고, 작업도 손쉽고 정교하여 자유로운 형태를 조작할 수 있으므로 천판과 하부를 이어 붙이기에 가능하다. 또한 목재도 절약할 수 있고 대량 생산이 가능하여 다량의 원반이 제작되었다.

강원도에서 제작된 원반은 천판과 하단이 한 덩어리인 것과 두 덩어리로 나누어 만든 후 이어 붙여 만든 두 종류가 있다. 주로 소나무, 피나무로 제작되고 간혹 수축과 팽창이 적고 가공이 손쉬운 은행나무를 사용하기도 한다. 소반의 무게를 줄이고 또 변형되거나 터지는 현상을 막기 위해 하단의 속을 파낸다.

| 89 원반 | 90 원반 | 91 원반 |

④ 두레반

일반적인 소반보다 낮고 넓은 소반으로, 원반, 12각, 풍혈반 등의 형태가 있고, '여럿이 둘러앉아 식사한다.'하여 두레반으로도 부른다. 다양한 음식을 올릴 수 있어 잔치나 행사에 사용했는데 견고하고 격이 있으며 크기 또한 다양하다.

대표적 예로서 돌잡이할 때 차려놓는 돌상이다. 상 위에 활, 화폐, 실, 붓 등을 떡, 과일을 함께 올려놓아 호기심에 이것들을 잡도록 하여 미래 직업을 유추하는 즐거움과 함께 아이의 건강과 출세를 기원했다.

⑤ 공고상公故床

공고상은 야외나 관청에서 식사를 위해 음식을 운반하고 또 차려놓는 복합적 기능의 소반으로 번상番床이라고도 한다. 무거운 그릇들과 음식, 소반의 하중을 감당하며 먼 거리를 운반하고 또 편안한 식사를 위해 인체 공학적인 설계가 필수적이다.

머리에 부드럽고 둥근 똬리를 놓고 그 위에 소반을 얹어 하중을 분산시키고, 이고 걸을 때 밖을 넓게 내다볼 수 있는 망두형의 개창開窓을 뚫었다. 양 측면에 손잡이 구멍을 만들었으며 소반의 무게를 줄이고 조형성을 위해 네 곳에 아자문을 투각했다. 얇은 판재를 사용해도 휘거나 터지지 않으며 가벼운 은행나무 판재를 사용했다.

92 두레반　　　　　93 돌상차림. 온양민속박물관　　　　　94 공고상

⑥ 궁궐반宮闕盤

궁궐에서 사용하는 반盤들은 민가의 것과는 기능과 형식, 규격, 모양새에서 큰 차이가 있다. 궁궐반은 목재의 자연색을 이용하지 않고 흑칠과 주칠을 입혀 보다 엄숙하고 위엄 있는 면모를 갖추고 있다. 또 궁중에서 행해지는 수많은 궁중 의례와 향연 등에서 그 성격과 기능에 따라 여러 모양새의 소반들이 제작되었다.

형태의 특징으로는 원형 천판을 가진 소반에서는 테두리인 변죽이 따로 없이 접시형으로 입술이 얇게 뻗어 있어 한결 부드럽게 보인다. 호족반에서는 호족형 다리가 가늘고 길게 뻗어 있으며 종아리에 정교한 넝쿨문이 조각되어 있다. 또한 천판 하단의 운각에 만자, 희자囍字, 넝쿨문양 등을 화려하게 투각해 장식했다.

수라상은 평상시 왕과 왕비에게 아침, 저녁으로 올리는 진짓상을 말한다. 밥과 탕을 포함한 기본 음식과 열두 가지의 반찬으로 구성된 십이첩반상으로 알려져 있는데, 이는 고종과 순종을 모셨던 마지막 주방 상궁과 순종비 윤 황후를 모셨던 상궁들의 구전을 근거로 한다.
수라상은 기본적으로 세 개의 상으로 이루어졌다. 왕 앞의 대형 둥근 밥상에는 쌀밥과 국을 비롯해 세 가지 장류와 열여덟 가지의 찬이 놓이며, 음식에 독이 들었는지 검사하는 기미 상궁氣味尙宮 앞의 소형 반에는 팥밥이 놓였는데 왕이 기호에 따라 선택하여 먹었다.
식사를 시중드는 수라 상궁 앞 네모난 책상반은 육류, 채소와 달걀 등을 차려 두었다가 즉석에서 전골을 만들어 왕에게 올렸다.

95 주칠호족반　　　　　96 흑칠원반　　　　　97 수라상. 국립고궁박물관

(2) 식기

목재로 만든 그릇들은 가볍고 열전도율이 낮아 잘 식지 않으며 값 또한 저렴하여 사기나 유기보다 폭넓게 사용되었다. 목기는 그릇뿐 아니라 동이, 항아리, 함지, 이남박 등 여러 용도의 주방용품에 애용되었다.

우리나라는 산야가 넓고 수종이 풍부하여 다양한 목재들을 쉽게 구할 수 있으므로 목재를 회전시켜 깎아내는 갈이 공예가 지리산을 중심으로 보성, 나주 지방에서 성행하여 다량의 목기를 생산할 수 있었다.

98 주발과 대접   99 식기

100 접시   101 식기 상차림   102 갈이틀 작업

(3) 찬합饌盒

관가에서 운영하던 숙박소인 원院에서는 객이 내어주는 쌀로 관리자들이 밥만 지어주기 때문에 여행자는 반찬을 지니고 다녀야 했다. 또 선비들이 들이나 강에서 풍류를 즐기며 차와 술을 마실 때에도 소찬이 필요하므로 찬합은 유용하게 사용되었다.

서랍이 있는 사각형 찬합은 전면을 포함한 3면에 창호에서 볼 수 있는 기하문을 투각하고 날카로운 이중선을 구성해 간결하면서도 내부의 음식물에 바람이 통하도록 제작했다. 미닫이문판을 열면 내부에 4개의 서랍을 설치했는데 뒤판에 구멍을 뚫어 손가락으로 밀어내게 했다. 재질은 가볍고 잘 터지지 않는 은행나무 판재이며 오동나무 서랍이다. 표면에 옻칠해 소반의 질감을 그대로 갖고 있다. 간혹 끓이는 도구를 함께 갖춘 찬합들도 있다.

죽제찬합은 대나무의 자연적인 둥근 면을 활용해 굵은 대통의 내부를 여러 칸으로 나누어 마른반찬들을 넣게 되었는데 대나무의 질감과 금속 장석이 중후한 감을 준다. 대나무는 선비들이 즐겨 찾는 재료이며 물에 강하고 또 닦을수록 윤이 나며 깨끗하다.

103 찬합   104 죽제찬합   105 104 죽제찬합 내부

(4) 주병酒瓶

이동식 주병은 탁잔의 받침 부분에 구멍을 뚫어 병의 목 부분에 끼운 후 잔을 엎어서 덮는 조립식으로 구성되었다. 잔을 엎어놓은 모양은 자주 보이나 탁잔 받침은 격식을 갖추는 양식으로 흔하지 않다. 외부는 죽절형으로 연속적인 홈이 파여 장식 효과가 높으며 간결하게 느낀다.

죽제편병竹製扁瓶은 굵은 대를 중심으로 측면을 형성하고, 앞뒷면에 판재를 붙여 몸체를 제작한 후 그 표면에 대나무를 나란히 붙였다. 은행나무로 구연부를 재현하여 부착하고 하단에 서랍을 배치하여 약간의 반찬을 넣도록 구성했다. 단아하면서 격이 있는 생활용품이다.

106 주병   107 죽제편병

(5) 함지, 복자

(가) 함지

넓은 목재를 손쉽게 구할 수 있는 강원도 지방에서 주로 생산된다. 통나무를 까뀌와 자귀로 깎고 파내어 큰 그릇을 만든 것으로 음식을 담고 씻거나 그 외에 다목적으로 사용된다.

주름함지는 외부의 둘레를 넓게 직선으로 깎아내린 모양이 마치 주름진 것처럼 보여 붙여진 이름이다. 내부의 많은 까뀌 자국이 매끄러운 면보다 더욱 자연스럽고 건강해 보인다. 이 함지는 쉽게 넓은 판재를 구할 수 있고 수축팽창이 적은 피나무로 제작했다. 피나무는 강원도뿐만 아니라 우리나라 전역에 널리 자생하는 수종이다. 비교적 넓고 두꺼운 판재를 구할 수 있고 재질이 무르며 굵은 결이 별로 없어 속을 파내거나 깎는 용도로는 적격이다. 통나무의 자연 형태를 이용한 뒤주, 대형의 둥근 함지에서부터 작은 원반에 이르기까지 다양한 기물들의 제작에 사용했다.

전함지는 내부를 까뀌나 자귀로 파내거나 갈이틀로 회전시켜 전(입술)을 살려 깎은 후 대담하게 양 측면을 잘라내어 손잡이의 용도로 편리하게 사용하도록 만들었다. 전 부분이 안쪽으로 약간 경사져 있으며 '전이 있다' 하여 귀함지라 부르기도 한다.

(나) 복자

복자는 간장, 기름 등을 퍼서 좁은 용기에 담을 때 바가지와 깔때기의 역할을 겸한 유용한 주방 용구로 귀때그릇으로도 부른다. 기름을 담아 작은 병으로 옮기는 데 사용하는 것은 기름복자라 했다.

주둥이가 달려 있어 목물레로 돌려 깎을 수가 없고, 통나무를 자귀와 후비기칼로 일일이 파내야 하므로 힘든 수공이 요구되었다. 좁고 긴 주둥이를 길게 뻗고 또 두께를 얇게 제작하여 액체 내용물이 강하고 길게 뻗어나가도록 하고, 구연부를 몸통보다 좁게 하여 옆으로 흐르는 것을 방지했다.

108 주름함지　　　　　　109 전함지　　　　　　110 복자

(6) 떡살과 다식판

떡살은 목판에 학, 꽃, 기하문 등의 무늬를 떡의 크기에 알맞게 등분하거나 연속무늬로서 양각한 것으로, 흰떡이나 쑥떡을 쪄서 넓적하고 긴 가래떡으로 만든 것을 눌러 납작하게 찍어내는 도구다. 떡에 문양이 새겨지도록 세게 누른 후 이를 잘라서 한 개씩 만든 절편은 독립된 아름다운 무늬로 인해 떡에 대한 즐거움과 식욕을 돋운다.

대부분 감나무, 배나무, 가래나무, 박달나무 등 단단한 목재를 사용하는데 다식판과 함께 경상도 예천 지방의 떡살은 깊고 정교한 조각 기법이 뛰어나다.

다식은 녹말, 콩, 송화, 승검초, 황밤, 검은깨 등의 가루를 꿀이나 조청에 반죽하여 틀에 메꾼 후 눌러서 찍어내는 우리나라 고유 과자로 다식판은 이를 찍어내는 틀이다. 이 판에는 벌, 나비, 꽃, 잎 등 자연과 함께 다산을 의미하는 물고기 등을 음각과 입체로 조각한다.

111 떡살　　　　　　112 다식판

5) 기타 생활문화와 목공예

생활문화와 연결된 목공예품으로는 등촉용품인 촛대, 등가, 좌등, 제등과 혼례의 목안, 비 오는 날 신는 나막신, 대문의 빗장인 둔테, 소목과 대목의 연장인 먹통 등 실용적이며 조형성이 높은 것들이 있다.

가) 등촉용품燈燭用品

불을 이용하여 어두움을 밝히게 되면서 사람의 활동은 밤에도 이어지게 되었고 그만큼 삶의 폭이 확장되었다. 등화구는 밤에 불을 밝히는 일차적인 기능 외에 성대한 궁중 의례나 또는 제사와 혼례와 같은 곳에서 이상과 염원을 구하는 상징적 의미도 있다.

등화구燈火具의 기본은 등燈과 초燭의 구성이다. 등화구에는 초를 꽂는 촛대, 기름을 담는 등잔, 등잔의 높낮이를 조절하는 받침대 역할인 등잔대가 있다. 그리고 종이나 사紗를 표면에 씌워 들고 다니는 현등懸燈, 걸어놓는 벽걸이 등잔, 실내에 놓는 좌등坐燈이 있다.

(1) 촛대

초는 밀랍이나 기름을 원통형이나 사각기둥 모양으로 성형하여 그 중심에 심지를 박아 불을 밝히는 등화구다. 촛대의 기본 형태는 크고 묵직한 받침 위에 죽절형, 연주聯珠형, 매듭형의 기둥이 있으며 그 위에 짧은 초꽂이가 있는 작은 접시형 초 받침이 올려져 있다. 이 기본형 촛대의 기둥에 원형, 박쥐, 나비 모양의 회전용 화선火扇을 부착하면 불빛이 사방으로 퍼지는 것을 막고 반사해서 앞면만을 밝게 비추게 된다. 또한 초에서 발생하는 그을음을 막기 위해 초 받침 위쪽에 화선과 조화를 이루는 그을음받이를 부착하기도 한다.

(2) 등가燈架

등은 기름을 태워 불을 밝히는 등화구로 원료는 콩기름, 아주까리기름 등 식물성 기름과 동물성 기름, 물고기 기름에서 추출한다. 등잔은 심지를 끝부분에 늘어뜨리거나 중간에 심지를 띄워 불을 켰다. 기본형은 종지형 도제陶製 등잔으로 조선 시대 말 인화성이 강한 석유가 수입되기 전까지 오랫동안 사용했으며 이후 그곳에 심지를 꽂는 항아리형 등잔으로 발전했다.
넓고 묵직한 받침대 위에 기둥을 세우고 불을 켜는 등잔을 얹었으며, 등잔의 높이를 조절하도록 기둥의 톱날형鋸齒形 턱에 등잔걸이를 걸치고 그 위에 등잔을 얹었다. 또 그 아래 등잔에서 떨어지는 기름을 받기 위해 종지나 소뿔로 기름받이를 달기도 했다.

(3) 좌등坐燈

좌등은 내부에 촛대를 놓고 초를 세우거나 등잔대 위에 등잔 또는 호롱을 올려 불을 밝혔다. 실내 윗목이나 대청 한쪽에 놓여 은은한 불빛으로 주변을 밝게 해 주는 역할을 한다.
일반적으로 좌등은 여닫이문을 포함한 네 면의 아자亞字살 창에는 뒷면에 한지를 발라 은은한 간접 조명 효과를 내고, 불을 밝히지 않는 낮 동안에도 실내 창호와 조화되어 그 부피감 없이 배치가 가능하다.
상부 경사진 면과 쥐벽간에는 만자문, 안상문眼象紋을 투각하여 촛불이나 호롱불에서 발생하는 열과 그을음을 내보내는 환기구의 역할과 함께 투영되는 빛의 효과도 얻고 있다.
4면 창호에는 내부가 비치는 옅은 미색의 사紗를 발라 조명의 효율성을 높였으며, 하단의 서랍에는 초, 등잔 심지, 심지 가위 등 용구를 넣어둔다. 또 천판에는 이동을 위한 ㄷ자형 들쇠를 부착했다.

(4) 제등提燈

제등은 야간에 촛불을 넣어 길을 비추거나 사용자의 위치를 알리는 휴대용 등이다. 사각이나 육각의 다각형으로 만든 나무틀에 백지, 유지油紙, 갑사甲紗를 발라 제작했으며 내부에 초를 넣도록 상하좌우로 문이 열린다. 상부는 열이 빠져나가도록 환기 구멍을 뚫었다. 이동 시 필요한 손잡이는 막대나 대나무 또는 대나무 뿌리로 제작했다.

 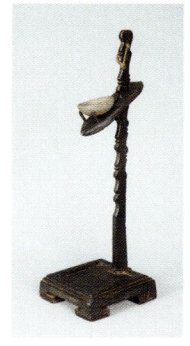  

113 촛대   114 등가   115 좌등   116 제등

나) 기타 목공예품

(1) 목안木雁

전통 혼례에서 신랑이 전안상에 목기러기(목안)를 올려놓고 북향재배하여 조상에게 혼인을 알리고 백년해로와 자손 번창을 기원하는 전안례奠鴈禮가 있다. 이 목안의 형태는 실제 기러기를 사실적으로 표현하고 화려한 채색을 한 것도 있으나 대부분이 상징적인 면을 강조하여 조형성이 뛰어난 것들이 많다.

재료 선택이 수월하고 제작이 손쉽도록 몸체와 머리 부분을 따로 제작하여 몸통 앞쪽 상부에 끌로 구멍을 파내고 머리 부분을 꽂아 끼웠다. 개별 제작하거나 대가의 것을 빌려서 사용하는데 분실을 우려하여 바닥면에 주인댁 명칭이 음각된 것도 있다.

(2) 나막신木鞋

나막신은 비가 오거나 비 온 후 마르지 않은 진창 위를 걷기 위한 일종의 비신으로 한 덩어리의 목재로 굽을 높게 깎아 만든 신이다. 제작이 쉽고 가볍고 물기에 강한 은행나무, 오동나무, 피나무, 소나무, 오리나무를 이용한다. 겉이 말라 터지지 않도록 꿀을 짜낸 찌꺼기를 끓여 만든 기름을 칠하기도 하며 옻칠한 고급 제품도 있다.

굽이 높고 두껍고 투박하고 신축성이 없어 걸을 때 불편하게 느껴지나 실제 두꺼운 버선을 신고 조심해서 걸으면 그리 어렵지 않게 사용할 수가 있다.

(3) 둔태屯太

여닫이대문에는 문을 잠그고 열기 위한 빗장이 있으며, 대문의 크기와 장소에 따라 그 크기도 달라진다. 이 빗장을 걸어놓기 위해 둔태(빗장걸이)가 필요한데 일반적인 막대 형식이 있는가 하면 거북형이나 물고기형 이 있다.

거북형빗장걸이는 가족의 장수와 길상을 뜻하고, 물고기는 재앙을 예방하고 풍요와 다산을 의미하므로 출입구인 대문의 상징물로는 제격이다. 복이 들어오라고 머리가 아래쪽을 향하도록 부착한다.

(4) 먹통墨筒

먹통은 건축 작업에서 직선의 긴 먹줄을 긋거나 수직을 잡는 목공 도구다. 주로 집을 짓는 대목들과 목가구를 제작하는 소목들이 사용한다.

구조는 네모난 통 속에 실을 감는 고패를 넣고 그 앞의 둥근 통에는 솜을 넣고 먹을 갈아 부었는데 실이 솜을 통해 나오는 동안 먹이 묻는다. 머리 부분의 구멍으로 빠져나오는 실 끝을 뾰족한 먹줄꼭지에 못을 달아 매단다.

사용 방법은 줄을 긋기 시작하는 원점에 못에 박고 먹줄꼭지를 꽂은 후 먹통을 잡아가며 빠져나온 실을 팽팽하게 늘인 다음 줄을 퉁기면 실에 묻었던 먹이 나무에 검은 줄을 긋는다. 그 후 측면의 손잡이를 돌려 실을 감아들인다. 짧은 선이나 표식을 내기 위해서는 먹통 바닥에 있는 대나무 먹칼을 먹통에 찍어서 사용한다. 이때 먹칼은 대나무를 얇게 쪼갠 후 끝부분에 빗처럼 여러 개의 이빨을 만들거나 두들겨 풀어서 먹이 고이도록 했다.

먹이 있는 먹솜칸 부분과 고패통 사이에 철사로 작은 고리를 만들고 실을 매었는데 이는 먹통의 무게를 활용해 수직 보기를 위한 장치로 주로 대목이 사용한다.

먹통은 목수 자신이 쉬는 시간을 활용해 직접 제작하고, 대부분 목재로써 화마火魔를 비롯한 재앙을 물리치는 서수瑞獸 형상이며, 복과 장수를 의미하는 거북, 신성시된 봉황의 머리 형상을 추상적으로 조각했다.

117 목안	118 목안	119 나막신
120 물고기형둔태	121 거북형둔태	122 서수형먹통

6) 제례문화와 목공예

가) 제례문화

제사는 돌아가신 조상을 추모하고 그 근본에 보답하고자 하는 효도와 공경과 정성이다. 따라서 신에게 바치는 의례라기보다는 산 사람과 마찬가지로 인격자에 대한 추도에 해당한다고 볼 수 있다.

사당에 조상이 계신 듯이 제사에 정성을 다하여, 조상으로부터 복을 받고 후손에게 효성과 공경의 마음을 가르치는 것이다. 그러므로 제사는 산 사람이 먹는 음식과 같게 익은 음식을 올리는 것이며, 차례 역시 평상시와 동일하게 진행된다.

비록 조상의 육신은 돌아갔으나 혼백이 직접 와서 제상을 받는 것으로 믿고 있어서 상차림 음식은 물론 제사에 사용되는 용구들도 보다 정성을 다하여 제작되고 마련되었다. 그 속에는 조상을 애도하고 살아계실 때 효도가 부족했던 점과 끝까지 모시지 못한 불효에 대한 속죄의 의미도 담고 있다.

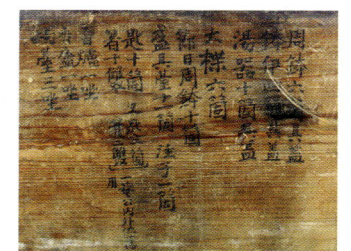

123 제사상차림	124 제기궤	125 124 뚜껑 내부 명문

제구들을 온전하게 보관하기 위하여 사당 곁에 따로 헌방軒房 한 칸을 마련하여 크고 작은 제기궤祭器櫃를 비치하고 그 안에 목기와 사기그릇들을 넣고 단단히 잠근다. 그 밖의 잡물雜物들도 실내에 넣어 둔다.

용인대박물관 소장품인 제기궤에는 전면에 「제기궤 신유중동祭器櫃 辛酉仲冬」이 깊게 음각되어 있어 제기를 보관하는 전용 제기궤가 있었음을 알 수 있다. 또한 뚜껑의 내면과 안쪽 뒤판에는 보관되었던 제기의 명칭과 수량이 먹으로 상세히 기록되어 있다.

영조 때의 유학자 도암陶庵 이채李綵(1680~1746)의 편저인 『사례편람四禮便覽』 기록에도 제례의 머리말에두서에 갖춰야 할 제기를 열거하고 "상석牀席, 의椅, 탁卓, 주식지기酒食之器는 고중庫中 간수하되 단단히 자물쇠를 채워두어야 한다. 타용他用은 불가하므로 고방庫房이 없으면 궤 속에 저장하고 그 안에 들어가지 못하는 것은 외문外門 안에 세워둔다." 했다.

또 홍만선洪萬選이 지은 『산림경제山林經濟』에는 "제기는 남에게 빌려줘서도 안 되고 가난하더라도 감히 내다 팔아치우지 못한다." 경고하고 있다.
소학에도 "군자가 비록 가난해도 제기를 팔지 아니한다.""사대부는 제기를 빌려서 사용하지 않으며 만약 제기를 구비하지 못한 처지라면 사사 밥그릇을 들이지 못한다."고 중요성을 밝히고 있다.

제기류는 대대로 물려 사용하는 가내의 귀중품이다. 따라서 궤를 비치하여 따로 넣어두었다가 쓰는 것이 상례이다. 함부로 일반 기물처럼 사용하지 않으며 다른 가정에 빌려주는 일도 거의 없다. 제기를 폐기해야 할 경우에는 반드시 묻으라고 했다. 함부로 내다 버리거나 태워서 없애지 않는다는 지침으로서 신주처럼 신성시함을 뜻하는 것으로 해석된다.
제례祭禮는 가정생활 가운데 가장 보수적인 부분이어서 사용되는 기물 역시 보수적이며 시대의 유행을 따르지 않는다. 그런 점에서 제기류는 우리 가정의 비품 가운데 가장 고격古格을 지니고 있다.

목기가 많이 제작되는 지리산 지역에서는 유기보다 목제기를 더 귀하게 여긴다. 실제로 호남 지역에서는 아직도 목제기의 보전도가 높은 편이다. 특히 일제 때 유기 공출의 수난을 겪으면서 목제기의 보급이 훨씬 확대되었으리라 생각된다.

나) 제례용구祭禮用具
제사용구는 일상생활에서 사용되었던 가구들과 같은 구조지만 보다 안정된 분위기이며, 특히 목제구들은 조선조 목가구의 형태와 구조의 형식 속에서 묵직하면서 간결하고 정선된 조형미을 지니고 있다.

목제구는 조상에게 드리는 제사에 사용되는 용구 중 목재로 제작된 것을 말한다. 크게 분류하면 조상을 모셔두는 공간인 주독, 감실, 영정장, 영정함 등이 있고 조상을 위한 만찬용 기본 제구인 교의, 제상, 향상, 향로, 향합, 촛대 등과 음식을 담기 위한 탕기, 반기飯器, 접시, 편틀, 적틀, 술병, 탁잔, 항아리 등이 있다.

(1) 조상을 모시는 공간
조상은 위패位牌와 영정影幀으로 대변되며 이를 모시기 위한 공간으로 신주神主, 주독, 감실, 영정장, 영정함 등이 있다.
「소학小學」에서 "군자는 가정에 반드시 사당祠堂을 마련하고 신주를 모셔 그달 초하루마다 새 음식을 올리며…… 기일에는 신주를 옮겨서 정침正寢에서 제사를 지내는 것이니, 무릇 죽은 이 섬기는 예를 산 사람 받드는 것보다 후하게 할 것이다."고 이르고 있다.

(가) 주독主櫝
사당 안에 신주를 모셔 두는 곳이 주독이다. 주독은 독좌櫝坐와 독개櫝盖로 구성되는데 독좌는 사각의 다리 모양을 한 받침대 위에 앞면이 없는 삼면으로 둘러싸여 있는 형태이며 그 안에 신주를 넣는다. 독개는 사면과 위를 막고 아래가 트인 상자인데 독좌를 덮는다.

주독은 제구 중에서도 가장 엄숙하고 안정된 분위기이며 극히 단순하고 기능에 충실한 정적인 형태를 갖추고 있다. 주독은 일반적으로 안팎에 옻칠을 하지만 외면에는 흑칠黑漆 내면에 주칠朱漆을 하고 그 안에 천과 비단으로 만든 자리를 깔고 신주를 봉안한 것도 있다.

신주가 조상의 혼이라면 주독은 이를 모셔두는 몸체에 해당하며 단순한 함과 같은 형태로서 평소에는 닫아 두고 제사 때에만 뚜껑을 열게 된다.

위패位牌는 반드시 밤나무로 제작하는데 이는 주周의 제도를 따른 것으로 '전율戰慄하여 삼간다'는 뜻이 내포된 것이며 또한 밤나무의 견고함을 취한 것이다. 판목板木은 일반적으로 6×23㎝ 정도이며 상단이 굴려져 있으며 신위의 관직과 성명을 써넣는다.

126 주독   127 주독   128 127 내부 독좌   129 신주와 주독

(나) 영정함影幀函

영정함은 조선 시대 긴 서류함 형식으로 조상의 초상화인 영정을 두루 말아 보관하는 함이다. 초상화를 말아서 넣기 위해 측면은 정방형이고 몸통에 비해 길이가 길며 표면에 검은 옻칠을 두껍게 입혀 시각적으로 단단하면서 무게감이 있다. 자물쇠 앞바탕과 경첩 등 주석 장석에는 초화문이 음각되어 장식적인 면과 함께 정성을 기울인 것을 알 수 있다.

130 영정함

131 영정

(2) 만찬용 제구晩餐用祭具

(가) 향상香床

향상은 바닥에 무릎을 꿇고 앉아 향을 피우는 상으로 향로와 향합이 올려지며 향로상, 향탁이라고도 부른다. 제상과 한 조를 이루고 다리와 풍혈이 제상과 같은 구조의 형태와 짜임으로 되어 있다.

제상은 거실에 조상의 위패를 모시고 선 자세로 분향하고 예를 올리는 중국의 주거 형태인 의자 생활에 알맞은 구조와 규격을 갖추고 있다. 이에 반해 향상은 너무 낮아 큰 차이를 보이는데 이는 꿇어앉아 분향하고 술을 올리며 땅에 엎드려 절하는 한국의 평좌 생활양식에 맞춘 알맞은 높이다. 높은 제상의 형태는 한국 문화 속에 융합되지 못한 채 그대로 사용되고 있는 부분으로 보인다.

향로상은 제상과 또 달라서 그 크기나 만듦새 등이 다양하다. 일반적으로 서안의 형태이나 간혹 경상과 마찬가지로 좌우 두루마리 귀를 따로 붙여 전붙임한 경우가 있으며 목판소반을 놓은 듯한 것도 있다.

132 향상

133 향상

134 향상

(나) 촛대燭臺
촛불은 어둠을 몰아내는 정화의 상징이며 정성껏 제사상을 차리고 촛불을 밝힌 후에 신주를 모신다. 제사상에 올리는 촛대는 두 개가 한 조를 이룬다.

촛대의 대부분이 목재를 회전시켜 둥글게 깎아내는 갈이틀로 제작되어 굵고 가는 곡선으로 손쉽게 성형할 수 있다. 밑부분은 상부를 안전하게 받칠 수 있도록 넓고 두꺼우며 시각적으로 육중하고 안정성이 있다. 또 기둥은 가늘고 길게 깎는데 중심이 굵어 보이고 조형미를 위해 원형 마디를 넣었다. 상부에는 초를 꽂는 뾰족하고 긴 촉과 함께 둥근 받침을 둔다.

135 촛대

136 촛대

137 촛대

(다) 향로와 향합香爐, 香盒
제사를 지내는 주변을 정화하기 위해 향을 피운다. 향상은 제사상보다 낮고 천판 위에 향로와 향합을 올려놓는다. 향로는 내부에 재를 담고 그 위에 향나무를 잘게 썰어 뿌려가며 사용한다. 숯을 사용해야 하므로 내부 벽면과 바닥면에 동판이나 무쇠판을 설치하고, 뚜껑에 만자나 팔괘문을 투각하여 환기구로 사용했다. 이외 목재로만 만들거나 뚜껑을 열고 사용한 것도 있다.

(라) 제기祭器
제상을 차리는 제기로는 밥을 담는 반기, 국을 담는 탕기, 과물果物을 담는 평접시, 나물 담는 오목한 접시, 산적(어적, 육적, 치적雉炙)을 올리기 위해 천판 둘레에 변죽이 있는 적틀, 떡을 괴어 올리는 천판이 평면인 편틀, 젖은 음식을 담는 두豆에 이르기까지 다양한 그릇이 있다. 이밖에 술을 담는 항아리와 죽은 이의 혼백을 위해 술을 담고 따르기 위한 주병, 술을 잔대에 받쳐 올리는 탁잔 등이 있다.

138 향로

139 향로

140 향합

(마) 찬합餐盒

제기로서의 찬합은 산소에서 제사 상차림을 위해 집에서 제사음식을 만들어 이동하기 위한 용도로, 일반적으로 5~10개 층이며 각 층마다 2~3개의 칸으로 나뉘어 여러 종류의 음식을 담을 수 있다. 가정용 찬합에 비해 모양새보다는 실용성 위주로 제작되었으며, 여러 가지 많은 음식을 담기 위해 규모 또한 크다.

141 다양한 제기들

142 각종 식기

143 항아리

144 원형제기

145 편틀

146 적틀

147 두

148 주병

149 탁잔

150 찬합   151 찬합

7) 불교문화와 목공예

가) 불전장엄구佛殿莊嚴具

불전은 부처님을 모신 최고의 장엄한 공간으로서 사부대중四部大衆의 귀의처歸依處인 불세계佛世界를 형상화하고 핵심적인 의례의 중요성과 상징성이 집약되어 있다. 불전을 구성하는 모든 요소를 화려하고 아름답게 장식함으로써 불자들이 수행을 통해 나가야 할 이상적인 불세계를 접할 수 있도록 했다. 또한 당시 최고의 기술을 통해 아름답고 위엄을 갖춘 이상적인 모습으로, 참배자가 경건함과 자비심을 느끼도록 조성되었다.

불전장엄구는 화려한 불교미술의 전통을 잘 보여주는 불교 공예품이다. 조선 시대에는 불전에서 행해지는 의례가 활성화되어 불전 장엄뿐만 아니라 의례 용구로도 널리 사용되었는데 현재까지도 당시의 미의식과 신앙생활을 반영하는 작품들이 전해지고 있다.

목조 장엄구 중에는 뛰어난 목조각으로 제작된 소대疏臺, 패牌, 법고대法鼓臺, 업경대業鏡臺, 용두대龍頭臺, 동자상童子像, 사자상使者像, 천부상天部像 등이 있다.

(1) 소대疏臺

소대는 불교 의식 때 발원문發願文이나 소문疏文을 읽고 나서 그것을 말아 넣어두는 목제 통으로 불단佛壇에 놓는다. 일반적으로 소통疏筒이라 부르지만 조선 후기 사적기寺蹟記와 조성기造成記에 소대疏臺로 적혀 있다.

소대는 기단부基壇部와 몸체부身部, 여닫을 수 있는 개부蓋部의 세 부분으로 구성되어 있다. 몸체부에는 용이나 봉황, 화문 등을 투각하여 화려한 조형을 보이며, 내부는 설대舌臺를 두어 소문을 걸어 놓거나 넣을 수 있도록 했다.

(2) 패牌

패牌는 명호冥護나 발원發願 내용 등을 적어 놓는 나무로 만든 패를 말하며, 불패佛牌, 경패經牌, 삼보패三寶牌, 원패願牌, 위패位牌 등이 있다. 불, 보살 등을 상징하는 장엄구로서 사부대중이 부처와 만날 수 있게 해주는 매개체로 인식되었다.

이 외에 왕실과 국가의 안녕을 기원하는 패들도 조성되었는데, 전면에 명시된 문구에 따라 불패와 전패로 구분한다. 전패殿牌는 주상과 왕비, 세자의 수복을 축원하는 패로 주상전하수만세主上殿下壽萬歲, 왕비전하수제년王妃殿下壽齊年, 세자저하수천추世子邸下壽天秋라는 축원 문구가 쓰여 있다. 이들 전패는 부처의 명호나 불법승 삼보(여래, 교법, 비구)를 나타낸 불패와 함께 불전 상단에 모셨다.

| 152 소대 | 153 전패 | 154 법고와 법고대 |

(3) 법고와 법고대法鼓, 法鼓臺

법고는 불교 의식儀式에서 범패梵唄의 장단에 맞추어 치는 불구의 하나로, 특히 아침, 저녁 예불 때에 치는 북은 축생의 부류를 제도하기 위한 것이다. 사찰의 사물四物 즉 범종梵鍾, 법고法鼓, 목어木魚, 운판雲板 중 하나이다.

불경에는 여러 종류의 북을 열거하고 있으며 용도는 주로 대중에게 크고 작은 일이 있음을 알리는 일종의 신호로 사용되었다. 또 번뇌와 망상 또는 집착과 오욕의 마군을 없애는 설법을 할 때 북을 친다. 즉 정법正法의 북을 쳐서 시방세계十方世界를 깨우치게 한다고 하여 추상적이고 상징적 용구로서 언급하기도 했다.

법고와 법고대는 한 조組를 이루며 돌이나 나무로 만들고 법고를 안정되게 올려놓도록 양옆에 고정쇠를 장착한다. 법고대는 부처님의 가르침을 울리는 터로 인식된다.

(4) 업경대業鏡臺

업경대는 불교적 상징과 교화의 조형물로서 업경과 그것을 떠받드는 대좌臺座로 구성된 불교 장엄구다. 지옥의 염라대왕이나 시왕상 앞에서 업경대 앞에 죄인을 세우고 생전에 지은 선악의 행적을 살펴 그 죄목을 낱낱이 업부業簿에 기록하고 죄의 경중을 판가름해 그에 상응하는 지옥을 정한다고 믿는다.

거울을 비유하는 둥근 형태의 주위를 화염火焰 문양으로 둘러 장식한 뒤 좌대에 안치된 형태로 대웅전, 명부전, 지장전, 시왕전에 놓았다. 그 특별한 상징성과 의미로서 거울은 불상이나 불화의 복장에 봉안되기도 한다.

(5) 용두대龍頭臺

불교에서 용은 불법을 수호하고 비를 내려 생명을 살리는 존재를 상징하며, 물과 관련된 기원 의식에서 용머리 장식이 등장한다. 일반적인 용 머리 조각을 받치고 네 발을 딛고 있는 사자의 자세는 17세기 후반 업경대나 법고 등에서 볼 수 있는 형태로 수미단須彌壇에 올린 장엄구이다.

(6) 동자상童子像

동자상은 어린 동자童子와 동녀童女의 모습을 표현한 조각상이다. 명부전의 지장보살과 그 좌우의 시왕十王을 곁에서 모시고 있으며, 지장삼존상 좌우에 2구, 각 시왕 앞에 한 구씩 모두 12구가 놓인다.

155 업경대   156 업경대   157 업경대   158 용두대

동자는 불보살을 섬기는 순수한 영혼의 얼굴로 표현하고 있다. 얼굴이 복스럽게 생긴 동그란 형에 가느다랗게 눈 뜬 반안半眼 모습인데, 이는 깊은 사유思惟로써 사물의 본질을 깊이 뚫어보는 혜안慧眼을 표현한 것이다. 결혼 전인 남녀의 머리 형태인 댕기 머리를 하고 있다.

일부 민간 신앙에서는 아이의 무병장수나 출산 기원의 상징이기도 했다.

조선 시대 동자상의 특징은 다양한 지물을 손에 들고 있는데, 두루마리와 벼루, 붓, 명부와 같은 책 모양 외에 연꽃대, 복숭아, 석류 등 상징적인 식물 그 외 학, 사자, 호랑이, 자라 등 상서로운 동물들과 함께, 또는 두 손을 공손히 모은 모습 등을 볼 수 있다.

159 동자상   160 동자상   161 동자상   162 동자상

(7) 사자상使者像

사자상은 사람이 죽었을 때 염라대왕을 비롯한 여러 왕의 전령傳令인 지옥사자地獄使者를 형상화한 것이다. 망자의 죄가 적힌 두루마리 장부 또는 창, 칼 같은 무기를 든 형태로 명부전이나 지장전에 봉안된다.

감재사자監齋使者와 직부사자直符使者는 불교 의식 중 천도재薦度齋나 수륙재水陸齋 등의 의식에서 등장하며 머리에 토끼 귀처럼 생긴 양각兩脚이 높게 솟은 익선관翼善冠 형태의 모자를 썼으며, 관복을 걸치고 손으로 옷자락과 창을 들고 있다. 적색, 녹색, 청색을 주조색으로 칠했으며 부분적으로 흑색과 백색을 보조색으로 사용했다. 오방색이나 세밀한 문양 등을 새기기도 한다.

(8) 천부상天部像

천부상은 하늘의 신들을 형상화한 불상으로 부처나 보살과는 구분되며 불법 수호와 부처님을 보좌하는 존재들이다. 인도 고대

종교나 힌두교에서 유래한 신들이 불교에 수용되어 수호신으로 변했으며, 신앙적으로는 불국토를 보호하며 재앙 방지, 복과 덕을 기원하는 대상이다.

천부상은 제석천帝釋天, 범천梵天, 비사문천毘沙門天, 대위덕천大威德天, 전륜성왕상轉輪聖王像 등 다양하다.

제석천은 수미산 정상에 있는 도리천忉利天의 주인으로 사천왕을 거느리고 불법을 보호하는 신이다. 범천梵天은 부처님이 중생계에 오실 때마다 설법을 청해서 들으며 불법을 수호한다. 현재 전해오는 범천과 제석천상은 조각으로는 그 수가 매우 적은 편이지만 불화로 그려진 예는 많다. 대체로 한 쌍으로 봉안되는데 사찰에서 수륙제를 거행할 때 모셔졌던 수륙화水陸畵 가운데 하나로 제작되었다.

갑옷으로 무장한 형상이거나, 화려한 보관寶冠을 쓰는데, 손에는 무기, 보주寶珠, 연꽃, 천고天鼓 등을 들고 위엄과 권능을 상징하고 있다.

| 163 사자상 | 164 사자상 | 165 천부상 |

다. 목공예 재료와 제작 기법

1) 목공예 재료

목재는 산과 들에서 자라는 천연재료이며 그 재질이 부드러워 제작이 쉽고 감촉이 좋아 생활용품으로 제격이다. 한반도 전역에서 생산되어 구하기 쉽고, 섬유, 금속, 도자기와 같이 원재료를 가공해 사용하는 게 아니므로 가격 또한 저렴하다.

한국은 분명한 사계절로 인해 여름철에는 덥고 습해 나무가 잘 자라고 춥고 건조한 겨울에는 덜 자라므로 나이테가 뚜렷해져 무늬결이 좋은 목재가 많으며 남북으로 길게 뻗은 지형적 특성으로 다양한 목재를 구할 수 있다.

목재의 종류에 따라 고유의 질감, 나뭇결, 색상, 단단하고 무른 성격 등에서 다양하므로 기능과 취향에 따라 수종을 선택할 수 있다. 그러나 가공되지 않은 재료여서 제작 후 사용하는 동안 목재의 수축과 팽창 현상으로 손상이 올 수 있어 목재를 잘 건조해야 하며 짜임과 이음, 부판 제작, 낙동법 등의 제작 기법의 활용과 제작 기술을 갖추는 것이 필수적이다.

목가구에 애용되는 목재로는 무늬결은 없으나 부드럽고 물러서 쉽게 제작할 수 있고 또 얇아도 터지지 않는 은행나무와 피나무 그리고 단단한 배나무와 가래나무 등이 있다. 목가구의 특징인 나뭇결을 강조하는 의도로 소나무, 잣나무, 단풍나무, 물푸레나무, 느티나무 등의 아름다운 결을 살렸다. 이는 화려한 조각이나 칠을 대신하는 장식 효과를 보인다.

의복과 종이로된 중요 문서, 서화 드을 보관하는 함들은 목재로 제작하는 것이 섬유질의 보전을 위해 최적이며, 장과 농처럼 대형 기물들이 실내에서 너른 면적을 차지해도 목재는 부드럽고 친근감을 주는 재료여서 부담을 주지 않는 장점이 있다.

사랑방에는 단순하고 검소해 보이는 소나무와 오동나무가, 안방은 느티나무, 물푸레나무, 먹감나무, 단풍나무의 아름다운 나뭇결이 애용되었다. 부엌에서는 수분에 강하고 힘을 지탱할 수 있는 소나무 골재와 판재, 무늬가 아름다운 느티나무 판재가 사용되었다. 궤는 무늿결이 좋은 느티나무와 감나무, 큰 힘을 지탱할 수 있는 가래나무와 소나무의 두꺼운 판재가 쓰였다.

가) 목재의 특성과 활용
한국에서 자생하는 수목 중 목가구에 활용된 것은 30여 종인데 이중 목공예품에 자주 사용된 목재의 성질과 용도를 살펴보면 다음과 같다.

(1) 가래나무
잔잔한 섬유질이 고르게 구성되어 다루기가 쉬울 뿐만 아니라 넓은 판재로 사용해도 무리가 없어 소반의 천판, 궤의 판재로 사용한다. 또 단단하고 묵직하므로 큰 힘을 받는 탁자, 책장의 골재, 삼층장의 골재와 판재 등으로 널리 사용된다. 호두나무와 생김이 비슷해 구별하기 어려우나 더욱 단단하고 탄력이 있다.

(2) 감나무
목질이 질기고 단단하며 비틀어지는 단점으로 인해 가구재로 사용하는 데에는 무리가 있다. 일부 감나무는 연륜이 오래되면 속이 비고 검은 먹墨이 들게 되는데 황갈색을 띠고 있는 바탕과 검은색이 어울려 부드러운 질감과 추상적인 독특한 무늬를 보여준다. 연상, 필통 등 사랑방가구와 장식적이면서 안정된 분위기를 보여 안방의 문갑, 장롱, 좌경, 빗접 등 여성용품에도 애용되었다. 전라도 지방에서 생산되는 가구에서 많이 나타난다.

(3) 느릅나무
단단하고 질기며 무겁고 나뭇결이 좋아 가구나 건축에서 골재, 판재로 쓰이며, 물속에서 썩지 않고 버티는 힘이 강하므로 여러 곳에 쓰인다. 갈이틀로 제작되는 함지, 그릇, 촛대에 애용된다.

(4) 느티나무
동네 어귀나 쉼터에서 그늘을 만들어 주는 정자목이다. 수명이 길고 높고 굵게 잘 자라며 비교적 단단하고 나뭇결이 아름답고 황갈색이다.
넓은 목재를 구할 수 있으며 다른 수종에 비해 무늿결이 다양하고 독특하게 생성되어 목가구의 형태와 쓰임새에 따라 알맞은 부위의 성질과 무늿결을 선택해 사용한다. 나뭇결이 그림을 그린 듯한 아름다움이 있지만 분명하고 강한 느낌도 있어 남성과 여성용품에 널리 사용되었다.

(5) 단풍나무
눈매가 곱고 단단하며 윤기가 나고 색이 밝다. 섬유질의 특이한 조직은 편광 효과를 보여 각도에 따라 변화를 느낄 수 있다. 옹이나 뿌리 근처는 아름다운 나뭇결을 갖고 있어 서류함의 판재로도 널리 쓰였다. 조직이 치밀해 질기고, 결이 고와서 해인사 팔만대장경 판각과 회전시켜 깎아내는 갈이 공예의 용기 제작에 사용되었다.

| 166 가래나무 | 167 감나무 | 168 느릅나무 | 169 느티나무 |
| 170 단풍나무 | 171 대추나무 | 172 물푸레나무 | 173 박달나무 |

〈국가무형유산 소목장 박명배 제공〉

(6) 대추나무
고운 조직과 탄력이 있어 세밀한 각이 요구되는 인장이나 윤도, 시전지판, 장기알 등 제작에 사용했다. 결이 곱고 매우 단단하고 묵직해 홍두깨, 육모방망이 등 특수한 용도로 쓰였다.

(7) 물푸레나무
나뭇결의 눈매가 크고 뚜렷하며 아름다워 장롱과 서류함의 판재로 쓴다. 질기고 단단하며 탄력 있고, 곱고 뚜렷한 무늿결과 옻칠 효과가 높아 대접, 과반, 제기, 발우 등을 제작하는 갈이 공예에 가장 많이 사용되는 수종으로 우리나라 전역에서 자라고 있다. 나뭇결이 느티나무와 비슷하나 색이 밝은 편이다.

(8) 박달나무
매우 단단해 가공에 힘들어 가구에서는 사용하기 어렵다. 반면 깎기가 힘드나 갈라짐이 적고 광택이 나므로 묵직한 골재가 요구되는 홍두깨, 육모방망이, 절구, 약연藥碾 등으로 활용했다. 또 눈매가 고와서 인장이나 떡살 등의 조각재로 사용한다.

(9) 배나무
눈매가 곱고 탄력이 있어 대추나무, 회양목 등과 함께 인장, 선초扇貂, 장도粧刀 등에서 정교한 각을 내기 위한 조각재로 쓰인다. 매우 단단하고 가느다란 골재로도 큰 힘을 감당할 수 있고 표면이 매끄러워 시각적 부담을 주지 않으므로 연상이나 빗접의 골재에도 사용되었다. 등에 사용했다.

(10) 소나무
한옥의 기둥부터 실내 가구에 이르기까지 가장 보편적으로 사용된 수종으로 우리나라 전역에 산재해 있다. 넓고 굵은 목재를 쉽게 구할 수 있고, 수축과 팽창의 변화가 적고 나뭇결이 곱고 부드럽다. 소박한 질감으로 인해 서안, 연상, 서류함 등 사랑방 용품에 널리 애용되었다.
목재의 기름진 특성으로 인해 걸레질만 해도 윤기가 나며 단단하고 물기에 강하다. 지름 1m가 넘는 통나무를 까뀌로 깎아내어 대형 함지, 이남박 등을 만들었고 갈이 공예에서는 그릇, 제기 등으로 다양하게 제작했다.

(11) 오동나무

재질이 무르고 가볍고 색이 희며 밝다. 특수한 섬유질로 인해 건습 조절이 쉽고 판재를 얇게 켜도 터지지 않는다. 종이, 섬유, 한약재 등 습기에 예민한 품목들을 보관하는 함이나 옷장, 약장에 널리 애용되었다.

좋은 무늿결의 판재는 서류함, 서안의 판재로, 그 외 필통, 지통, 연상, 망건통, 탕건통, 갓통, 고비, 상자 등과 거문고, 가야금, 양금, 장구 등 악기의 울림통 제작에도 사용했다.

시집갈 때 새살림의 장과 농에도 사용되어 혼수목이라 불렀다.

(12) 오리나무

전 국토에 널리 분포된 수종으로 눈매가 곱고 부드럽고 가볍고 탄력성이 있으며 잘 갈라지지 않는다. 칠기의 목심재, 나막신과 하회탈 또 회전시켜 깎아내는 갈이 공예로써 발우, 제기, 주발 등을 제작한다. 판재로는 쉽게 갈라져서 가구 제작에는 사용하지 않는다.

(13) 은행나무

눈매가 곱고 탄력이 있어 깊고 다양한 기법의 조각재로 적당해 장과 농, 가마, 좌경 등의 판재로 사용되었다.

흠이 잘 안 생기고, 항균력으로 좀이나 벌레가 쏠지 않으며, 두껍고 넓은 판재를 구하기 쉽다. 또 얇은 판재를 사용해도 터지거나 휘지 않고 가벼워 운반에도 편리하므로 소반의 재질로 널리 이용되었다. 행자목에 옻칠이 된 소반은 상품으로 취급되었다.

강한 무늿결이 없이 전체가 고르며 부드럽고 비틀림이 적어 항아리, 병, 제기, 발우와 같이 물레로 회전시켜 깎아내는 갈이 공예 재료로 애용되었다.

(14) 참죽나무

붉은색을 띠고 있으며 굵은 선의 나뭇결이 선명하고 아름답다. 느티나무에 비해 뒤틀림이 적고 큰 힘을 견딜 수 있어 책장, 탁자, 문갑 등 비교적 힘을 받는 가구의 기둥과 쇠목, 문변자 등에서 골재와 판재로 사용된다.

(15) 피나무

강원도 산간 지방을 비롯한 전 국토에서 널리 자란다. 무르고 가볍고 잘 갈라지지 않고, 넓고 두꺼운 판재를 쉽게 구할 수 있어 대형 함이나 궤, 장과 농의 판재로 사용한다. 또 눈매가 곱고 가공성이 뛰어나 자귀나 까뀌로 속을 파내는 대형 함지에 활용되며, 갈이틀(목물레)을 회전시켜 제작하는 갈이 공예로써 그릇, 원반, 함지 등 주방용품으로 생산되었다. 은행나뭇결과 유사해 구별하기 어렵고, 옻칠함의 목심 판재로도 사용한다.

(16) 회화나무

제멋대로 뻗은 나뭇가지 모양이 학자의 기개를 상징한다고 해서 학자목이라 부르고 궁궐이나 선비 집에 많이 심었다. 눈매가 크고 갈색을 띠고 느티나무 나뭇결과 비슷하게 곱고 선명하다. 너른 판재를 구할 수 있어 장롱, 궤, 함 등 가구재로 즐겨 사용했다.

174 배나무	175 소나무
176 오동나무	177 오리나무
178 은행나무	179 참죽나무
180 피나무	181 회화나무

2) 목공예 제작 기법

목재는 천연 재료여서 제작 후 수축과 팽창 현상으로 터지거나 비틀리는 손상이 발생할 수 있으므로 충분히 건조해야 하며 짜임과 이음, 부판 제작, 낙동 기법 등의 제작 기법의 활용과 제작 기술을 갖추는 것이 필수적이다.

가) 짜임새와 이음새(결구)

골재가 주축을 이루거나, 탁자처럼 골재와 층널로 구성되는 간결한 가구는 내적으로 견고하고 외적으로는 부담을 주지 않는 단순한 결구, 즉 짜임새와 이음새가 뒷받침되어야 한다. 특히 쇠못을 사용하지 않고 불가피한 부위에만 접착제와 대나무 못을 사용할 때 그 이음새는 더욱 중요하다.

짜임과 이음은 간결한 선과 면 분할로 구성된 조선 시대 목가구에는 필수적인 기법으로, 용도와 재질, 부위의 응력에 따라 구조와 역학力學은 물론 시각적인 효과를 고려한 격조 높은 기법으로 발전했다.

182 제혀이음	183 연귀촉짜임	184 주먹장사개짜임

〈국가무형유산 소목장 박명배 제공〉

나) 부판 기법附板技法

사계절에 따른 한서寒暑 차이로 목재의 수축과 팽창이 생겨나고 넓은 판재는 휘거나 터지기 쉽다. 특히 문갑, 장과 농, 좌경에 즐겨 사용되는 느티나무, 물푸레나무, 먹감나무 판재들은 변형이 더욱 심하다.

부판 기법은 무늬가 좋은 판재를 2~3㎜가량 얇게 켜서 변화가 별로 없는 잘 건조된 오동나무나 소나무 판재에 엇결로 붙여 사용하는 것으로, 판재의 결점을 막을 뿐만 아니라 아름다운 나뭇결을 활용할 수 있다. 또한 판재를 얇게 켜서 사용하므로 동일한 무늿결을 여러 장 얻을 수 있어 가구 앞면 문판에 좌우대칭으로 배치해 안정감을 주고 있다.

이 기법으로써 문갑 전면에 8장의 동일한 무늬를 사용해 극히 자연적이며 단아한 멋을 자아내기도 한다.
목공 소품으로는 필통, 연상, 좌경, 빗접 등에 이용된다.

다) 낙동 기법烙桐技法

오동나무는 건습 조절이 잘 되는 특성이 있으므로 종이나 섬유를 보관하는 데 유용하다. 또 얇고 넓은 판재로도 터지지 않으며 광택이 없어 사랑방 용품에 제격이다. 그러나 나무가 희고 무른 단점이 있어 표면을 뜨거운 인두로 골고루 지져서 태운 후 볏짚으로 문질러 부드러운 섬유질은 털어내고 단단한 무닛결만 남기는 낙동 기법을 사용한다.

이때 검게 탄 색감이 인위적으로 채색된 것보다 자연스럽고 검소하고 점잖게 느껴진다. 사랑방 용품인 필통, 서류함, 연상, 서안 등에 널리 이용되고, 오동나무 외에 소나무, 잣나무도 이 기법을 활용한 예를 볼 수 있다.

이런 제작 기법은 오랫동안 전해 내려온 것으로 『증보산림경제』16권 청재위치淸齋位置에도 기재되어 있다.

"오래된 오동나무 뿌리에서 구불구불한 무늬가 있는 것을 골라 벼룻집을 만든다. 다음 다리미날을 발갛게 달구어 벼룻집 바깥 부분을 지져 숯을 1푼 정도 만든다. 이 짚 한 줌을 가져다가 검게 지진 부분에 세게 비비면 무른 곳이 닳아져서 움푹한 곳이 생긴다. 나무의 구불구불한 무늬의 성질은 강해 닳아지지 않으니 자연스러운 자국이 만들어진다. 이런 오랜 듯한 색깔이 많으면 아주 좋다."

185 부판 제작 기법

186 부판 활용

187 낙동 기법 ①오동나무

188 ②인두로 지지기

189 ③짚 비비기

190 ④나뭇결

〈국가무형유산 소목장 박명배 제공〉

라) 조각 기법

조선 시대 목공예품은 조각이나 채색을 사용한 인위적인 아름다움보다는 자연 나뭇결을 살리고 목재의 질감과 색조, 무닛결을 고려하여 제작했는데 단아하면서 안정되고 묵직한 멋을 낸다. 그러나 사용자의 취향에 따라 장식적이고 권위적인 면을 선호하여 필통, 고비, 연상, 침통, 선추, 화살통, 화약통 등에 정교한 조각을 한 것도 있다.

목공 소품인 시전지판詩箋紙板, 능화판菱花板, 떡살, 다식판 등과 같이 기능상 필수적인 곳에는 정교하게 조각했다.

(1) 음각

문양을 표면보다 낮게 파내어 선문線紋으로 나타내는 조각의 기본형으로 인장, 망건통, 실패, 다식판 등에 사용된다.

(2) 양각

무늬 외의 바닥면을 파내어 무늬가 표면보다 높게 각이 되거나 반 입체가 되도록 만드는 것인데 조각 기법 중 장식 효과가 높고 널리 사용되었다. 인장, 시전지판, 능화판, 보판 등과 같이 인주나 먹, 물감을 발라 찍어내는 판화 효과에 필수적이며, 연상, 필통, 고비, 망건통, 장도, 침통, 선추, 좌경, 함, 표주박, 떡살 등을 치장하기 위해 애용했다.

(3) 투각

반 입체로 각을 해 무늬를 살리는 기법으로 문양 외의 바닥면을 뚫어 무늬를 강조하거나, 좌등에서 통풍을 고려할 때 사용된다. 서안, 필통, 팔걸이, 고비, 소반, 찬합 등에 이 기법이 적용되었다.

(4) 입체 조각

기물의 입체감을 살려 사실적으로 표현하는 기법으로 삼차원적인 생동감과 예술성이 돋보이는 조각 기법이다. 화약통, 먹통, 목안(목기러기), 나막신, 동자상, 불상 등의 제작에 활용했다.

| 191 음각 | 192 양각 | 193 투각 | 194 입체 조각 |

(5) 상감 기법象嵌技法

기물의 바닥면을 문양대로 파내고 그곳에 다른 재료를 끼워 넣는 기법인데 문양이 돋보인다. 목상감 기법은 서로 색이 다른 목재를 사용하여 재료에서 동질감을 주고 미려하다.

밝은 미색의 버드나무와 검은 먹감나무 판재를 얇고 넓게 겹겹이 쌓은 다음, 횡단면으로 끊어서 이어 붙이면 연속적인 뇌문이 형성된다. 이를 복판재 둘레에 붙여 상감 효과를 낸 것이 뇌문회장雷紋回裝 기법이며 통영 지방 특유의 상감 기법이다.

판재 표면을 태극 무늬나 희자囍字, 수자壽字 등으로 얕게 파내고 무늿결이 없는 짙은 색의 목재를 끼워 넣거나, 여러 색감의 목재를 일정하게 깎아낸 후 판재 위에 부귀, 수복 등 문자를 연이어 붙여서 구성하는 상감 기법도 있다.
한국 목가구에는 상감 기법을 쉽게 찾을 수 없는데 이는 인위적인 것보다는 자연미를 즐겼기 때문이다.

(6) 회양목 붙임 기법

붙임 기법은 눈매가 없고 매끄럽고 광택이 있는 회양목을 무늬대로 얇게 도려낸 후 제작된 가구 표면의 검붉은 바탕 위에 붙이는 기법이다. 색의 대비로 시문된 무늬가 잘 나타나고 은은하면서도 화사한 장식적 효과를 나타낸다.
여성용품인 좌경, 빗접에는 화조문을 오려 붙이고, 남성용품인 망건통과 연상에는 십장생, 사군자四君子 문양을 붙였다. 매죽문을 시문한 소반도 있다.

| 195 뇌문회장 기법 | 196 문자 상감 기법 | 197 회양목 붙임 기법 |

(7) 갈이질 기법

갈이질 기법은 갈이틀(녹로轆轤)인 목물레에 목재의 축을 고정한 다음 연속적으로 회전시키면서 날카로운 칼로 외부와 내부를 깎아내어 완성한다.

재래식 갈이틀은 굵은 노끈을 사용해 발로 축을 회전시키면서 깎아내는데, 회전속도가 느리고 일정하지 않아 얇고 정교하게 깎아내기가 무척 어렵다. 그러나 뛰어난 제작 기술로 인해 조형미를 갖추고 있다. 함지, 동이 원반 등 대형 기물들은 칼자국의 굴곡으로 인해 성글게 보이나 오히려 소박함과 생동감을 주어 정감이 간다.

주로 주방 목공예품인 주발 등 식기를 비롯해 함지, 원반, 밥통, 촛대, 등가, 재떨이, 촛대, 향합, 향로, 항아리, 주병, 탁잔, 원형 제기들을 제작했다.

갈이질은 강원도 일대와 전라북도 남원 지방에서 그곳의 풍부한 재목을 이용해 발달하였는데 주로 은행나무, 밤나무, 피나무, 엄나무, 박달나무, 들메나무, 느티나무, 오리나무를 사용했다.

| 198 갈이틀 작업 | 199 식기 | 200 원반 |

(8) 대나무공예 기법

대나무는 마디지고 속이 비어 있어 넓거나 좁은 굵기의 원통형 용기를 목제보다 쉽게 제작할 수 있다. 또한 표면이 매끄럽고 단단하여 둥근 곡면에 따라 빛이 반사되는 편광 효과로 인해 항상 깨끗하게 느낀다. 얇고 가늘게 쪼개 그 탄력으로 휘어가며 엮어서 그릇을 만들기도 하고 삿자리처럼 엮어 목제기물 위에 씌워 붙여 모양을 내기도 한다.

경상도와 전라도 일대에는 대나무가 군락을 이루고 있어 공예 재료로서 공급이 원활하여 대나무공예가 발달했다. 대나무는 깨끗하고 곧게 자라서 청빈한 선비의 기개를 상징하므로 필통과 화살통, 붓대에 이르기까지 굵기에 따라 다양한 용도로 활용되었다. 또 두께가 얇아도 단단하면서 가볍고 물기에 잘 견디므로 찬합, 도시락통, 소쿠리 등 여러 가지 주방용품들을 제작했다.

(가) 죽제 기법竹製技法

대나무만으로 순수하게 만든 제품을 말한다. 속이 빈 굵은 통대로는 둥근 자연 형태를 이용해 필통, 편지통, 화살통, 찬합 등을 만들었고, 얇고 가늘게 쪼갠 대쪽으로는 직선과 곡선을 살려가며 제작한 고비, 목침 등의 소품도 만들었다.

(나) 죽장 기법竹裝技法

죽장은 목재로 제작된 기물의 표면에 대나무를 일정한 굵기로 쪼개 기하학적인 무늬로 붙여가며 장식하는 기법으로 연상, 함 등에 주로 이용된다. 약간 둥근 곡선의 대나무 표면이 보는 각도에 따라 빛이 반사되는 편광 효과로 인해 항상 신선하게 느껴진다.
또 다른 기법으로 대나무를 가늘고 얇게 쪼개어 삿자리문 형식으로 엮어 짠 것을 목재 표면에 씌우는 형식으로는 주로 함에 사용된다.

(다) 박지 기법剝地技法

굵고 넓은 대나무 표면에 다양한 무늬를 선각線刻한 후 그 외의 바닥면을 낮고 일정하게 긁어내고 검은 칠을 한 후 양각된 면을 닦아내면 음각 선과 바탕면의 검은 칠이 문양을 돋보이게 하는 기법인데, 이는 분청사기의 박지문剝地文 기법과 유사하다.
주로 망건통, 편지통, 화살통에 사용되는 기법으로 단단한 재질인 대나무에 상세한 무늬를 표현할 수 있으며, 표면을 일정한 두께로 파내기에 쉽다. 무늬로는 십장생, 화조, 매난국죽, 잉어, 연꽃 등과 시구詩句, 문자文字 등을 조각했다.

(라) 낙죽 기법烙竹技法

끝이 뾰족한 인두를 불에 달궈 대나무 표면을 지져가며 가느다란 선으로 문양을 그리는 기법이다. 인두가 식기 전에 빠른 속도로 그려야 하고 색이 고르게 나오려면 오랫동안 열이 식지 않아야 하므로 인두가 크고 투박해 작업하기 쉽지 않다.
사랑방용품인 필통, 망건통, 합죽선 등에서 매난국죽, 넝쿨문, 포도문, 박쥐문, 아자문 등을 새긴 기법이다.

(마) 염죽 기법染竹技法

염죽 기법은 대나무 표면에 무늬대로 오려낸 종이를 풀로 붙인 후 노사, 단묘, 소목 등의 약품을 섞어 바른 후 싸두었다가 40여 일 후 불에 살짝 구워 반죽처럼 무늬를 나타내는 기법으로, 종이를 붙이지 않은 표면이 짙은 갈색으로 변해 대나무의 자연색과 조화를 이루는데 20세기 초에 사용된 기법이다.
주로 필통과 좁고 가느다란 죽편들로 구성된 연상이나 횟대의 무늬들을 시문할 때 사용한다. 문양으로는 운룡문, 초문, 국화문 파초문 등이 보인다.

201 죽제 기법   202 죽장 기법 1   203 죽장 기법 2

| 204 박지 기법 | 205 낙죽 기법 | 206 염죽 기법 |

3) 취색과 도장

천연 섬유질로 구성된 목재는 다른 공예 재료에 비해 구하기도 쉽고 부드러워 깎고 파내고 짜 맞추는 목공 제작이 수월하다. 반면 재질에 따라 차이는 있으나 비교적 연약하고 물기를 쉽게 빨아들여 내구성이 약하고 표면이 상하기 쉽다.

또 색이 밝아 사용하면서 때가 묻게 되어 일상용품으로 부족한 점들이 있다. 이를 극복하기 위해 표면에 적당량의 식물성 기름이나 옻칠을 입히게 되면 흠이 생기거나 때가 묻는 것을 막고 방수 효과로써 수명을 연장하고 미장 효과美裝效果도 얻게 된다.

가) 취색取色 작업

목제 기물에 취색하지 않은 상태를 백골白骨이라 부르며 그 색감이 너무 밝거나 또는 묵직한 분위기를 내기 위해 착색을 한다. 착색 재료로는 감이나 치자 또는 먹물을 사용하거나, 생솔가지의 연기를 쐬거나, 황토분黃土粉 또는 산화철酸化鐵이 함유된 석간주石間硃 흙을 물에 타서 기물 위에 바른 후 걸레로 색의 농도를 조절하며 닦아낸다.

나) 도장塗裝 작업

목공예품의 표면에 바르는 칠에는 호두와 잣, 들깨 등을 짜낸 식물성 기름의 유칠油漆과 옻나무에서 채취한 옻을 생성한 옻칠이 있다. 상등품에는 옻칠했는데, 그 특성으로 인해 기물을 보호하고 벌레가 쏠지 않고 썩지 않는다. 다른 칠에 비해 격조 있는 광택으로 고급스럽다.

(1) 유칠油漆

식물성 기름으로는 호두, 잣, 동백나무씨(동백유), 오동나무씨(동유), 아주까리씨(피마자기름), 들깨(들기름) 등에서 짜낸 것들이 있으며, 굵은 헝겊에 묻혀 목재 표면을 문지르면 엷은 막이 형성되어 기물을 보호하고 윤기가 나면서 자연 나뭇결의 아름다움을 돋보이게 한다.

식물성 기름은 끈적거려서 먼지와 때가 쉽게 들러붙는다. 따라서 기름을 끓이면 수분을 낮추고 분자량을 높여 접착력, 방수, 내구성이 강해진다. 이런 유칠은 어느 지역에서나 재료 구입이 쉽고 가격이 저렴하며, 도장 공정이 손쉬워 널리 사용되었다. 옻칠에 비해 방수력과 내구성이 약한 단점이 있다.

(2) 옻칠漆

옻나무에서 채취한 수액을 옻칠액이라 한다. 이 액을 채취하는 두 가지 방법은, 한 해에 칠액을 다 채취한 후 옻나무를 베어내고 새로운 움이 돋으나 7~8년 성장하면 채취한 후 베어내는 살소법殺搔法과 나무를 베지 않고 매년 조금씩 채취하는 양생법養生法이 있다.

채취는 옻나무의 껍질과 목질 사이의 칠액구에 칼로 흠을 내고 액이 흘러나오게 하여 주걱으로 긁어서 수집한다. 이때의 색상은 유백색이나 상온에서 갈색으로 변한다.

채취 시기는 6월 상순부터 약 180일간이며 3~4일 간격으로 채취한다. 6~7월 초순에 채취한 것을 초칠, 7월 중순~8월 중순의 것을 성칠盛漆, 8월 하순~9월 하순의 것을 말칠末漆, 그 이후의 것을 과목칠이라 한다. 이중 성칠을 최고로 분류한다.

옻칠에는 옻나무에서 채취한 천연 생옻칠과 나뭇잎, 나무껍질, 벌레, 가루 등 이물질을 제거한 정제생옻칠 그리고 내포된 수분을 줄이기 위해 가공 작업을 끝낸 맑게 정제된 정제옻칠이 있다.

(가) 정제생옻칠精製生漆
옻나무에서 채취한 천연 생칠을 1차 삼베로 걸러 불순물을 제거하고, 2차 이 생칠에 여러 조각의 솜을 담가두면 이물질이 흡수되는데 이를 다시 헝겊으로 여과하면 맑고 고운 정제생옻칠이 된다. 불안정한 상태의 옻칠 성분들을 교반함으로써 입자가 곱고 광택이 나며 투명하면서도 안정된 칠로 만들어진다. 맑은 정제생옻칠은 마치 식물성 기름과 같아 작업하기 수월하다.

(나) 흑칠과 주칠朱漆, 黑漆
흑칠은 칼을 숫돌에 간 물이나 산화철 녹물을 건조시킨 철분 또는 송연松煙을 정제생옻칠과 혼합하여 지속적으로 고무래질을 하면 흑칠이 된다. 흑칠은 재질을 보호하고 광택과 함께 검은색의 묵직한 분위기를 자아낸다. 주로 패물함이나 영정함影幀函 등 귀하고 묵직한 분위기에 사용한다.

주칠은 정제생옻칠에 수은 성분이 들어 있는 붉은 주사분朱砂粉을 넣고 평판 위에서 밀대로 골고루 여러 번 밀어 혼합시켜 생성된 붉은색 칠이다. 주칠은 민가에서는 사용하지 않고 궁중 가구에 제한하여 사용되었으며 화사하면서도 권위적인 분위기를 자아낸다.

(다) 석간주옻칠
산화철이 함유된 석간주를 정제생옻칠에 혼합하여 고무래질을 거쳐 짙은 황톳빛 석간주옻칠을 만든다.
석간주칠은 주로 함지나 함에 사용된다.

(라) 정제옻칠精製漆
정제옻칠은 정제생옻칠에 포함된 30%의 수분을 3%가 될 때까지 교반 작업(편편한 판재 위에서 주걱으로 비비는 작업) 하여 얻는다. 결과로써 분자량이 높아 맑고 투명하므로 칠이 고와지고 목가구의 나뭇결이 잘 나타나게 된다.
이 칠은 투명도가 높고 내구성이 강하여 기물을 오랫동안 보호하며 외형도 미려美麗하다. 정제옻칠은 상등품으로 제작된

207 흑칠호족반

208 주칠함

209 석간주칠귀함지

목공예품과 목제, 죽제, 지제紙製, 지장紙裝, 혁제革製 등의 함이나 상자에 칠해 재질의 특성을 한층 살리고 또 오랜 기간 빈번히 사용해도 변형 없이 유지되게 한다.

라. 목공예와 금속 장석金屬 裝錫

1) 금속 장석 활용

목공예품의 형태와 기능에 따라 효율성을 살리고 묵직하거나 화사함을 얻기 위해 다양한 형태의 금속 장석을 부착한다. 나뭇결과 어울리고 밝고 화사한 색감을 내는 주석 장석과 백동 장석, 묵직한 느낌의 무쇠 장석 등 여러 재질이 있다.

사랑방 목공예품인 서안, 함, 망건통에는 경첩으로, 자물쇠앞바탕, 고리, 당김쇠 등에는 기능에 충실하고 단순한 형태의 무쇠 장석을 부착했는데 묵직한 검은색이 선비의 취향에 걸맞아 즐겨 사용했다. 또한 주인의 품격과 취향에 따라 매끄럽고 광택이 나며 장식적이고 격조 높아 보이는 주석 장석을 택하기도 했다.

규방 목공예품인 좌경, 빗접, 함에는 단단하고 화사하며 장식성이 강조되는 주석 장석이 대부분이다. 19세기 말~20세기 초에는 주석과 백동 장석으로 나비, 꽃, 새, 운학, 매죽 형태로서 꾸몄는데 가구의 기능을 돕고 밝은 분위기를 표출하고 있다.

함에는 뚜껑을 여닫기 위한 경첩, 자물쇠앞바탕을 주축으로 맞물린 판재를 견고하게 잡아주는 거멀잡이, 삼면이 만나는 모서리를 감싸는 귀장석 등을 달았다. 함은 서류나 문서, 패물 등 귀중품을 보관하므로 금속 장석에 모란, 연화, 운학, 어룡, 장생, 수복 등 장생과 안녕, 등용을 기원하는 문양들을 음각, 양각으로 공을 들여 새겼다.

장석의 형태가 가구의 모양새에 영향을 줄 수 있으므로 기능을 우선하면서 격조 있는 분위기를 풍기도록 세심한 노력을 기울였다. 조선 초기에는 단순한 형태로서 필수적 요소에만 쓰였으나 후대에 와서 크고 복잡한 형태로 장식적 효과가 강조되었다.

2) 금속 장석 재료

금속 장석들은 철鐵, 주석朱錫, 백동白銅으로 제작되었으며 공예품의 용도와 형태, 주인의 취향에 따라 선택했다.

가) 무쇠 장석
철은 탄소 함량에 따라 주조용인 선철(3.0~3.6%)과 단조용인 강철(0.035~1.7%)로 나눈다. 무쇠(시우쇠) 장석에는 탄소 함량이 적고 강도가 강한 강철을 사용한다.
습기에 녹이 잘 스는 철은 이를 방지하고 일률적이고 고운 흑색 효과를 내기 위해 숯불에 달군 후 들기름에 담궈 표면에 기름을 입힌 후 천으로 닦아낸다. 그 표면에 송진이나 흑연 가루를 솜방망이에 묻혀 표면을 문지르면 검게 착색된다.

무쇠 장석은 검고 검소한 질감으로 인해 사랑방가구의 주재료인 소나무와 낙동기법으로 처리 한 오동나무에 잘 조화되어 주로 서안과 함 등에 사용되었다.

나) 주석 장석

주석은 구리 65%, 니켈 18%, 아연 17% 합금으로 구성되는데 아연의 양이 많을수록 경도가 강해지고 색도 붉은색에서 누런색으로 변한다. 조선 시대는 장인들이 직접 합금해 사용했으므로 그 비율에 따라 강도와 색감이 달랐으나 현재는 대량 생산되는 황동 강판을 구입해 제작하므로 일률적인 색감을 띠고 있다.

주석 장석은 고려 시대 이전부터 현대까지 광범위하게 사용되고 있으며, 금속 재료 중 비교적 연질軟質이어서 자유롭게 오려낼 수 있고, 음각, 양각, 투각 등 제작도 쉽다. 또 강한 금속 성분과 함께 광택이 있어 기능적이고 장식적인 면을 동시에 갖출 수 있다.

주석 장석은 밝고 단단하며 은은한 분위기를 내보여 나뭇결이 아름다운 느티나무, 물푸레나무, 먹감나무 등의 색감에 어울린다. 또 흑칠과도 잘 조화되어 사랑방 용품인 망건통, 연초합, 함, 화살통, 인궤 등에 부착했고, 닦을수록 광택이 나고 화사해 규방 목공예품인 좌경, 빗접, 패물함, 혼수함 등에 애용되었다.

다) 백동 장석

백동은 황동 70%, 니켈 30% 합금으로 형성되며, 니켈의 함량이 많을수록 은백색에 가깝고 함량이 낮거나 아연 등이 섞이면 누런색을 띤다.

강도가 높고 은백색으로 깨끗하고 단아한 멋을 내는데 19세기 말~20세기 초에 음각, 양각, 투각 등 다양한 형태로 제작해서 부착하는 것이 성행했다. 색의 조화와 장식성을 높이기 위해 동銅과 주석을 상감象嵌해서 만든 붙박이자물쇠도 있고 간혹 좌경과 빗접, 함에서도 보인다.

210 무쇠 장석   211 주석 장석   212 백동 장석

3) 금속 장석 제작

목가구에 부착하는 금속 장석들은 소목장이 목공품의 기능과 크기, 형태 등에 적합한 장석을 두석장豆錫匠이 제작한 기성품 중에서 구입하거나, 소목장의 취향과 함께 주문자가 요구하는 형식에 알맞게 맞춤 제작하는 경우도 있다. 이때는 가격은 높으나 가구의 기능에 충실하고 보다 높은 품격의 것을 얻을 수 있는 장점이 있다.

격조 높은 전통 목가구들은 그에 걸맞게 사용된 금속 장석의 세공 기술이 조화되어 모든 면에서 일반 가구들과는 달리 뛰어난 수준을 보인다.

가) 평면 기법平面技法

금속 장석 표면에 음각이나 양각으로 치장하지 않고 순수하게 평면으로 처리하는 것으로 일자형의 날카로운 정을 문양에 맞춰 문양의 외부를 잘라내는 장석 제작의 기본 기법이다. 장석 테두리를 줄로 곱게 갈아내고 45도 일률적으로 경사지게 깎아 장석 판이 비교적 두껍게 보이도록 만든다.

나) 음각 기법陰刻技法

평면으로 오려낸 장석 면을 단단한 쇠모루에 올려놓고 문양을 따라 날카로운 오목정의 대가리 부분을 망치로써 연속적으로 옮겨가며 쳐서 초문, 연화문, 문자문 등을 음각선으로 새기는 조이질 기법이다.

표면이 고운 금속 장석에는 세밀한 선을 조각하기가 매우 어렵고 또 실수하면 눈에 띄기도 쉬워 숙련된 기술이 요구된다. 따라서 목가구에는 음각 기법만으로 제작된 장석이 반양각 것들에 비해 드문 편이다.

다) 양각 기법陽刻技法

양각은 문양 주변을 파내어 문양이 표면보다 튀어나온 상태를 말하는데 목가구에 사용된 금속 장석은 매우 단단하고 얇아서 바탕 면을 파낼 수 없다. 따라서 새겨진 음각 무늬의 주변을 작고 미세한 원 무늬 정으로 촘촘히 새겨서 튀어나온 듯한 효과를 주었다. 음각만으로 꾸민 것보다 눈에 잘 띄고 입체적 효과가 있어 한결 화사하게 느낀다. 반면 제작 시간이 길어 제작비가 비싸다. 문양 주변의 바탕을 긁어내어 문양을 돋보이게 하는 분청사기의 박지문剝地文과 유사한 기법이다.

이 기법은 자물쇠앞바탕, 경첩, 거멀잡이 등 비교적 넓은 장석에 응용했는데 사랑방가구에서는 문서함, 서찰통, 화살통, 안방가구에서는 패물함, 의함, 혼수함, 좌경, 빗접 등에 사용했다.

213 평면 기법   214 음각 기법   215 양각 기법

라) 투각 기법透刻技法

날이 선 정으로 문양을 따내어 뚫어진 장석 아래로 목재 면이 보이는 기법으로, 문양이 돋보이고 장석과 목재가 동질감을 느끼게 하며 화사하고 고급스럽게 보인다. 일일이 정으로 쳐서 따내야 하므로 숙련된 기능과 장시간 작업 공정으로 인해 제작 단가가 높다. 19세기 말~20세기 초에는 얇은 금속판을 사용하거나 프레스 기계를 사용해 대량 생산을 시도했다.

마) 타출 기법打出技法

금속판을 문양대로 오려낸 후 뒷면을 납판蠟板이나 무른 목재 위에 대고 공이 또는 굴림정, 굴림망치로 때려 표면을 도드라지게 튀어나오게 하거나, 사각뿔 형태로 패인 두꺼운 납판 위에 금속판을 올려놓고 그 위를 공이로 때려가며 형태를 만드는 기법이다. 평면 장석에 비해 질량감, 입체감을 보여 보다 사실적이고 풍부하게 느낀다.

바) 상감 기법象嵌技法

금속 장석의 상감 기법은 절동상감切銅象嵌과 면은상감面銀象嵌이 있다.

절동상감은 문양을 투각해서 빼내고 같은 모양의 다른 금속을 끼워 땜하는 기법으로 주석 판에는 황동과 백동을, 백동에는 황동과 주석을 상감했다. 이 기법으로 광두정에는 초문과 수자문을, 경첩에는 문자문과 초문을 새겼다.

20세기 전반 이층장, 삼층장, 의걸이장에 부착된 원형, 사각, 팔각 진 붙박이자물쇠장석과 광두정에서 보이며, 서로 다른 재질의 색감으로 인해 문양이 강조되고 화사하면서 안정된 분위기를 더한다.

면은상감은 무쇠 장석의 표면을 문양에 따라 정으로 무늬를 얕게 파내고 은銀을 녹여서 붓거나 은사를 때려 넣은 후 긁어내어 문양을 나타내는 기법으로 검은 무쇠 바탕에 은은한 빛을 더해 격조 높아 보인다.

무쇠의 표면이 매우 단단해 깊게 파내기 어려우므로 은상감의 깊이가 얕고 또 무쇠에 녹이 잘 슬기 때문에 제작된 지 100여 년이 지난 은상감무쇠장석에서는 은이 지워졌거나 눈에 잘 띄지 않는다.

| 216 투각 기법 | 217 타출 기법 | 218 절동상감 기법 | 219 은상감 기법 |

4) 금속 장석 기능

목공예품에는 각 부위의 기능적 역할에 적합한 금속 장석을 부착하는데, 크게 다음과 같이 나눌 수 있다.

걸어 잠그는 자물쇠 장치를 위한 자물쇠앞바탕, 문을 여닫기 위한 경첩, 직각으로 만나는 부위를 잡아주는 귀장석과 귀를 감싸는 귀싸개장석, 서로 다른 방향의 골재를 단단하게 잡아주는 감잡이, 서랍을 당기기 위한 당김쇠, 무거운 가구를 옮길 때 편리한 들쇠 등이 있다.

가) 경첩

경첩은 장과 농, 좌경, 궤 등 목가구의 여닫이문을 쉽고 편리하게 활용할 수 있도록 부착하는 필수적 장석으로 가구의 형태와 여닫이문의 양식, 기능에 따라 크기와 형태가 달라진다. 원형과 사각형이 기본형이며 화형, 초엽형, 제비초리형, 실패형 등 다양한 형태로서 기능에 충실하면서 가구를 한층 돋보이는 역할을 한다.

거멀잡이경첩은 얇은 판재를 사용하는 함 또는 문판에 벽선 없이 측널과 짜여 있는 좌경, 빗접, 갑게수리, 책장 등에서 경첩을 길게 늘여 천판이나 측널로 꺾어 붙이는 데 사용하며 힘을 보강하는 역할을 한다.

나) 자물쇠앞바탕장석

함이나 빗접의 전면에서 자물쇠 또는 걸고리를 사용할 때 목재 표면이 상하는 것을 막아주는 역할인데 중심에서 안정감을 주고

220 원형경첩

221 사각형경첩

222 거멀잡이형경첩

223 제비초리형경첩

화사한 장식 효과를 낸다.

문서함, 영정함, 관모함 등에는 잠금장치의 비중이 크다. 따라서 자물쇠앞바탕이 기타 목가구에 비해 크게 자리 잡고 있다. 고식이거나 단순하고 검소함이 강조되는 함에는 사각형 또는 원형이 부착되어 있으나 점차 초엽형, 화형 등으로 장식성이 강조되었다.

자물쇠앞바탕에는 넝쿨문, 초문, 화문, 장생문, 칠보문, 문자문, 기하문, 수복자문, 만자문 등 다양한 문양을 음각, 반양각, 투각 등 기법을 활용하여 화사하고 장식성이 뚜렷하게 제작했다.

필갑이나 문서함과 같이 작고 납작한 함에는 붙박이자물쇠앞바탕장석을 설치했는데, 별도의 열쇠 구멍이 없이 전면 자물쇠의 하부를 옆으로 밀면 여닫을 수 있고 또 잠금장치 기능도 한다.

224 사각형자물쇠앞바탕

225 사각형자물쇠앞바탕

226 붙박이자물쇠앞바탕

227 붙박이자물쇠앞바탕

다) 길목

함에서 자물쇠를 사용하려면 두 쪽의 문판 또는 전면과 윗면 판재에 걸고리 역할을 하는 길목이 필요하다. 바탕 판재에 박힌 두 배목 사이에 자리 잡게 되며, 배목의 구멍과 길목 끝부분인 구부러진 구멍에 자물쇠를 끼우게 된다.

길목은 함, 좌경, 빗접에서 일자형 또는 ㄱ형으로 사용하고 있으며, 고식의 함에서는 자물쇠를 거는 낙목과 양측의 배목이 서로 맞닿아 있지 않고 간격이 벌어져 있는 형식을 보인다.

길게 뻗은 일자형 길목은 전면 높이에 맞춰 길게 제작되었는데 뚜껑을 열어젖혔을 때 그 무게로 인해 경첩에 무리가 오지 않도록 뚜껑을 받쳐주는 받침대 역할도 한다. 또 닫았을 때 수직으로 길게 뻗어 있어 함에 안정감을 준다.

길목은 자물쇠앞바탕장석과 더불어 모양, 크기, 길이에 따라 목가구 외형에 큰 영향을 주게 되므로 개성 있는 여러 형태로 제작했다.

228 고식 초엽형길목

229 ㄱ자형길목

230 사각초엽형길목

231 일자형긴길목

232 일자형긴길목

233 232의 뚜껑 받침대 역할

라) 거멀잡이장석

거멀잡이는 두 골재가 서로 직각으로 짜인 맞짜임이나 연귀짜임의 결구 부분을 거머잡아 보다 견고하게 보강하는 역할이다. 감잡이에 비해 견고하며 시각적으로 신뢰감을 주고 장식 효과도 겸하고 있다. 거멀감잡이로도 부른다.

직선의 국수형거멀잡이는 간결한 고식의 함이나 상자에서 나타나며, 사각형 원형, 국화형, 연봉형, 망두형, 초엽형 등의 형태가 있다.

대형 함에는 넓은 거멀감잡이장석을 붙여 견고하면서 안정감을 주고, 문자문, 기하문, 만자문, 수복자문, 초화문 칠보문 등 여러 문양을 음각, 반양각, 투각 등 기법을 활용하여 화사하고 장식성이 뚜렷하게 제작했다.

234 국수형거멀잡이

235 화형거멀잡이

236 연봉형거멀잡이

237 망두형거멀잡이

238 고춧잎형거멀잡이

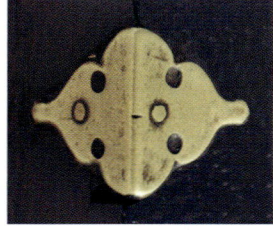

239 초엽형거멀잡이

240 넓은 거멀잡이

241 긴 거멀잡이

마) 귀싸개장석

귀싸개장석은 세 면이 직각으로 모이는 귀를 감싸는 기능으로, 모서리가 상하는 것을 막고 또 벌어지는 상태가 눈에 안 보이도록 감춰주므로 시각적으로 안정되고 신뢰감을 준다. 단순한 직선이나 둥근 선, 화형으로 견고하면서 화사하고 장식 효과를 높이고 있다. 통귀쌈, 고깔, 귀잡이, 통귀잡이 장석으로도 부른다.

242 ㄱ자형귀싸개

243 일자형귀싸개

244 초엽형귀싸개

245 초엽형귀싸개

바) 당김쇠

당김쇠는 작은 서랍 또는 비교적 큰 서랍을 앞으로 당길 때, 궤의 앞 널판을 열기 위한 손잡이 역할의 장석이다. 원형, 초엽형, 천도형, 종형 등 다양한 형태가 있고 약장을 비롯한 서안이나 장의 작은 서랍에 주로 달았다. 무쇠와 유재鍮材의 긴 선을 원형으로 말아 놓은 것은 원형고리 또는 환고리이며, 그 외는 달개지쇠로도 불렀다.

목재와 당김쇠 사이의 받침은 목재 보호와 미장 효과를 고려하여 원형, 사각형, 국화형, 화형 등 다양한 형태로 부착했다.

246 천도형당김쇠

247 원형당김쇠

248 원형당김쇠

249 원형당김쇠

250 ㄷ자형당김쇠

251 박쥐형당김쇠

252 반달형당김쇠

2. 칠공예漆工藝

목재는 다른 공예 재료에 비해 구하기 쉽고 천연 섬유질로서 부드러워 깎고 파내고 짜 맞추는 목공 제작에 수월하며 나뭇결로 인해 친근감이 있고 보기에도 좋다.

반면 목재질에 따라 차이는 있으나 비교적 연약하고 물기를 쉽게 빨아들여 내구성이 약하고 표면이 상하기 쉽다. 또 색이 밝아 사용 중 때가 묻게 되어 일상용품으로 부족한 점들이 있는데, 이를 극복하기 위해 표면에 취색을 하고 적당량의 식물성 기름이나 옻칠을 입혀 흠이 생기거나 때가 묻는 것을 막았다.

그중에서도 옻나무에서 채취되는 옻은 냄새가 없고 칠하면 방충, 방수, 방부와 함께 미장 효과美裝效果도 얻게 되므로 공예품에는 뛰어난 도장 재료다.

가. 옻칠漆

옻칠은 옻나무에 상처를 내어 흘러나오는 액을 칠로써 이용하는 것을 말한다.

옻칠에는 옻나무에서 채취한 천연 생옻칠과 나뭇잎, 나무껍질, 벌레, 가루 등 이물질을 제거한 정제생옻칠 그리고 내포된 수분을 줄이기 위해 가공 작업을 끝낸 맑게 정제된 정제옻칠이 있다.

1) 생옻칠生漆

옻나무에서 채취하는 옻은 친환경적이며 고분자 물질로 인해 접착력, 방수, 방부, 내열, 내구성이 다른 도료에 비해 우수하다. 채취한 액 속에는 나뭇잎 나무껍질, 벌레, 가루 등의 이물질이 섞여 있어 그대로 사용할 수 없는데 이를 생옻이라 부른다.

옻은 옻나무에서 채취 시기, 방법, 부위에 따라 성분이 달라지므로 최적의 조건을 선택한다. 그중에서도 채취 시기는 상질上質의 생옻을 얻는 데 중요한 척도가 된다.

· 초칠初漆은 6월 중순~7월 중순까지 채집된 생옻으로 그 특성은 수분이 많고 도막을 두껍게 칠할 수 있으며 건조 후의 경도가
  비교적 약한 편이다. 색이 어두우며 점차 짙은 갈색으로 변한다. 주로 밑칠로 사용한다.
· 성칠盛漆은 7~8월 중순까지 채집되는 생옻으로 색이 약간 밝으며, 도막을 두껍게 칠할 수 있고, 건조가 잘되며 건조 후 강도가
  높은 편이다. 또한 광택이 가장 좋아 상칠上漆 도료로 애용한다.
· 말칠末漆은 9월 초~9월 말까지 채집된 생옻으로 도료의 점도가 제일 높아 도막이 두껍게 입혀지나 수분이 적어 건조가 느린
  편이다. 눈매가 깊은 목재에 적합하며 밑칠에 사용한다.

옻나무에서 채취된 천연 생칠 중 초칠은 검은색을 띠어 주로 무광투명옻칠과 흑칠을 만드는 데 사용하고 성분이 좋은 성칠과 말칠은 유광투명옻칠에 사용한다.

2) 정제생옻칠精製生漆

옻나무에서 채취한 천연 생칠을 1차 삼베로 걸러 불순물을 제거하고, 2차 이 생칠에 여러 조각의 솜을 담가두면 이물질이 흡수되는데 이를 다시 헝겊으로 여과하면 맑고 고운 정제생옻칠이 된다. 불안정한 상태의 옻칠 성분들을 교반함으로써 입자가

곱고 광택이 나며 투명하면서 안정된 칠로 만들어진다. 묽은 정제생옻칠은 마치 식물성 기름과 같아 작업하기 수월하다.

취색하지 않은 목가구 표면에 묽은 정제생옻칠을 하게 되면 그 성분에 수분이 30%가량 포함되어 있어 정제옻칠보다 건조가 쉽다. 그러나 증발한 수분의 미세한 물방울 자국이 남게 되어 패어 보이고 또 붓자국으로 인해 색이 다르게 보인다. 이때 마른걸레로 충분히 비벼 닦아내면 층이 지지 않고 편편하게 펴진다.

정제생옻칠을 기본으로 하여 이에 산화를 위한 방법과 다양한 성분의 첨가물에 따라 유광투명옻칠有光透明黑漆, 무광투명옻칠無光透明黑漆, 유광흑옻칠有光黑漆, 반무광흑옻칠半無光黑漆, 주칠朱漆 등으로 구분되고 적재적소에 사용한다.

3) 정제옻칠精製漆

원액 그대인 정제생옻칠을 40도까지 열을 가해 30%의 수분을 3%가 될 때까지 교반 작업(편편한 판재 위에서 주걱으로 비비는 작업) 하여 증발시키고 이후 불순물을 여과하여 정제칠精製漆을 만든다.

정제옻칠은 정제생옻칠보다 분자량이 높아 투명하므로 나뭇결이 잘 드러나고 내구성이 강해 기물을 오랫동안 보호하며 외형도 미려美麗하다. 목제木製, 죽제竹製, 지제紙製, 혁제革製 등의 함이나 상자에 칠해 재질의 특성을 한층 살리고 또 빈번히 사용해도 변형 없이 유지되게 한다.

가) 유광투명옻칠과 무광투명옻칠

유광투명옻칠은 정제생옻칠을 편편하고 넓은 목제 용기에 담고 햇볕 아래서 처음 20~30%가량 되던 수분을 3~5% 정도 될 때까지 고무래(긁어모으거나 펴거나 하는 손잡이가 달린 넓적하고 긴 도구)로 계속해서 교반攪拌시킨다. 그 결과로 광택과 접착, 내구성 등이 높아진다. 양질의 칠이 아닐 때는 기름이나 역청瀝靑을 첨가한다.

무광투명옻칠은 끓인 들기름을 정제생옻칠과 혼합하여 햇볕 아래서 20~30%가량 되던 수분을 3~5% 정도가 될 때까지 지속적으로 고무래질을 하여 만든다.

나) 흑칠黑漆과 주칠朱漆

흑칠黑漆은 투명한 정제생옻칠에 산화철酸化鐵 또는 송연松烟을 혼합하여 지속적으로 고무래질 하여 검게 만든 것이다. 생칠의 질에 따라 무광과 반무광으로 생성된다.

흑칠은 재질을 보호하고 광택과 함께 단아하면서 검은색의 묵직한 분위기를 자아낸다. 주로 패물함貝物函이나 영정함影幀函 등 귀하고 묵직한 분위기에 사용된다(2). 나전칠기의 대부분이 흑칠을 바탕으로 하고 있어 영롱한 자개 빛과 무늬들을 잘 받쳐주고 있다. 기원전 1~2세기경의 다호리 유적 출토 원형칠두圓形漆豆를 포함한 20여 점의 칠기 유물에 흑칠이 사용된 것으로 보아 이 시기에도 생칠을 정제하여 사용했다는 것을 추정할 수 있다.

주칠은 정제생옻칠에 수은 성분이 들어 있는 붉은 주사분朱砂粉을 넣고 편편한 판 위에서 밀대로 골고루 여러 번 밀어 혼합시켜 생성된 붉은색 칠이다. 이 과정에서 다른 안료를 첨가하면 여러 색의 채칠彩漆이 된다. 주칠은 궁중 가구에 제한하여 사용되었으며 장과 농, 소반, 함, 빗접 등에서 붉고 강한 색이 권위적이며 화사한 아름다움을 느끼게 한다(3).

다) 석간주옻칠

산화철이 함유된 석간주를 정제 생옻칠에 혼합하여 고무래질을 거쳐 짙은 황톳빛 석간주옻칠을 만든다.

1 유광투명옻칠   2 흑칠함   3 주칠함

나. 건칠기乾漆器와 목심칠기木心漆器

1) 건칠기

칠기는 백골白骨이라 부르는 기본 기물 형태의 제작 과정과 재료에 따라서 여러 종류로 나눈다.

건칠기는 진흙이나 목재로 기형을 만든 다음 그 위에 종이 혹은 헝겊을 여러 겹 바른 후 내용물을 떼어내고, 외형 기물에 반복하여 고래(토분土粉, 패분貝粉, 숯가루의 혼합물)를 칠과 섞어 천의 눈매를 메우는 고래바르기를 한다.

이로써 단단한 기형을 형성한 후 표면에 칠 작업을 하는데, 가볍고 곡선 제작이 쉬워 주로 둥근 형태의 대야 혹은 반짇고리를 비롯한 곡면 형태나 기타 자유로운 형태에 사용된다.

2) 목심칠기

목심칠기는 기형을 목재로 제작하고 표면에 칠을 입힌 가장 보편적인 것이다.

목재로 제작된 백골 위에 옹이나 홈 진 곳을 고운 톱밥과 생칠 그리고 찹쌀 풀로 혼합하여 메워 표면을 고른 다음 생칠을 묽게 바른다. 그 위에 다시 생칠과 찹쌀 풀을 같은 비율로 섞어 베나 모시로 천바르기를 한다. 다음 고래를 칠과 섞어 천의 눈매를 메운 후 갈아 낸다. 이런 고래 바르기를 2회 반복하고 정제칠로 초벌칠을 한다. 다시 갈아 내고 칠하기를 반복하고 마지막으로 생칠을 아주 묽게 하여 건조한 후 솜으로 닦아내며 문질러 광택을 낸다.

이밖에 대나무로 엮어 짠 기물 위에 칠하는 남태칠기籃胎漆器, 초벌구이 된 자기 위에 칠하는 와태칠기瓦胎漆器 등 다양한 칠공예 제작 기법이 있다.

4 건칠나전반짇고리   5 백골. 목심   6 목심나전함

다. 나전칠공예

나전 기법은 종이나 헝겊으로 제작된 건칠기물乾漆器物이나 목재로 제작된 기물 위에 굵은 헝겊을 바르고 조개껍질이나 소뼈 가루 또는 개흙에 칠을 섞어 바른 후, 표면에 전복과 소라 껍질인 자개를 문양대로 일일이 오려내고 붙이고 그 위에 검거나 붉은 옻칠을 바른다. 이후 옻칠한 표면을 갈아 내면 매끄럽고 검은 칠 바탕 위에 천연 자개가 보여주는 영롱한 빛의 반사로 인해 화사한 아름다움을 나타내는 칠공예의 기법이다.

조선 시대 나전칠기 특성과 제작 기법은 다음과 같다.

1) 시대별 나전칠기 특성

나전칠기는 제작에 있어서 전 과정이 수작업으로 이루어지고 숙련된 제작 기능과 오랜 제작 기간이 소요되는 특수 공예 분야다. 도자기와 금속 공예처럼 대량 생산이 어렵고 더욱이 제작 공구가 개발되기 전인 고려와 조선 시대 전기에는 용도와 사용자가 제한될 수밖에 없었다.

현존하는 나전칠기 유물로서 당시 제작된 기물의 형태와 기능별 유형을 살펴보면 다음과 같다.

가) 16~17세기

16~17세기에는 작은 크기의 상자 제품이 주류를 이루는데 경첩 없이 뚜껑을 깊숙이 덮어씌우는 것이 대부분이다. 어떤 기능이었는지 확실하지 않으나 귀중한 기물을 넣어 선물하거나 보관하며 애용하였을 것으로 짐작된다. 문양은 모란넝쿨문이 주류인데 사실적이며 정교하게 표현되었고 줄기는 가는 선으로 끊음질했다. 바탕 면적에 비해 간결하고 여백을 살렸는데 자개 문양이 돋보이고 격조가 높다.

17세기 후반에는 고려 나전칠기에 사용된 두 줄의 동선을 꼬아 줄기를 형성하고, 면의 테두리를 두른 제작 기법이 재현되었는데, 주된 모란문보다 넝쿨문의 잎이 커지고 수량이 많아져서 단아한 멋보다는 복잡하고 화려해 보인다. 또 고급 공예 재료인 거북 껍질(대모玳瑁)로써 간간이 테두리를 장식했다.

나) 18세기

18세기에는 자개를 크고 넓게 그리고 성글게 오려내어 제작에도 쉽고 무늬에 대한 인지도가 높으며 자개의 영롱한 빛을 살릴 수 있었다.

휘어진 자개를 무늬대로 오려낸 후 망치로 때려 표면에 닿게 하는 타찰 기법으로 생긴 미세한 빙렬冰裂은 자개의 무늿결은 그대로 유지하고, 또 큰 문양을 얻기 위해 다른 조각을 연결할 때 빙렬선과 연계되어 눈에 띄지 않는다.

다양한 형태의 상자와 함이 제작되었는데, 크기에 비해 비교적 높은 뚜껑에 경사진 면을 가진 고려 나전경함과 유사한 형태와 그 외 뚜껑을 깊숙이 덮어씌우는 대형 관복 상자들이 있다. 사용된 문양은 국화와 모란넝쿨문, 매죽문을 비롯하여 난초, 포도, 새 등 매우 다양해서 나전칠기의 전성기임을 보여주고 있다.

다) 19세기

19세기에는 제작 기술과 제작 공구의 발전으로 의도대로 자유롭게 오려 낼 수 있어 유연한 곡선과 미세한 부분까지 표현이 가능했고 대량 생산하여 널리 사용되었다.

남성용품으로는 서류함, 연상, 필통 등 문방제구와 연초합, 베갯모, 관모함, 안경집 등 다양하고, 여성용품에는 화사하고 아름다운 자개 효과로 패물함, 좌경, 빗접, 반짇고리, 실패, 자, 실함이 있다.

문양은 모란, 매조, 송학, 대나무, 화조, 물고기와 수복과 장생, 부귀영화, 다산을 의미하는 것들이 주류다.

라) 20세기 전반

20세기에 들어서서 자개를 오려 내는 줄음질과 끊음질을 위한 공구의 발전과 기술이 더욱 향상되어 다량의 나전칠기가 제작되었으며 수요 확대로 일상생활과 밀접한 소재들인 의복함과 이층농, 이층장, 삼층장, 문갑 등 대형 가구들과 함께 주방 가구인 소반과 찬합이 제작되었다.

이와 함께 면적에 비해 다양한 무늬 사용과 내용이 들어차게 되어 마치 보석처럼 사용하던 자개가 복잡한 구도로 바뀌게 되었다.

문양은 소나무와 사슴, 소나무와 학, 천도와 학 등 장생문長生紋과 매난국죽문梅蘭菊竹紋이며 특히 끊음질의 발전으로 산수문, 귀갑문龜甲紋, 문자문文字紋 등이 성행했다.

7 16~17세기   8 17~18세기   9 18세기

10 19세기 초   11 19세기   12 19~20세기 초

2) 나전칠기 유형

가) 상자와 함

나전칠기 제품으로는 서류를 비롯한 중요 기물과 의류 등을 보관하는 상자와 함이 가장 많고 형식도 다양하다. 12~13세기 고려나전칠기부터 19세기 후반까지 지속적으로 발전하고 생활화되어 왔는데 이는 상자와 함의 중요성과 함께 문갑, 단층장, 2·3층장 위에 얹어두기에 어느 품목보다 장식 효과가 높았기 때문이다.

문양으로는 모란넝쿨문, 연넝쿨문, 매난국죽문, 산수문, 화조문, 귀갑문, 송학문, 운학문, 십장생문 등 다양한 길상문들이 애용되었다.

13 나전상자　　　　　14 나전원형상자　　　　　15 나전반짇고리상자

16 나전함　　　　　17 나전함　　　　　18 나전함

나) 사랑방용품

사랑방의 목공예품은 주로 문방가구로서 단순하고 검소한 것이 특징이나 방 주인의 취향에 따라 권위적인 분위기의 것들을
사용하기도 한다.

배치한 목가구 중 몇 개 품목은 나전칠기 제품을 사용하기도 했는데 필통, 연상, 안경집, 관모함, 서류함, 베갯모 등이다.

사랑방용 나전 제품에 사용된 문양은 장생문, 송호문, 운룡문, 어룡문, 운학문, 매난국죽문, 수복강녕문, 산수문 등 장수와 번영,
등용登庸을 상징하는 것이 대부분이다.

19 나전연상　　　　　20 나전관모함　　　　　21 나전경상

22 나전안경집　　　　　23 나전베갯모　　　　　24 나전안석

다) 규방용품

여성들의 생활 공간인 규방에는 화사하고 영롱한 빛의 나전칠기 제품을 즐겨 사용했다.

몸을 단정히 하고 치장하기 위한 좌경과 빗접, 바느질을 위한 반짇고리, 실패, 자 등이 있고, 가족들의 의복 관리를 위해 함,
이층농, 삼층장, 의걸이장 등 대형 나전칠기 가구들을 놓았다.

주로 화조문과 장수와 다산을 위한 십장생문, 물고기와 물가정경문, 효심을 위한 삼강행실도 등 다양한 문양들을 시문했다.

25 나전좌경 26 나전빗접 27 나전반짇고리

28 나전2단의복함 29 나전이층농 30 나전삼층장

라) 주방용품

주방용품 중 나전 제품은 음식을 나르고 먹기 위한 소반이 대부분이다.

그중에서도 나전 제작 기술이 성행했던 통영 지방의 사각통영반이 주류를 이루고 호족반, 구족반 그 외 특수 기능인 작은 이형異形
소반이 있다.

통영 소반에는 산수문, 장생문, 운학문, 연화문, 물고기와 물가정경문 등을 새겼다.

31 나전통영반 32 나전구족반 33 나전연엽형일주반

34 교자상

35 대형 접시

3) 나전칠기 제작 기법

조선 시대의 나전 제작에는 줄음질, 끊음질, 새김질, 타찰 기법이 사용되었다.

가) 줄음질 기법

줄음질은 자개를 무늬대로 오려 내는 기본 기법이다

고려 나전칠기의 줄음질 기법은 손끝으로 잡을 수 없을 정도의 작은 크기로 자개를 오려내어 연속무늬를 놓았는데 당시는 전복 껍질을 정교하게 오려 내는 톱 등의 도구가 발달하지 않았으므로 자개를 얇게 갈아서 날카로운 칼로 선을 긋고 집게로 끊고 숫돌에다 갈아서 사용한 것으로 추측된다. 그 거칠게 오려진 작은 조각들이 합쳐 하나의 문양을 형성하고 전면을 덮고 있는데, 연속성과 조화미로 인해 정교하면서도 단순해 보이며 영롱한 자개 색이 품위를 높이고 있다.

나전칠기의 문양은 고려 시대 것에 비해 넓고 커서 한결 제작하기 쉽고 또 기술과 공구 발달, 생활용품의 수요 확대로 인해 제작이 성행하게 되었다.

이때 화조문, 매죽문, 송학문 등 구체적인 문양의 표현을 위해 오려 내는 줄음질 기법이 필수적이었다. 9세기 전, 가느다란 실톱이 도입되기 전에는 자개를 0.3㎜ 정도 두께로 갈아 내고 물에 불린 후 문양을 날카로운 칼로 여러 번 그어 오려낸 후 갈아서 가위로 오려 내는 일종의 따내기 기법을 사용했다.

36 16~17세기

37 18세기

38 19세기

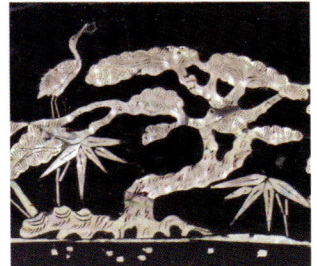
39 19세기

나) 새김질 기법

새김질은 줄음질로 형성한 문양에 상세 음각선으로 사실적인 표현을 더해 무늬를 돋보이는 기법이다. 자개 표면을 날카로운 조각도로 음각함으로써 무늬에 회화적인 요소를 곁들여 표현이 잘 전달된다. 이후 기물의 바탕과 자개까지 검은 칠을 하고 부드러운 상사칼로 표면의 칠을 긁어내면 음각선 안의 검은 칠이 남아서 문양이 분명하게 드러난다.

이 기법은 13세기 고려 시대 제작된 국화와 모란의 꽃잎문에도 시문된 예가 있다.

16~17세기 제작된 현존하는 나전 제품의 유물 숫자가 적고 한정적이어서 새김질한 사례를 찾기 어렵다. 18세기에도 이를 찾아볼 수 없었으나 칼로 여러 번 새김질 하여 따내는 새김질따내기 기법을 사용하여 포도잎 줄기를 표현한 것이 있다. 이것은 먼저 줄음질로 오려내고 표면을 타찰 기법으로 바닥면에 붙인 후 칼로 여러 번 새김질 하여 따낸 것으로 추측된다.

40 13세기

41 13세기

42 18세기

43 19세기

다) 타찰 기법打擦 技法

자개의 원자재인 전복 껍질은 휘어져 있고 두껍고 돌처럼 단단하여 얇게 갈아 내기 쉽지 않다. 이를 극복하는 방안으로 휘어진 상태에서 무늬를 오려낸 후 망치로 때려 표면에 닿게 하는 타찰 기법이 사용되었다. 이때 깨진 자국인 미세한 빙렬氷裂이 발생하는데 계획적으로 간격을 조절해 가며 망치질하면 자개의 무닛결이 그대로 유지되어 영롱함이 돋보인다. 또 자개 면적보다 큰 문양을 얻기 위해 다른 조각을 연결할 때 빙렬선과 연계되어 눈에 띄지 않는 장점도 있다.

17~18세기 나전칠기 제품들은 수수하게 줄음질 기법으로만 제작된 것이 있는 반면, 신중하고 세심하게 빙렬을 만드는 타찰 기법의 전성기라고 할 수 있다. 20세기 초에는 이를 남용하여 오히려 복잡하게 보여 자개의 화사하고 단아함을 살리지 못한 것들도 있다.

44 17세기

45 18세기

46 18세기

47 19세기

라) 끊음질 기법

끊음질은 자개를 국수처럼 길고 가늘게 일정하게 오려낸 후 직선은 길게, 곡선은 짧게 끊어 시문하는 기법으로 같은 굵기로서 간결하고 보기에 좋으며 제작 시간을 절약할 수 있는 장점이 있다.

고려 시대 제작된 경함經函에서도 나타나는데, 면의 테두리 부분을 단순한 선문과 빗살문으로 시문해 주된 당초문을 돋보이게 하는 효과를 냈다. 당시의 끊음질 기법은 세밀하게 오려 내는 도구가 발달하지 못해 자개 표면을 예민한 칼날로 선을 그어가며 잘라 낸 다음 갈아서 만든 미세한 선을 끊어 가며 시문했을 것으로 추정된다.

17~18세기 끊음질은 이를 한 단계 발전시킨 것으로, 자개를 가늘고 길게 오려낸 후 모란넝쿨문의 줄기를 직선은 길게 곡선은 촘촘히 끊어 가며 자유롭게 문양을 형성했다.

19~20세기 초에는 상사칼이나 실톱 등 공구의 발달로 자개를 국수처럼 가늘고 길게 오려 낼 수 있어 정확한 직선의 기하문과 유연한 곡선 표현이 가능했다. 이와 함께 자개 두께를 얇게 갈아 내는 도구 또한 개발되어 제작 시간이 빨라지고 양산이 가능했다. 풀이나 물결처럼 유연한 선, 뇌문雷紋, 좁고 가느다란 기형의 붓이나 자尺, 안경집의 곡면에도 적용이 가능해 십장생문, 화조문, 산수문에 이르기까지 주름질 기법과 함께 사용되었으며 전체가 끊음질로 제작되기도 했다.

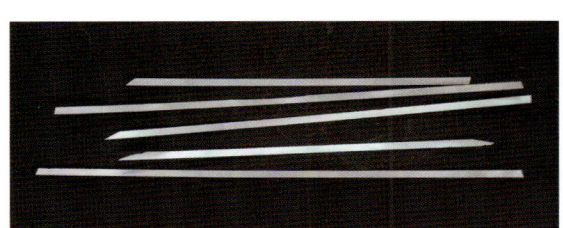

48 가늘고 길게 오려 내기

49 13세기

50 16~17세기

51 18세기

52 19~20세기 초

53 19~20세기 초

마) 다양한 공예 재료 활용

(1) 동선銅線 활용

고려 나전칠기의 제작 기법은 근본이 목심칠기로서 위에 굵은 헝겊을 바르고 외줄의 동선으로 S자형 국넝쿨문菊唐草文 줄기를 형성하고 그 안에 국화문을 시문했다. 또 두 줄의 가느다란 동선銅線을 촘촘히 꼬아 모서리 부분이나 계선界線에 사용하기도 했다. 17세기 나전상자는 넓은 면에 간략한 모란당초문의 줄기를 두 줄의 동선을 꼬아 형성하여 한결 단아하면서 간결하게 느낀다.

18세기에는 면적에 비해 자개 문양이 많아지는 경향으로 인해 굵은 동선이 모란넝쿨문의 줄기를 이루고 있는데 커다란 문양에는 굵게 보이는 것이 더 조화롭기 때문이다.

19~20세기 초의 나전모란넝쿨문함에서는 줄기의 동선이 바닥면 칠에 파묻혀 눈에 잘 띄지 않으며 칠보문 등 여러 문양을 나타내는 데 사용했다. 또 의함衣函이나 농과 탁자장에서 운룡雲龍과 봉황의 주된 무늬에는 두 줄의 동선, 구름에는 한 가닥의 선을 사용했다.

54 13세기

55 17~18세기

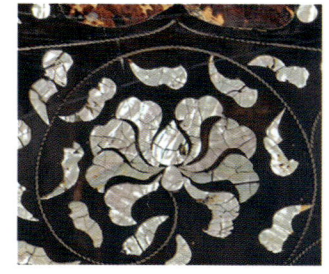
56 18세기

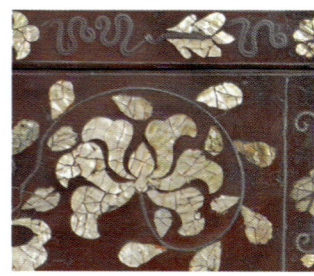
57 19세기

(2) 대모玳瑁 활용

대모(거북 껍질)를 활용한 사례의 시초는 알 수 없으나 12세기 고려 시대 나전국화넝쿨문원형상자의 국당초문 중심에 보이는 꽃 모양은 투명한 거북 껍질 위에 붉은색과 노란색의 석채石彩를 채색하는 복채伏彩 수법을 활용했는데, 이는 독특한 색감으로 자개와 조화를 가져왔으며 기물 전체가 더욱 화사해 보인다.

또한 17~18세기 나전모란넝쿨문함에는 넝쿨문 주변에 검붉은색이 든 대모를 나전과 함께 사용하여 바탕의 검은색과 밝은 자개의 강한 대비를 부드럽게 중화시켜 격을 높였다.

19~20세기의 함이나 대형 의함衣函, 농과 탁자장에서 운룡과 봉황문의 머리와 발 등 핵심 부위에 대모가 사용되었다.

(3) 교피(상어껍질鮫皮) 활용

교피는 부위에 따라 거칠고 부드러운 면이 함께 있으며 촘촘한 점박이 무늬 또한 차이가 있다. 거친 등판 쪽 껍질은 목재판이나 봉棒에 감아 목공품의 표면을 갈아 내는 공구로 사용하며, 배 쪽의 부드러운 부분은 칼로 얇게 긁어내고 매끄럽게 갈아 서류함, 인장함, 안경집 등의 표면에 씌웠다.

나전칠기에서 모서리 부분이 쉽게 파손될 것을 우려하여 교피로 감싼 다음 칠했는데 평면으로 마감되어 일체감이 있으며 시각적으로 안정감을 주고 있다.

58 대모 12세기

59 대모 18세기

60 대모 19세기

61 교피 17~18세기

4) 나전칠기 제작 과정

가) 백골과 밑바탕

(1) 백골 제작 : 소목장에게 주문 제작한 목재 기형(62).

(2) 곡수 바르기 : 톱밥 40%, 생칠 45%, 쌀풀 15% 비율로 반죽한 곡수로 백골 표면의 틈을 메워 고른다.

(3) 생칠하기 : 수분 흡수를 막아주고 나전 작업 중 접착력을 강화한다(63).

(4) 베 바르기 : 표면에 베를 대고 찹쌀풀과 생옻칠을 반죽한 호칠을 주걱으로 고르게 바른다(64).

(5) 목재 눈매 메우기 : 생칠과 토분으로 반죽한 토회칠(1차) 표면을 발라 목재 눈매를 없앤다(65).

(6) 탄호칠 바르기 : 헝겊을 바른 표면에 호칠과 숯가루를 1:1로 반죽한 탄호칠을 바른다.

(7) 토회칠 바르기 : 생칠과 토분을 1:1로 반죽한 토회칠(2차)을 가로 세로로 돌려가며 칠한다(66).

(8) 토회칠면 갈기 : 갈아 내기 편안한 형태의 숫돌로 표면을 고르게 갈아 낸다.

(9) 생칠하기 : 토회칠이 단단하게 생칠을 흡수한다(67).

(10) 흑칠하기 : 자개 붙임을 위해 표면을 편편하게 고른 다음 흑칠한다(68).

나) 자개 붙이기

(1) 줄음질하기 : 자개를 문양대로 실톱으로 오려내고 줄로 갈아서 무늬를 새긴다(71).

(2) 붙임질하기 : 밑그림 위에 반투명한 유산지를 올려놓고 오려낸 자개를 이어 붙이며 풀칠한다.

(3) 자개 붙이기 : 시문할 표면에 아교를 바른 후 붙임질한 자개를 올려놓고 물수건으로 눌러 접착시킨다.

(4) 지짐질하기 : 50~60도 정도의 인두로 반투명지 위를 지져서 자개를 부착하고 곧 습하고 찬 수건으로 문질러 아교를 굳힌다(72).

(5) 종이 떼어 내기 : 70도 뜨거운 물을 수건에 적셔 투명지가 눅눅해질 때 떼어 낸다.

(6) 아교 뭉개기 : 자개 위로 묽은 아교를 붓으로 발라 틈새로 스며들게 한다.

(7) 풀빼기 : 70도 뜨거운 물을 솔에 묻혀 자개 주변의 아교풀을 깨끗이 없앤다.

다) 칠하기

(1) 토회칠 바르기 : 생칠과 토분을 1:1로 섞어 자개 두께만큼 바르고 건조시킨 후 표면을 사포로 갈아 낸다. 2차는 생칠 비율을 조금 더 높여 얇게 바른 후 상온에서 건조한다.

(2) 숫돌물 갈기 : 물을 부어가며 연마용 숫돌로 자개가 선명하게 보일 때까지 면을 고르게 갈아 낸다.

(3) 초칠 : 옻칠을 희석재와 적당히 배합하여 칠한(73) 후 건조장에서 말리고, 표면을 연마용 숫돌이나 사포로 곱게 갈아 준다(74).

(4) 중칠 : 초칠보다는 옻칠의 농도를 묽지 않게 하고 두께도 약간 두껍게 칠한다(75).

(5) 자개등면 갈기 : 물로 사포질하여 면을 잡는다. 예전에는 수세미나 돼지털에 곱게 빻은 돌가루를 묻혀 사용했다(76).

(6) 상칠 : 옻칠을 칠지漆紙로 티 없이 걸러내고 바탕칠이 나타나지 않게 두껍게 칠하고 칠장에서 건조한다(77).

(7) 칠 긁기 : 생칠이 덮여 있는 자개 표면을 긁기칼로 긁어낸다.

(8) 상칠면 갈기 : 칠이 된 곳은 연마용 숯, 자개에는 고운 사포로 물갈기 하여 높이를 맞춘다(78).

(9) 광내기 : 콩기름에 미세한 토분이나 숯가루를 섞어 솜에 묻힌 후 면을 문질러 광을 낸다.

(10) 접칠하기 : 좋은 질의 생칠을 솜에 묻혀 칠 표면을 문지르고 다시 솜으로 닦아낸 후 칠장에서 1~2시간 건조시킨다.

(11) 광내기 : 솜에 콩기름을 묻혀 면을 광내고, 전분 가루로 기름기를 제거한 후 솜으로 닦아낸다(79).

62 백골 바탕면

63 생칠하기

64 베 바르기

65 눈매 메우기	66 토회칠 바르기	67 생칠하기
68 흑칠하기	69 전복 껍질	70 오려낸 자개패
71 자개 줄음질	72 자개 지짐질	73 초칠하기
74 자개면 갈기	75 중칠하기	76 중칠면 갈기
77 상칠하기	78 상칠면 갈기	79 자개면 광내기

〈국가무형유산 칠장 정수화 제공〉

5) 나전칠기 문양

80 모란넝쿨문　　　　81 80의 상세　　　　82 모란넝쿨문

83 모란넝쿨문　　　　84 83의 상세　　　　85 매조죽문　　　　86 국당초문

87 운학문　　　　88 모란넝쿨문　　　　89 운룡문

90 패랭이문　　　　91 포도문　　　　92 매조문　　　　93 죽문

94 매조문　　　　95 연년익수자문　　　　96 물가정경문　　　　97 송학문

98 수자도학문

99 도학문

100 수자도학문

101 운학문

102 거북문

103 죽봉문

104 연지문

105 박쥐문

106 거북문

107 십장생문

108 송호문

109 누각산수문

110 죽문

111 희자문

112 수복자문

113 귀갑문, 아자문

114 수자문

라. 화각장공예華角裝工藝

1) 화각장공예 특성

화각장공예는 소뿔을 펴서 얇게 갈아 낸 투명판 뒷면에 여러 문양을 채색하여 목재로 만든 기물에 부착하여 미장 효과를 내는 공예 기법이다.

화각장공예가 언제 시작되었는지 알 수 없으나 중국 당대唐代에는 대모에 그림을 그리는 대모복채玳瑁伏彩 장식 기술이 있었으므로 통일신라 시대에 이런 기술이 도입되었을 것으로 짐작된다.
또한 고려 나전국당초문염주합의 국당초문 중심 꽃 모양에는 투명한 거북 등껍질 뒷면에 노란색과 붉은색의 석채石彩를 복채伏彩 수법으로 채색하였는데 독특한 색감으로 자개와 조화되어 화사한 분위기를 낸 것이 있다(115).
18~19세기 대형 화각함 뚜껑 테두리에 실제 대모판을 오려 붙인 것과 우각판에 대모 무늬를 그려서 붙인 것은 서로 연계성이 있어 보이며(116, 117), 거북 등껍질은 주로 아열대 지방산이므로 한국서는 구하기 힘든 재료이므로 소뿔을 얇게 갈아 대용한 것으로 보인다.

화각장공예는 18세기경으로 추정되는 화각장함을 시작으로 19세기에 발전했는데 대부분이 함이며 20세기 전반까지 성행했다. 부드럽고 화사한 분위기를 자아내 여성용품에 애용되었는데 빗, 화장 용기, 손거울, 빗접과 소품을 넣어두는 작은 상자와 함, 자, 실패, 반짇고리, 실함, 머릿장, 등 다양한 소재와 유형들이 제작되었다.

화각 제품은 소뿔의 제한된 크기 때문에 작은 함의 제작에도 수십 장의 우각판이 사용되고 여러 공정과 힘든 작업으로 인해 당시 귀한 공예품이었다. 또한 우각은 민어의 부레풀 사용으로 시간이 경과되면서 접착력이 떨어지며, 특히 여러 개로 구성된 사각판 모서리 부분이 쉽게 벌어지고 습기와 건조에 따른 수축 팽창과 좀에 약해 부식되므로 보존 관리가 쉽지 않아 현존하는 화각장공예품들의 숫자가 그리 많지 않다.

115 나전과 대모

116 테두리의 대모

117 테두리의 대모문

118 화각장실패

119 화각장반짇고리

120 화각장베갯모

121 화각장필통

122 화각장향낭

123 화각장함

124 화각장함

2) 화각판 제작 과정

(1) 끝부분 잘라 내기 : 젊은 소의 뿔을 골라 뾰족한 끝부분을 5㎝가량 잘라내고 물에 삶아 내부의 연골을 꺼낸다(125).

(2) 뿔 켜기 : 뿔 측면을 상하로 켜서 불 위에서 집게로 집어 펴가며 무거운 것으로 눌러서 편편한 판을 만든다(126).

(3) 얇게 깎아 내기 : 얻어진 각판角板 표면을 줄과 끌로 깎아 내어 종잇장처럼 얇게 만든다(127).

(4) 판 갈아 내기 : 표면을 숯과 억새풀(속새풀)로 갈아 내어 투명한 판을 만든다.

(5) 마름질하기 : 일정한 크기로 마름질한다.

(6) 먹선 그리기 : 문양을 그린 종이 위에서 우각판 안쪽 판면에 붓으로 검은 선 문양을 그린다(129).

(7) 색채 바르기 : 검은 선 문양 위로 백, 적, 황, 녹의 석채石彩를 민어 부레풀로 개어 면을 메꾼다(130).

(8) 배경색 바르기 : 문양 주변 채색이 되지 않은 부위에 붉은색 혹은 노란색의 바탕색을 발라 면을 메꾼다.
　　　　　　　　이것이 기물 전체의 바탕색을 형성한다(131).

(9) 판 붙이기 : 완성된 우각 그림판을 뒤집어 그림이 그려진 면을 기물의 표면에 2㎜가량 서로 띄워서 부레풀로 붙인다(132).

(10) 골선 끼워 넣기 : 각판 사이의 벌어진 틈에 사다리꼴로 얇고 길게 갈아 낸 소뼈를 눌러가며 끼워 넣는다.

(11) 광내기 : 표면을 곱게 갈아서 광을 낸다(133).

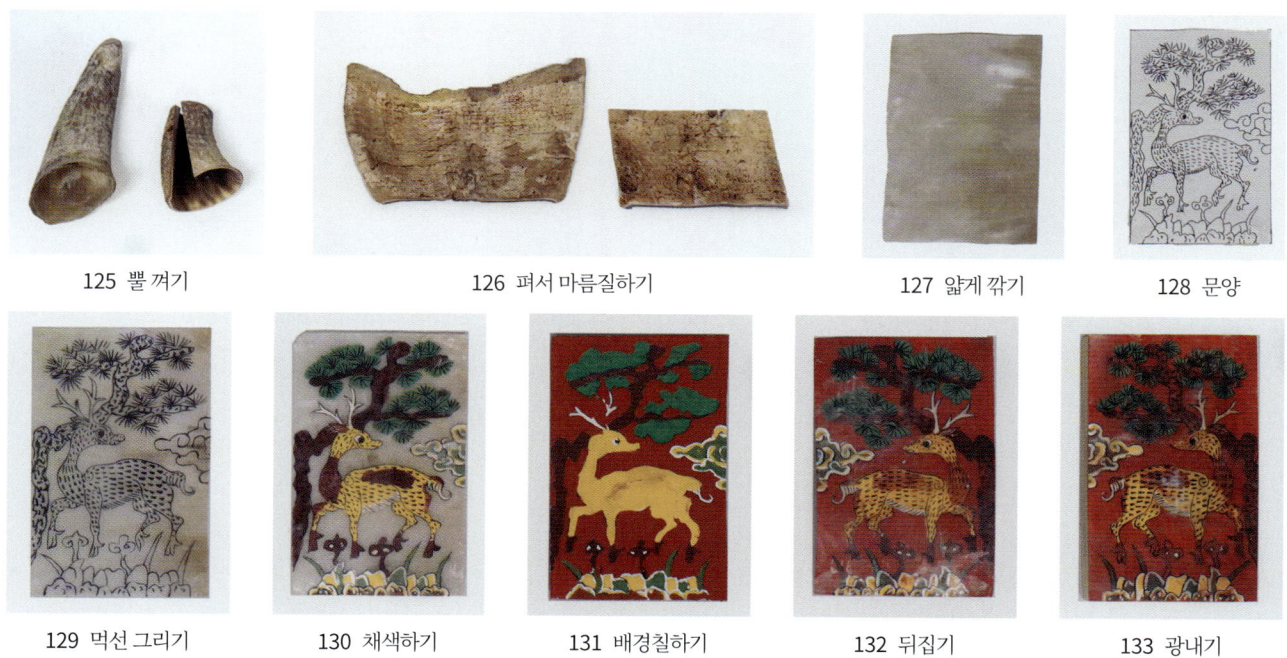

125 뿔 켜기　　　　126 펴서 마름질하기　　　　127 얇게 깎기　　　　128 문양

129 먹선 그리기　　130 채색하기　　131 배경칠하기　　132 뒤집기　　133 광내기

〈국가무형유산 화각장 이재만 제공〉

3) 화각 문양

문양으로는 여성 취향인 자연의 아름다움과 가족의 부귀영화, 자손 번창을 기원하는 꽃과 새, 꽃과 나비, 운봉雲鳳, 운룡雲龍, 십장생, 까치와 호랑이 등과 잉어가 용으로, 학이 봉황으로 변천하는 과정을 천판에 여러 장으로 나누어 그리는 등 자연과 민화적인 소재가 주류를 이룬다.

문양은 도료를 붓으로 그려 넣기 때문에 나전칠기와 같이 도식화된 것이 아니라 부드러운 선과 강한 채색으로 구성되어 회화적인 요소와 장식적인 면을 함께 갖고 있다.
또한 화각함의 좁고 긴 테두리에 대모를 사용하거나 우각판에 대모 무늬를 그렸는데 이는 대모의 대용 효과를 얻기 위한 것으로 보인다(145).

134 초화문   135 봉황문   136 사슴문   137 서수문

138 운룡문   139 운학문   140 귀룡문   141 백호문   142 화문

143 인물문   144 어룡문   145 학이 봉황으로 변모

Ⅱ 목공예품·칠공예품의 분석과 상세

1.

목공예품 木工藝品

가. 사랑방

舍廊房

종이는 붓, 먹, 벼루와 함께 문방사우文房四友로 불리며 글을 쓰거나 그림을 그릴 때 필수적이고 용도에 따른 종이의 재질과 크기 등에서 다양하게 구비해 두었다.

지통은 색간지나 긴 두루마리 종이를 꽂아 보관하는 문방 가구로, 24㎝ 가량의 축으로 된 색간지나 종이 두루마리 3~4 개를 함께 꽂아 둔다.

이 지통은 오동 통나무의 속을 파내고 뚫어 원통으로 제작한 후 하단을 오동 판으로 막아 구성했다. 오동 목재 표면을 뜨거운 인두로 지져 부드러운 표면을 태우고 검고 단단한 부분이 나타나도록 처리하는 낙동법을 활용했다.
묵직한 검은 갈색이 사용하면서 점차 갈색으로 밝아져 오동나무의 부드러운 질감과 함께 중후한 멋을 보여준다.

양면에 예서체隸書体로「筆硯精良」(필연정량/정갈한 붓과 벼루)을 큼직하게 새겨 선비의 강직하고 바른 의지를 나타내고 있다.

조각은 주변 바닥을 낮게 파내어 중심부가 양각되게 하는 반양각 기법이며, 글씨 위에 백토분을 발랐는데 현재는 칠이 탈락되어 있다.

굵은 오동나무 속을 파내고 원형 판재를 본체보다 약간 깊게 끼워 통을 구성했으므로 본체가 굽 역할을 하게 되어 바닥면이 고르지 않아도 흔들리지 않는다(1-4).
벽 두께는 2.5㎝로 비교적 두꺼운 편이며 후덕하고 묵직해 보인다(1-3).

1-2 앞면. 정량

1-1 뒷면. 필연

1-3 구연부와 내부

1-4 밑면

죽제박지장생문화형필통
竹製剝地長生紋花形筆筒

입지름 17.1, 밑지름 17.3, 높이 16.2cm
19세기, 개인 소장

이 지통은 굵은 죽통竹筒을 반으로 쪼갠 후 하단을 상단보다 약간 좁게 만든 일곱 쪽을 붙여 자연스럽게 구연부가 넓은 화형을 구성했다(2-5).

아교로 붙인 각 면이 떨어지지 않도록 밑면을 소나무 판재로써 상부 7개의 둥근 대나무 선보다 조금 넓게 제작한 후 넓이와 두께에 맞추어 약간 파내고 끼워 넣었다(2-4).
또한 7엽 화형이 안으로 만나는 부위를 곡선으로 파내어 마치 꽃잎과 같이 보이도록 치장하여 한층 격이 있어 보인다(2-6).

각 곡면의 무늬는 장생과 길상吉祥 문양인 해·구름·잉어, 소나무·연·기러기, 국화·벌·괴석, 대나무·새, 소나무·사슴, 파초·운학, 매화·종달새를 마치 그림을 그린 듯 정교하게 양각했다(2-1~4).
무늬 외의 바닥은 얇게 긁어내고 검은 칠을 하여 무늬가

돋보이도록 했는데, 이는 분청사기의 박지문剝地紋과 같은 기법이다.

주로 죽제망건통, 죽제편지통, 죽제화살통에 사용되는 기법으로 단단한 재질인 대나무에 상세한 무늬를 표현할 수 있으며, 표면을 일정한 두께로 파내기에 쉽다.

또한 얇게 파낸 부위에 검은 칠을 하여 무늬가 분명하고 돋보이게 된다.

대나무 표면은 단단하고 매끄럽고 광택이 있어 옻칠하면 미장 효과를 높이고 강하면서도 단정해 보인다.

· 밑면 : 판재 두께 0.9
· 대나무 두께 0.75

2-1 해와 구름, 잉어, 대나무문

2-2 매화, 난과 국화문

2-3 사슴과 불노초 소나무, 파초와 학문

2-4 연과 오리, 해와 구름, 잉어문

2-5 화형 구연부와 내부

2-6 밑면

시전지판은 서신이나 시詩, 부賦를 지어 한 수 적는 서한지書翰紙 위에 바탕 문양을 찍어내는 일종의 목판으로 선비의 취향과 낭만적 정서를 잘 나타내고 있다.

단단한 배나무 판재에 난을 세선細線으로 날카롭고 정교하게 각하여 종이에 찍었을 때 면이 아닌 가는 선으로 나타나 그 위에 쓴 편지 내용이 주가 되도록 했다.
난은 깨끗하고 청초하며 군자의 기상을 뜻한다.
새겨진 글귀와 낙관은 「此蘭 爲卞吉雲所珍藏 遂摹之刻成 詩箋 차란 위변길운소진장 수모지각성시전」 "이 난초는 변길운씨가 소장한 것으로 그것을 모사하고 새겨서 시전을 만들었다."이다.

뒤 판에는 부드러운 재질인 얇은 은행나무 판재에 난을 면으로 나타내어 사실적 표현을 했다(3-1).
「折得幽蘭寄素心 절득유란기소심」은 한시漢詩 "은은한 난초를 꺾어 순수한 마음을 전한다."라는 구절로서 주로 고요하고 순수한 마음을 표현하는 데 사용한다.

「古藝山房伯 고예산방백」은 한시의 제목이거나 저자로 추정된다.

3-1 뒷면

목공예 4

양각시명국화문시전지판
陽刻詩銘菊花紋詩箋紙板

가로 12.4, 세로 23.0, 두께 1.7㎝
19세기, 개인 소장

이 시전지판은 단단한 배나무 판재에 국화꽃을 가늘고 정교하고 깊게 각을 하고 줄기와 잎은 넓은 면을 살린 양각이다. 가늘고 넓은 강약의 효과로써 국화를 사실적으로 표현하고 강조했다.

책은 검은색만을 사용하여 인쇄를 하지만 시전지는 여러 가지 색을 사용할 수 있다.
예를 들어 국화꽃에는 노랑이나 붉은색을, 잎에는 녹색을 사용하면 사실적 표현이나 분위기 조성에 도움이 될 수 있다.

상단에 양각된 「非彩飛朱別樣紅 비채비주별양홍」 "분색도 아니고 주색도 아닌 또 다른 홍색이다."라는 명문으로 분홍빛이 아닌 붉은색이 다르다는 국화의 아름다운 오묘한 붉은빛을 표현했으며, 시가詩家의 다양한 감정을 비유적으로 표현하고 있다.
또한 "겉모습은 다르지만 본질은 같다."라는 의미도 있다.

국화는 가을에 서리를 맞으며 홀로 피어 고고한 기풍과 절개를 지키는 군자로 비유된다.

뒷면에는 무늬가 없이 가는 세선을 양각하여 줄 맞추어 정돈된 글을 쓸 수 있도록 했다.

4-1 상부 명문

투각만자양각태극부자문고비
透刻卍字陽刻太極富字紋考備

가로 20.2, 세로 59.5, 두께 1.7㎝
19세기, 개인 소장

한옥 구조는 평좌식平座式이므로 천장이 낮고 실내 폭도 좁다. 따라서 문갑과 같은 낮은 가구는 벽면에 붙여 사용하고, 그 위의 벽면에 산수나 화조의 그림, 붓걸이, 고비 등으로 장식하는데, 벽면을 가득 장식하는 것보다는 여백을 살려 정리된 아름다움을 강조하게 된다.

고비는 서찰이나 시전詩箋 등을 끼워 보관하는 기능이며, 실내 분위기는 물론 주변 가구들과의 조화를 고려하고 또 주인의 취향과 안목에 따라 달리 제작되었다.

바탕인 오동 판재 표면에 앞면 상단을 앞널과 턱짜임 하여 대나무못을 박고, 앞널과 뒷널 사이를 네 공간으로 분리하여 서찰과 편지지 또는 긴 두루마리 종이를 꽂아 두도록 했다. 뒷판 상부에 연봉형을 중심으로 반원형을 크게 파내어 강렬한

형상을 이루고 있다(5-4).

앞면 상단에는 태극문을 반양각했는데 검은색과 판재의 진갈색이 마치 회전하듯 보이며 하단에는 음각으로 부富자를 깊게 새겼다(5-1, 6).

중간층 판재에는 만卍자를 투각하여 그 사이로 종이가 보이도록 구성하여 한층 경쾌해 보인다 (5-1, 5).

뒷널 하부에 돌기형 풍혈을 두어 경쾌하게 보이도록 했다 (5-6).

· 앞널 : 가로 18.0, 세로 49.8, 두께 0.7
· 뒷널 : 가로 20.0, 세로 59.5, 두께 0.9
· 층널 : 가로 18.0, 세로 7.0, 두께 1.1

5-1 앞면

5-2 옆면

5-3 뒷면

5-4 상부

5-5 투각 만卍자문

5-6 하부

5-7 층널

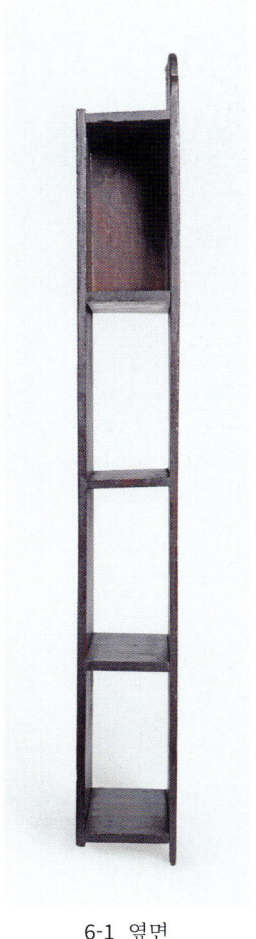

6-1 옆면

6-2 뒷면

일반적인 고비에 비해 폭이 좁고 긴 형태로 비교적 천장이 높은 가옥에서 사용되었을 것으로 짐작된다.

긴 판재의 4개 원형 테두리 안에 불로초를 입에 문 학과 구름, 패랭이와 영지문을 반양각했다(6-3, 4).

무늬의 조각 깊이가 얕고 표면 취색도 동일하여 선명하지는 않으나 단순하면서도 은은한 효과로 안정되게 보인다.

각진 판재로 구성된 경직된 형태인데 뒷널 상부에 곡선을 주어 부드럽게 처리하고, 하부는 가구의 풍혈 형태로 곡선을 처리하여 상부와 조화를 이루도록 했다(6-2, 5, 6).

옆면의 4칸 중 상층 한쪽 면이 판재로 막혀 있는데 이는 길이가 짧은 봉피封皮나 편지들이 빠져 떨어지지 않도록 고려한 것으로 추정된다(6-1).

앞면과 옆널은 행자목, 층널은 오동나무 판재이며 옻칠을 입혔다.

생활 양식의 변화로 규격화된 봉투를 세워 꽂아 두는 편지통으로 교체되면서 고비 본연의 기능이 점차 사라져 현존하는 숫자가 많지 않다.

· 앞면 판재 : 가로 18.0, 세로 72.8
· 판재 두께 : 앞널, 뒷널 0.8, 층널 0.9

6-3 상부

6-4 하부

6-5 뒷널 상부. 걸이 구멍

6-6 뒷널 하부. 풍혈

7-1 옆면

7-2 뒷면

일반적으로 대나무로 제작된 고비는 얇고 좁은 대나무 편을 휘거나 엮어서 재질의 특성을 살린 것이 대부분이다.

이 고비는 굵은 통대를 가로선으로 지르고 이를 중심으로 넓은 대나무 편을 세로로 엮었으며 안쪽으로는 층을 구성했다(7-3, 4).
가로지른 통대는 양 끝부분을 막아 봉처럼 보이도록 하고, 표면에는 국화와 귀갑문을 조각하고 바닥면을 얇게 파내었다(7-3, 4, 6).
세워진 대나무 편에는 상하부에 가느다란 촉을 만들어 가로지른 통대에 끼워 넣어 여러 쪽이 모여 한 판재처럼 보이도록 형성했다(7-4).

상하부에는 소나무, 대나무, 버드나무, 매화, 화초들이 양각되어 있고, 중심부 두 칸에는 인가人家, 원혜園惠, 도화桃花, 어부漁父, 단변壇邊, 행림杏林, 청산靑山, 일비壹庀, 생애生涯, 백발白髮, 수경數莖, 심사心事 등 문자들이 굵고 성글게 양각되어 있다(7-3, 4).
또한 문자 상하에는 귀갑문이 촘촘하게 음각되어 있다(7-3, 4). 하단 밑면에도 화초문이 시문되어 있는데 이는 방바닥에서 고비 밑부분이 보이는 것을 고려한 것으로 보인다(7-7).

대나무 표면에 새겨진 무늬의 바탕을 얇게 파내고 흑색을 칠하는 박지 기법인데 이 고비는 갈색 칠을 하여 전체가 은은해 보인다(7-3, 4).
뒷면에는 두껍고 넓은 대나무 편들이 엮듯이 짜여 있다(7-2).

· 앞면 크기 : 가로 16.7, 세로 67.0
· 대나무 편 : 가로 2.3, 세로 13.0, 두께 0.5
· 원형 봉 : 앞면 지름 3.2. 뒷면 지름 2.1

7-3 상부

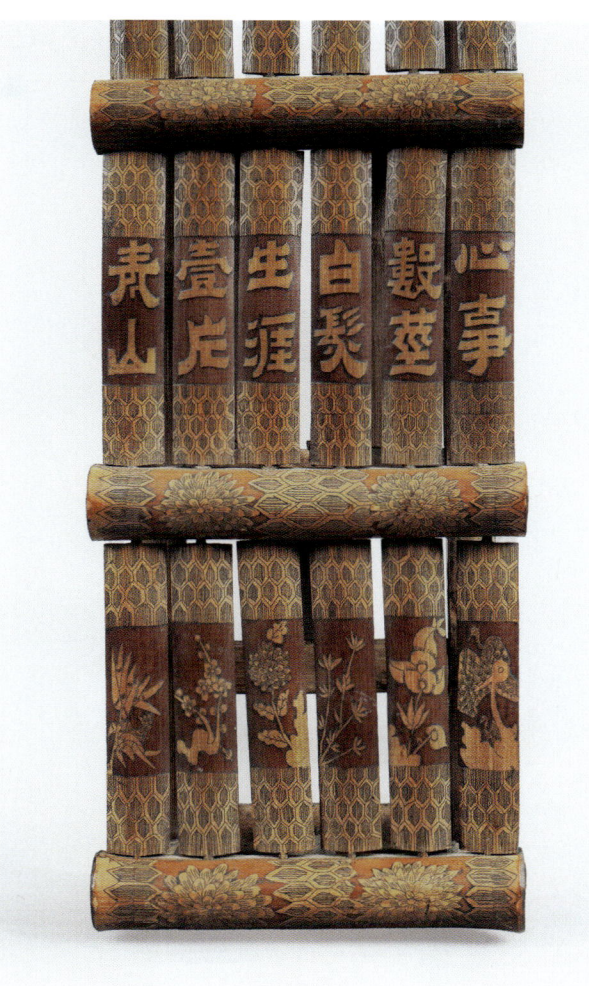

7-4 하부

7-5 내부 구조

7-6 내부 구조

7-7 밑부분

붓을 오랫동안 사용하려면 사용 후 물로 깨끗이 씻어 먹의 아교 성분을 빼고 말려 두어야 탄력을 잃지 않고 오래 사용할 수 있다. 필통은 붓을 거꾸로 세워서 보관하는 반면 붓걸이는 붓대를 위로 걸어 놓아 털을 가지런히 할 수 있는 장점이 있다.
대부분 목재, 대나무, 유기로 만들었으며, 판재를 박쥐나 나비 등의 형태로 깎은 것, 만자나 기하학적 무늬를 넣어 실내 장식을 겸한 것, 극히 단순한 형태의 골재로 짜 맞춘 것 등이 있다.

문갑이나 머릿장 윗쪽 벽면 여백에 걸어두는 가구로는 고비와 붓걸이 정도이며 장식성도 겸비하고 있다.
가느다란 골재로 짜인 붓걸이는 단순한 선 구성과 비례감각을 중요시하며, 붓을 걸어놓았을 때의 시각적인 길이와 구성까지 고려한 것으로 보인다.

이 붓걸이는 극히 가늘고 단순한 사각형으로 붓을 걸어 놓았을 때를 고려하여 걸이 축을 서로 엇갈리도록 배치했으며, 끝부분을 모가 나도록 다각형多角形으로 깎았다(8-5).

붓걸이촉의 목을 가늘게 만든 것은 걸어놓은 붓이 빠지지 않게 하고 단정해 보인다.

붓걸이를 벽에 걸기 위해 상부 양 끝에 유연한 곡선의 작고 얇은 걸이장치를 각목에 파서 고정시켰다(8-2).
각목들은 검소하고 모양새가 있는 연귀촉짜임을 이용했다.

· 사각 골재 : 14.0×18.0
· 끈걸이장치 : 5.8×1.7, 두께 0.7
· 붓걸이 못 : 지름 0.7, 길이 2.0

8-1 앞면

8-2 끈걸이 고정목

8-3 가로목과 세로목의 연귀맞짜임

8-4 가로목과 세로목의 연귀맞짜임

8-5 붓걸이축

8-6 뒷면. 가로목과 세로목의 연귀맞짜임

붓걸이는 벽면에 걸어두는 것이 일반적인데 이처럼 문갑이나 머릿맡의 낮은 머릿장에 올려두는 것은 흔하지 않다.

상체에 비해 크고 무거운 받침이 있어야 여러 개의 붓을 걸어 놓았을 때 넘어지지 않고 시각적으로도 안정성 있게 보인다. 윗부분을 고정하기 위한 밑판과 그 아래위를 성큼하게 받쳐주는 족통이 달려 있으며 하부에 풍혈을 두어 짜임새 있는 온전한 붓걸이를 형성했다(9-5, 6).

굵은 원통형 기둥으로 받치고 있는 여의두형 붓걸이 판은 십자형으로 서로 엮어 기둥을 파고 견고하게 끼워 넣었다 (9-2, 4).

이 여의두형 붓걸이 판에 구멍을 뚫어 붓을 걸어두는 긴 봉을 끼웠는데, 봉은 가느다란 원통형이며 끝부분을 약간 둥글게 다듬어 연봉형처럼 보인다(9-3, 4).

네 방향으로 뻗은 붓걸이 판에 걸이 봉이 2개씩 한 번에 8개의 붓을 걸 수 있다.
이 붓걸이는 기둥이 높지 않아 책상에서 사용하는 가늘고 짧은 세필을 걸어 놓기 위해 제작되었다.

· 받침대 : 높이 5.3, 기둥 길이 19.5
· 붓걸이 판 : 가로 15.7, 세로 8.6, 두께 7.0
· 붓걸이 봉 : 지름 0.6, 길이 2.3

9-1 앞면

9-2 윗면

9-3 상부. 여의두형 붓걸이판

9-4 붓걸이 봉

9-5 하단. 족통 풍혈

9-6 족통 밑면

상부를 넓게 하고 하부를 약간 좁힌 판재 8쪽을 이어 붙이고 바닥을 막아 8각 통을 구성했다.

필통의 상부가 약간 넓은 것은 조형적인 면도 있지만 여러 개의 붓을 꽂아 둘 때 붓이 사방으로 벌어져 서로 닿지 않도록 하기 위함이다(10-3).

이 필통은 오동 판재의 표면을 뜨거운 인두로 지져 표면을 태운 후 볏짚으로 문질러 부드러운 섬유질은 떨어져 나가고 단단한 부분만 남겨서 무늬결이 살아나고 자연스러운 검붉은 색조로 변화되는 낙동법烙桐法을 사용했다.

이 기법은 주로 검소하고 단정한 사랑방의 문방제구인 필통, 연상, 연상, 고비, 책장 등에 애용되었다.

이 필통은 오동의 나뭇결이 잘 살아나 부드럽고 안정되어 보이는 목제필통의 기본형이라 할 수 있다.

구연부에는 단단한 참죽나무로 끝부분이 약간 올라가고 오동 판재 두께보다 약간 넓게 덧대어 무른 오동나무가 상하지 않도록 하고 또 한결 단아한 느낌을 준다(10-3, 4).

하단부의 풍혈은 따로 덧댄 것이 아니라 하단 판재의 각진 부분을 초엽형 풍혈로 깎아내어 격조와 완성도를 한층 높였다(10-5).

· 구연부 테두리 : 넓이 1.0, 두께 0.5
· 판재 두께 0.8

10-1 앞면 1

10-2 앞면 2

10-3 8각 구연부와 내부

10-4 구연부 테두리 상세

10-5 풍혈

10-6 바닥면

죽장박쥐초죽문화형필통
竹裝蝙蝠草竹紋花形筆筒

윗지름 15.5, 밑지름 11.0, 높이 14.2㎝
19세기, 개인 소장

얼핏 보면 곡면 진 대나무를 활용하여 문양을 새긴 후 그 외 바탕면을 긁어내고 검은 칠을 하는 박지剝地 기법처럼 보기 쉽다.

오동 판재의 안팎을 약간 곡면 지게 깎고 짜 맞추어 8각 화형을 형성한 다음, 대나무의 안쪽을 깎아낸 얇은 판을 불로 휘어가며 오동 판재면에 붙였다.
문양을 음각하고 이외 바닥면을 낮게 파내고 흑칠하여 무늬가 돋보이도록 했다(11-3, 4, 5).

희망과 강직한 선비를 뜻하는 매화, 길상을 뜻하는 박쥐, 구름과 국화넝쿨, 대나무 등을 연속으로 시문했다(11-1, 2, 3).

구연부 상부는 대나무로 막고(11-5) 그 아래 아자문 亞字紋을 둘렀으며, 하단 밑판재 위에는 연속 초문을 그렸다 (11-6).

기발한 형태 구상부터 화형의 백골 제작, 대나무 조각 작업까지 한층 숙련된 제작 기술이 집약된 작품이다.
이 필통을 보아 주변 가구들과 함께 주인의 격조 있는 사랑방 분위기를 짐작할 수 있다.

· 벽면 두께 0.6
· 바닥 판재 두께 0.6

11-1 구름, 초문

11-2 박쥐, 구름, 매화문

11-3 대나무, 초문

11-4 무늬 확대

11-5 화형 구연부

11-6 바닥면

목재의 결이 없고 탄력이 있으며 부드러워 조각재로 자주 쓰이는 은행나무의 속을 파내어 원통형을 만들었다.
한 그루의 소나무에 학과 사슴 한 쌍씩을 연결하여 배치하고, 투각으로 들여다보이는 간격이 일정하도록 소나무 가지와 솔잎을 자연스럽게 안배하고 입체감을 살렸다(12-2, 3, 4, 5, 6).

조각면의 두께가 1.5㎝로서 입체 조각을 깊게 할 수 있어 더 사실적인 표현이 가능했으며, 나뭇가지와 솔잎, 사슴과 학의 정교한 조각은 매우 뛰어난 조각장 솜씨를 보이고 있다.
구연부와 밑판을 몸통보다 넓고 약간 외반되게 부착하여 비교적 작은 필통을 풍부하고 안정되게 보이게 한다(12-6, 7).

조각 후 옻칠을 두껍게 입혀 더욱 기품 있고 기물 보존에도 큰 도움이 되도록 했다.
정교한 조각품을 애호하는 주인의 취향에 따라 주변에 놓인

연상이나 목침 등 문방 가구에도 이 필통과 유사한 장수를 의미하는 내용이 조각되었을 것으로 짐작한다.

· 조각 몸통 : 지름 15.0 　 · 구연부 높이 1.2, 밑면 높이 1.4

12-1 밑면

12-2 소나무문

12-3 사슴과 소나무문

12-4 소나무문

12-5 소나무문

12-6 학, 소나무, 해, 구름문

12-7 원형 구연부와 내부

두 개의 사각진 통을 전후로 붙인 매우 특이한 형태의 필통으로 구연부가 넓고 밑면이 좁은 사다리꼴 형태를 갖고 있다 (13-2, 3, 4).

앞판의 단풍나무 판재에는 투각한 태극문의 가장자리를 둥글게 굴려 문양이 부드럽고 풍요롭게 보인다. 이와 달리 뒷면의 느티나무 판재에는 원형 만자문을 투각하고 중심부에 음각선을 둘러 짜임새 있게 했다(13 –3, 4).
밝고 부드러운 단풍나무와 단단한 느티나무의 혹 또는 뿌리 근처의 용목(용이 엉켜 있는 것처럼 잔잔한 나뭇결이 있어 붙여진 이름)이 대조적인 분위기를 형성하고 있다(13-3, 4).

구연부에는 먹이 들어있는 먹감나무를 덧대어 전체 모양을 짜임새 있고 단단해 보이도록 했다 (13-5).

밑면은 느티나무 판재로 두 개의 통이 합쳐진 상태보다 넓게 막아 붙였는데 보다 안정되어 보인다(13 –6).

· 앞면 : 구연부 가로 10.8, 세로 5.3
　　　　하부 가로 8.3, 세로 3.6, 높이 13.0
· 뒷면 : 구연부 가로 11.7, 세로 9.1
　　　　하부 가로 10.2, 세로 4.1, 높이 16.0
· 구연부 : 먹감 두께 0.4
· 판재 두께 : 0.8
· 밑면 판재 : 10.2×8.6, 두께 0.7

13-1 뒷면

13-2 옆면

13-3 앞면

13-4 뒷면

13-5 구연부

13-6 밑면

49개의 일정한 굵기의 세필細筆을 꽂아 둘 수 있는 매우 특이한 기능과 형태를 갖춘 것으로 장식성이 강조된 필통이다. 이와 유사한 필통들은 상부가 평면이거나 2단형이 대부분인데 이처럼 여러 산봉우리가 모여 있은 듯한 모양은 이례적이다(14-3).

자세히 살펴보면, 얇은 철판을 원통형으로 둥글게 만 다음 이것에 의지하여 24개의 대통을 높낮이의 변화를 주며 연이어 붙였다. 이를 다시 6등분 하여 2개, 3개씩 묶어 엇갈려가며 부착했다(14-4, 5).
굵은 연봉형 마개가 있는 붓을 죽관 속에 꽂아 두면 매달리게 되어 마치 긴 붓 뚜껑이 전체를 감싸고 있는 효과가 있다.
붓대 끝부분의 연봉 형태와 원형 마개는 크기가 일률적이며 매끄러운 것으로 보아 갈이틀로 회전시켜 깎은 것으로 짐작된다(14-8).

붓을 집어넣는 입구는 실로 단단하게 감은 후 검은 옻칠을 발랐는데 이는 대통이 갈라지는 것을 막고 디자인 요소도 보강하는 역할이다(14-9).

필통 내부인 원통에는 중심에서 3갈래로 4개씩 이어 붙여 공간을 칸막이했다(14-5, 6).
필통 밑면은 상부 대통으로 구성된 형태와 똑같이 소나무 판재를 오려 붙였다(14-7).

· 높이 : 7.1~15.8
· 겉대 굵기 : 굵은 것 1.2, 가는 것 1.1
· 붓대 굵기 0.5
· 붓끝 마개 : 지름 1.1, 길이 2.2
· 연봉형 꼭지 : 지름 0.7, 길이 1.7
· 내부 칸막이 : 한 변 3.1, 길이 15.0~20.0
· 밑판 : 지름 11.1, 두께 0.7

14-1 앞면. 겉 필통과 내부 칸막이

14-2 상부 상세

14-3 내부 칸막이 제거 후

14-4 내부 칸막이 제외 윗면

14-5 윗면

14-6 내부 칸막이

14-7 밑면

14-8 연봉형 붓대 상부

14-9 실 감고 옷칠하기

죽제박지시명길상문필통
竹製剝地詩銘吉祥紋筆筒

필통에 새겨진 그림들은 죽순과 잉어, 매화와 새, 오리와 연꽃, 파초, 대나무와 달 등 민화에 나타나는 소재이며 그림을 그리듯 부드럽고 성글게 표현하고 있다.

검은 바탕은 분청사기의 박지문剝地紋과 같이 무늬를 새긴 후 이외의 바닥면은 긁어내고 검게 칠해서 주된 무늬를 선명하게 드러나게 하여 전달력을 높이는 기법이 사용되었다.

상부에는 「竹林深處月相照 芭蕉庭下弱蘭長 죽림심처월상조 파초정하약란장」 "대나무숲 깊은 곳에 달 서로 비치고, 파초 핀 뜰 아래 어린 난이 자라네." 글을 새겨 안정된 자연 정경을 묘사하고 있다.

각이 진 필통의 구연부 안쪽을 약간 얇고 경사지게 파내었는데 이로써 두꺼운 입구가 넓어져 경쾌해 보인다. (15-7)

밑면은 상부보다 조금 넓게 오려낸 소나무 판재를 약간 파내고 끼워 넣었다(15-6).

· 뒤 열 : 3개 높이 18.8, 15.2, 12.8, 윗지름 7.7
· 앞 열 : 2개 높이 12.8, 9.7, 윗지름 6.4
· 밑면 판재 두께 1.2

15-1
밑면

15-2 앞면

15-3 옆면

15-4 뒷면

15-5 옆면

15-6 옆면

15-7 구연부

이 필통은 대나무 표면에 노사, 단묘, 소목 등의 약품을 섞어 바른 후 싸두었다가 40여 일 후 불에 살짝 구우면 반죽처럼 무늬가 나타나는 염죽染竹 기법으로 제작되었다.

무늬대로 오려낸 종이를 표면에 풀로 붙인 후 약품을 바르면 종이를 붙이지 않은 표면이 변색 하여 대나무의 자연색과 짙은 갈색이 조화를 이루게 되는데 20세기 초에 사용된 기법이다. 염죽 기법은 주로 좁고 가느다란 죽편들로 구성된 연상이나 탁자, 이층농 등과 횃대에서 작은 무늬들을 시문할 때 사용된다.

운룡문은 용의 머리와 몸통을 주된 부위에 놓고 그 주변에 구름을 배치하는 것이 통상적이나 이 필통은 구름과 용의 몸통만 넓고 크게 상징적으로 나타낸 것으로 대담한 무늬가

강직한 선비의 취향을 잘 반영하고 있다.

중심의 두껍고 긴 대통을 중심으로 주변에 6개의 대통을 붙였으며, 서로 닿지 않은 면을 판재로 오려 막아 단정해 보이도록 했다(16-5).

밑면과 맞닿는 대나무 통을 보면 상부보다 약간 넓게 보여 안정감을 주는데 이는 대나무 마디 부분을 필통 하단으로 모아 제작하였기 때문이다(16-4).

밑면은 소나무 판재로 상부 크기와 같이 오려 붙였다(16-6).

· 높은 대통 : 지름 9.0, 높이 22.5, 두께 0.9
· 일반 대통 : 지름 8.2, 높이 16.6, 두께 0.5
· 바닥 판재 : 가로 23.0, 세로 24.0, 두께 0.5

16-1 운룡문

16-2 운룡문

16-3 운룡문

16-4 구름문

16-5 구연부와 내부

16-6 밑면

연상자硯箱子는 글이나 그림을 쓰고 그리기 위한 벼루와 먹, 붓을 넣어 보관하는 상자로 사랑방의 핵심 문방제구文房諸具다. 뚜껑은 사용 시에 열고 이외는 닫아 벼루의 물이 마르지 않도록 하고 또 실내를 단정하게 하는 용도이다.

이 연상자는 뚜껑을 깊숙이 덮는 형식으로 뚜껑 또한 깊고 커서 안전하게 내용물을 보관할 수 있고 또 권위적이며 품위 있게 보인다. 그러나 사용 시 뚜껑을 놓아두는 위치가 적당하지 않다.

상단을 여러 구획으로 나누어 벼루, 먹, 붓을 구분하여 넣도록 했는데, 벼루를 중심으로 좌우에 붓 두 자루씩을 넣는 받침대를 설치하고 상하로 먹을 넣어 두는 공간을 구성했다(17-2, 8).

하단에는 당김쇠장석이 없이 서랍의 끝 모서리와 좌우 판재 입구를 45도로 각을 쳐서 숨은 서랍을 설치했는데 단순해 보이면서도 중요 기물을 숨겨 놓을 수 있다(17-5).

하단을 받치는 족통은 크고 높은 연상의 족통과 같은 형식으로 견고하게 되어 있다. 뚜껑 두께만큼 밖으로 외반되도록 넓게 처리하여 사용 시 안정되게 보인다(17-2). 초엽형 풍혈로 짜맞추고 국화형거멀잡이장석으로 거머잡고 있다(17-6).

뚜껑은 판재를 연귀짜임 한 후 국화형거멀잡이장석으로 견고하게 보강했다(17-1, 6).

· 상단 : 41.8×26.7, 높이 10.5 , 판재 두께 0.8
· 내부 : 39.8×24.3, 높이 9.3, 판재 두께 0.8
· 족통 : 높이 4.2

17-1 외부 모양새

17-2 뚜껑과 내부 구조

17-3 앞면

17-4 옆면

17-5 벼루와 서랍

17-6 거멀잡이와 족통

17-7 족통 풍혈

17-8 붓 받침대

두 개의 덮개가 있는 전형적인 연상 형태로 상단에 두 종의 벼루를 넣도록 하였는데, 경우에 따라 알맞은 것을 선택하거나 한쪽에 낮은 연적이나 먹을 넣어두기도 한다(18-1).
중심의 서랍에는 서한지나 소도구를 보관하고 하단의 너른 공간에는 종이나 두루마리, 연적을 넣어두는데 상대편에서 보이는 점을 고려하여 단정하게 정리한다.

단단한 가래나무로 제작되었으며, 천판은 바닥면 둘레를 낮게 깎아내어 턱을 만들어 벽면 판재에 걸려 고정되도록 했다(18-1).
4개의 기둥 모서리를 둥글려서 전체를 부드럽게 보이도록 했다.
하단 공간에는 버선코형 풍혈을 두어 부드럽고 안정된 수장 공간을 마련했다(18-2, 3).
바닥면의 가로지른 쇠목과 기둥이 만나는 부위의 투각 초문 풍혈은 기둥을 파내고 턱짜임을 했다(18-7).

덮개인 천판에는 천도와 불로초를 입에 문 운학을, 앞면에는 서랍을 포함한 넓은 면에 화사한 모란을, 뒷면에는 물가 한 쌍의 원앙새와 모란, 양 옆면에는 한 쌍의 꿩이 나무 위에 앉아 있는 상황을 세밀하게 반양각했다(18-2, 3, 4, 5, 6).
자연을 묘사하는 회화성과 이를 조각한 솜씨가 매우 뛰어나 사실화처럼 보인다.
서랍에 새겨진 그림이 흩트려 보이지 않도록 금속 당김장치를 사용하지 않고 목제 다각형 손잡이를 부착했다.

· 뚜껑 두께 1.2
· 4면 판재 두께 1.3
· 기둥 : 2.3×2.3
· 공간 풍혈 : 두께 1.1, 높이 1.1
· 하단 풍혈 : 폭 4.8, 높이 1.9, 두께 0.7

18-1 구조

18-2 앞면

18-3 옆면

18-4 뒷면

18-5 옆면

18-6 덮개

18-7 기둥과 풍혈 짜임

죽장복아자문연상
竹裝福亞字紋硯床

가로 41.2, 세로 29.2, 높이 30.0㎝
19세기, 개인 소장

죽장竹裝은 목재로 짠 표면에 대나무를 씌워 붙이는 기법으로 대나무의 단단하고 매끄러운 표면과 윤기, 곡면으로 인한 빛의 편광偏光 효과로 항상 깨끗하며 견고해 보인다.
이런 기법은 19세기 장과 농, 갑게수리, 연상 등에서 자주 사용되었다.

이 연상의 특이한 점은 벼루를 넣어두는 덮개 아래 공간과 덮개 뒷면에는 죽장을 하지 않는 것이 통례인데 이것은 내부까지 연장 설치하여 덮개를 열고 사용할 때 시각적인 면을 고려한 것으로 짐작된다. (19-1)
덮개 뒷면의 죽장은 대나무의 속대를 활용했다(19-2).
서랍 내부와 하부의 밑널이 오동나무이므로 전체가 변화가 별로 없는 오동나무로 제작되었을 것으로 짐작된다.
두 개의 덮개가 사용된 연상은 아래 공간이 두 칸으로 나뉘는 것이 통례인데 이것은 한 개의 너른 공간으로 처리되어 있다(19-1).

죽장된 가구의 문양은 직선으로 된 문자문이나 기하문이 사용되는데 덮개에는 복자문福字紋, 상단 사면에는 아자문亞字紋, 중단인 서랍과 3면에는 팔괘문八卦紋이 밝은 감색으로 시문되어 판독성을 높이고 있다(19-3, 4, 5).

중간층 서랍은 양 옆면 모서리 면과 이와 맞닿은 면을 45도로 면을 쳐서 숨겼으며, 서랍 밑면에 작은 구멍을 뚫어 하부 공간을 통해 손가락으로 열도록 했다. 이는 중요 물품을 보관하고 또 외형을 단순하게 보이려는 의도이다(19-2, 4).
하단의 낮은 족통은 네 귀를 약간 높인 단순한 형태로서 좁게 설치했다(19-7).

· 상단 : 가로 40.2, 세로 28.2, 높이 6.0
· 중단 : 가로 39.0, 세로 27.0, 높이 5.0
· 하단 : 굽 높이 1.0
· 덮개 : 두께 1.1, 4면 판재 두께 1.0

19-1 서랍과 덮개 구조

19-2 덮개 열기

19-3 덮개

19-4 앞면

19-5 옆면

19-6 하층 판재

19-7 하단 네 귀

목공예 20	연탁 硯卓	가로 61.0, 세로 33.3, 높이 16.5cm 19세기, 개인 소장

재판과 같은 단순한 목판에 투박한 다리를 갖고 있는 독특한 형태의 연탁硯卓이다.

서탁은 문방제구를 올려놓거나 글을 읽고 쓸 때 사용하나, 이것은 벼루를 비롯한 먹, 붓, 연적, 묵호, 서한지 등 문방제구들을 올려놓고 사용하는 기능이며 이러한 사례가 흔치 않아 연탁이라 이름했다.

이 연탁의 길이가 글을 읽고 쓰는 사랑방의 중추적 역할을 하는 서안 크기와 비슷하므로 서안 오른쪽에 세로로 배치하거나 벽면에 붙여 사용하였을 것으로 짐작된다.

소나무 판재로 네 변을 사개물림 하여 짜고 도끼날과 같이 위가 넓고 밑이 좁은 두툼한 판각을 양쪽에 붙여 단순하면서도 짜임새 있는 형태다(20-3, 4, 6).

천판을 두 칸으로 나누어 좁은 칸에는 벼루와 먹을 넣고, 넓은 칸에는 연적, 묵호, 붓, 필산筆山, 필세筆洗 등 글을 쓰기 위한 문방제구들을 배치한다(20-3).

천판에 두른 사면의 판재 모서리에는 한 줄의 음각선을, 벼루 부분을 구분한 판재에는 쌍사雙絲를 둘러 한결 부드럽고 친근감을 갖게 한다(20-5).

이 연탁 형태와 느낌으로써 안목이 높고 성격이 강직한 선비가 사용했을 것이며 주변에 함께 놓인 사랑방 가구들을 추측해 볼 수 있다.

전체가 소나무로 제작되었고, 표면에는 흑칠했다.

· 상단 : 높이 4.2, 판재 두께 1.5
· 양 옆널 : 윗면 3.6, 밑면 1.8, 높이 12.3

20-1 모양새

20-2 옆면

20-3 천판 면분할

20-4 앞면

20-5 변죽과 판재 음각선

20-6 옆널과 하부 짜임

서안은 글을 읽고 쓰기 위한 문방가구로서의 용도 외에 주인과 내객 또는 연장자의 위치를 지켜주는 중추적인 사랑방 가구이다.

상단에는 책을 올려놓고 하단 서랍에는 시전지나 소품을 넣어 정리하는 실용적인 형태로 전체가 오동나무 판재로 짜여 있다. 오동나무는 가볍고 부드러우며 색이 밝은 재질로서 표면에 손때가 쉽게 묻고 닳기 쉬우므로, 인두로 표면을 지져서 태운 후 볏짚으로 문질러 단단한 나뭇결만 나타내는 낙동烙桐 기법을 사용했다.

오동판재의 모서리 부분이 오랜 세월 동안 닳고 흠이 나 있으나 오히려 시각적으로 모나지 않고 촉감도 부드러우며, 무광택의 검은 색조와 부드러운 질감으로 인해 검소함이 돋보인다. 인위적이지 않고 자연 그대로를 즐기며 지내 온 사랑방 주인의 취향을 깊이 느낄 수 있다.

서랍을 상단에 두 개, 하단에 한 개의 큰 서랍을 배치하여 여러 기물을 보관할 수 있도록 모양보다는 실용성을 추구하였다(21-1).

서랍 복판에 당김쇠장석을 부착하지 않고 구멍을 뚫고 노끈을 꼬아 당김끈으로 대처하였는데 이 또한 검소한 면이 강조되는 오동나무 서안에 제격이다(21-3, 5).

양 옆널에는 여의두문으로 투각하여 풍혈을 구성했는데 한결 경쾌하게 느낀다(21-4).
가로지른 쇠목은 판재로 넓게 하여 서랍을 안정되게 받쳐 주고 있다.

· 천판 : 두께 1.4, 옆널 두께 1.3
· 몸통 : 가로 44.5, 세로 24.2
· 서랍 : 가로 20.3, 세로 7.2
　　　　 가로 41.9, 세로 7.2, 두께 0.9
· 쇠목 : 길이 42.0, 폭 7.2, 두께 1.0

21-1 열린 서랍 모양새

21-2 뒷면

21-3 앞면

21-4 옆면

21-5 천판 상세와 서랍

21-6 서랍 받침목

21-7 옆면 풍혈

21-8 서랍 판재 짜임

서안은 비교적 좁은 사랑방의 중심 공간에 놓이므로 유동성을 고려하여 책을 올려놓을 수 있는 최소한의 크기로서 안정되고 검소한 분위기의 모양새와 목재 선택이 필수적이다.

이 서안은 좌우로 뻗은 천판이 몸체에 비해 길게 뻗어 있고 끝 부분에 곡면과 단을 주어 한결 경쾌하게 느낀다(22-1, 6). 또한 상부 서랍을 빼내면 안으로 깊고 넓은 공간이 있어 중요 기물을 깊고 안전하게 보관할 수 있다(22-7, 8).

앞면에서 보이는 양 옆널과 가로지른 쇠목에 음각선을 주어 더욱 짜임새 있게 하였으며(22-6), 양 옆널 하단에 여의두형 풍혈을 뚫어 한층 경쾌하다(22-2).

서랍 복판에 부착된 무쇠로 된 일자형낙목은 서랍을 당기는 역할보다는 자물쇠를 걸어 두기 위한 역할이 더 강하며, 이로 인해 서안이 더욱 힘있게 보인다(22-4). 고식古式이다.

전체가 단단한 가래나무 판재로 제작되었다.

· 천판 : 두께 1.5, 옆널 두께 1.4
· 몸통 : 가로 43.8, 세로 26.2
· 서랍 복판 : 가로 40.7, 세로 7.0
· 쇠목 : 1.3×1.5, 길이 40.8
· 낙목 : 폭 1.9, 길이 5.2
· 국화 바탕 지름 2.5

22-1 앞면

22-2 옆면

22-3 뒷면

22-4 낙목

22-5 천판

22-6 천판 상세와 음각선

22-7 서랍

22-8 서랍 빼낸 공간

이 ㅁ자형 서안은 글을 읽고 쓰는 용도와 가까이 놓고 자주 읽는 몇 권의 서책을 적당히 쌓아놓는 역할을 겸한 독특한 구조다. 간혹 한 쪽에 서책과 함께 연적이나 묵호 또는 타구를 올려 놓기도 한다.
마주 앉은 자리에서 서책이나 문방제구들이 보이므로 간결하고 격이 있도록 배치해 둔다.

천판과 양 옆널의 오동나무 판재 표면에 일정한 넓이의 대나무 쪽을 연속적으로 붙였으며 곡면 모서리 부분에는 약간 넓은 대나무 쪽을 붙였다(23-3, 4, 5).
천판, 양 옆널, 밑널의 가느다란 테두리에는 선을 따라 대나무 쪽을 오려 붙였다(23-4, 5).

오동나무로 짜인 천판과 옆널, 아래 널이 서로 만나는 내부 모서리에는 오동나무 각재角材를 안쪽으로 둥글게 깎아 붙이고 대나무못으로 고정시켰는데 이 곡면 진 내부가 한결 부드럽게 보이면서도 두 판재를 견고하게 받쳐주는 역할을 한다(23 –6).

오동나무 판재 표면을 인두로 지져서 태운 후 볏짚으로 문질러 단단한 나뭇결을 나타내는 낙동烙桐 기법을 사용하였는데 자연스러운 무광택 검은 색조가 중후함을 준다.

· 판재 두께 1.8, 아래 널 두께 1.2

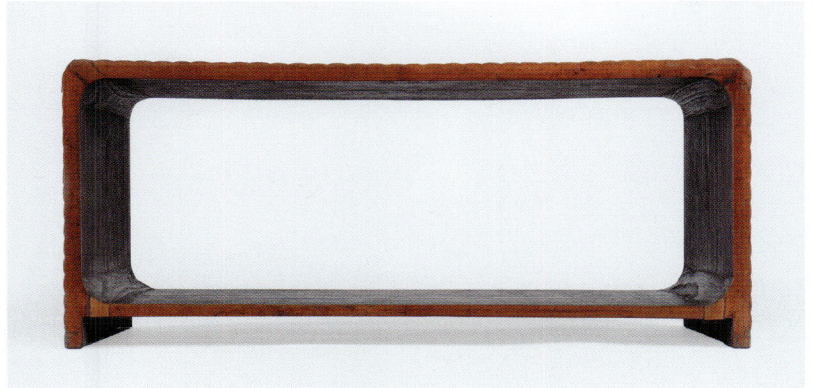

23-1 앞면

23-2 옆면

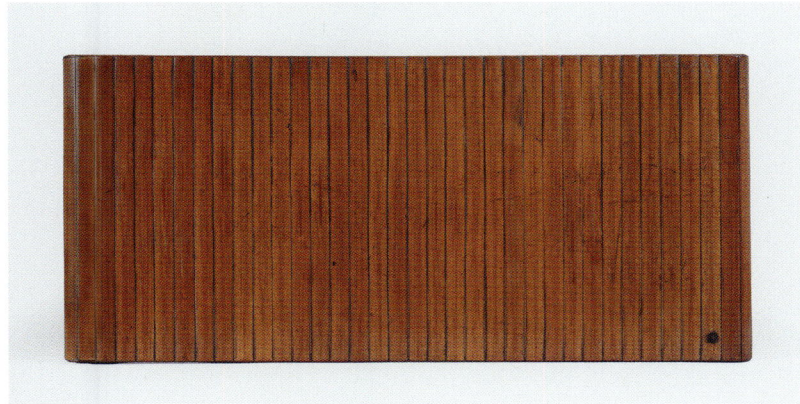

23-3 천판

23-4 모서리 상세

23-5 앞면 상세

23-6 옆널과 밑널 짜임 보강 구조

경상 經床

가로 65.0, 세로 30.0, 높이 38.0㎝
18세기, 개인 소장

경상은 서안의 일종으로 사찰에서 종교적인 엄숙한 분위기에서 사용되었으며, 천판의 두루마리귀는 두루마리 형식인 권책券冊, 또는 접어놓는 형식인 접책摺冊으로 엮은 화엄경華嚴經이나 법화경法華經 등을 펼쳐볼 때 양 끝으로 떨어지는 것을 막아주는 역할이다.

이런 경상의 의미와 형태를 정신적이고 내면의 세계를 추구하던 조선 시대 사랑방에서 받아들인 것으로 생각된다.

이 경상은 긴 구족형 다리와 서랍 하단의 가느다란 풍혈로 인해 힘차면서도 경쾌하게 느낀다. 경기 지방에서 제작된 것으로 추정된다.

한 개의 긴 서랍 앞바탕에 비례감각을 살려 동자로써 분할한 후, 불구와 사랑방의 책장 등에 즐겨 사용된 여의두문如意頭紋을 반양각하고, 긴 서랍 중심에 최소한의 원형 고리를 달아 단아

함을 강조하고 있다(24-1).

또한 뒷면을 앞면과 동일한 구조로 제작하여 마주 앉은 사람에게도 분할된 비례와 조각 등에서 균형 잡힌 아름다움을 보여주려는 의도가 엿보인다(24-2).

구족형 경상은 그 숫자가 많지 않으며 앞뒷면 다리 사이에 족대가 없는 것이 대부분인데 이것은 일반 경상과 같이 족대가 부착된 것이 특이하다(24-7).

천판과 골재는 가래나무이며, 서랍 복판과 뒷판은 은행나무다.

· 천판 : 귀 높이 2.6, 길이 30.0, 판재 두께 1.6
· 서랍 : 가로 50.2, 세로 10.2, 깊이 25.5
· 족통 : 가로 56.2, 세로 28.8, 높이 23.2
· 구족 : 30.9×30.9   · 동자 : 1.2×0.5 길이 10.3
· 족대 : 2.8×1.3 길이 28.5

24-1 앞면

24-2 뒷면

24-3 천판

24-4 옆면

24-5 서랍 구조

24-6 두루마리귀

24-7 족통

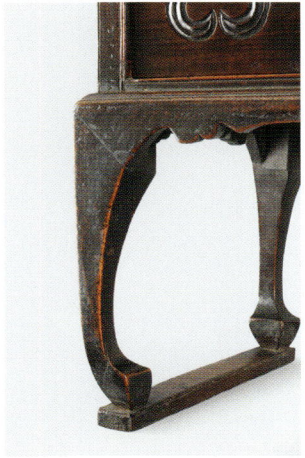

24-8 족통

24-9 족통 내부

서견대는 앉아서 책을 읽기에 편리하도록 받침판을 경사지게 제작한 문방가구로서 서상書床이라고도 부른다.
일반적인 서안의 천판은 수평으로 만들어 책을 읽거나 글을 쓰는 다목적 용도이며, 간혹 읽기 편리하도록 천판이 조금 경사지게 제작된 것도 있다.

이 서견대는 순수하게 책을 읽는 데에만 사용하도록 천판이 급경사로 제작되었다.
천판이 경사지도록 네 가닥 선 중에 두 가닥을 짧게 하여 천판에 고정시켰다(25-3).
안정된 하단의 받침대와 기둥은 일주반一株盤에서 보이는 네 가닥의 구름넝쿨문형 다리 위에 네 선을 꼬아 올리는 형식을 갖고 있다(25-2, 3, 5).
구름은 성스러움과 동시에 희망과 미래를 상징하여 독서의 의미를 깊게 한다.

경사진 얇고 넓은 판재에 책을 받치기 위해 턱을 만들고, 45도 가량의 경사를 주어 앉아서 책을 읽는 데 편리하도록 인체공학적인 설계로 만들어졌는데 오늘날 악보譜樂를 얹어두는 받침대와 동일한 형태이다(25-3, 6).
전체가 결이 곱고 부드러운 은행나무로 제작되었고 옻칠을 두껍게 입혔다.

· 책 받침대 판재 두께 0.9
· 책 걸침턱 : 0.9×0.6
· 기둥 : 가로 3,4, 세로 3.4
　　　　길이, 긴 것 15.5, 짧은 것 13.8
· 다리 : 길이 29.2, 두께 2.1, 길이 24.3

25-1 앞면

25-2 뒷면

25-3 옆면

25-4 기둥과 천판 촉짜임

25-5 구름넝쿨문형 다리

25-6 서책 받침턱 상세

서찰통은 서로 주고받는 서신을 안전하고 편리하게 운반하기 위한 것이며 또 받은 다음 통을 벽면에 걸어두고 장식용으로 보며 즐기다가 다시 사용하기도 한다.

대나무의 둥글고 매끄러우며 단단한 특성을 활용한 매우 간결한 서찰통이다.

굵은 죽통竹筒의 두 마디를 활용하여 잘라내고, 그 중심에 모서리를 굴린 네모난 면으로 오려내어 문판으로 활용했는데 뚫린 몸체는 자연스레 서찰통이 되었다(26-3).

잘라낸 문판에 경첩과 잠금장치를 달았으며, 양 끝 마디에 환고리를 부착하여 멜빵끈을 걸었다(26-1, 2, 4).

여닫이문이 좁아 서찰의 수납이 어려우나 부드러운 종이의 성질을 활용하면 되고, 또 쉽게 꺼낼 수 없으므로 더욱 안전하게 운반할 수 있다.

조각 없이 제작되어서 굵고 자연스러운 대나무가 돋보이며, 강직한 선비의 취향이 잘 드러나 있다.

· 문판 : 가로 8.6, 세로 6.2
· 낙목 : 폭 1.7, 길이 3.6
· 국화형받침 지름 2.4
· 경첩 : 가로 1.9, 세로 4.6
· 멜빵끈 고리 : 국화형 받침 2.2, 환고리 1.4

26-1 여닫이문과 잠금고리

26-2 경첩

26-3 여닫이문과 구조

26-4 멜방끈 고리

일반적으로 대나무 위의 조각은 무늬를 정교하게 음각한 후 바닥면을 일정하게 파내고 검은 칠을 하는 박지剝地 기법을 사용하고 상세 부분은 세선으로 상세하게 음각한다.

이 서찰통은 음각 대신 뜨겁고 끝이 뾰족한 인두로 지져서 문양을 그리는 낙죽烙竹 기법을 사용하였는데 한결 부드럽게 느낀다(27-5).

새긴 무늬들은 상부에는 해와 운문, 소나무를 중심으로 날고 있는 학 한 쌍이 천도를 입에 물고 있다.
중간 부위에는 괴석을 중심으로 불로초, 사슴 한 쌍, 대나무, 칠보문이 보인다.
하단에는 거북 한 쌍이 파도문과 함께 연결된 문양으로 시문되어 있다(27-1).

이런 문양들은 장수長壽와 부부애夫婦愛 등 가정의 안녕을 기원하고 있다.

뚜껑 밑면에는 턱을 두어 통의 입구에 끼웠을 때 잘 빠지지 않게 하고, 상단의 뚜껑과 하단의 밑 판재에는 끈을 묶는 환고리를 달아 통을 어깨에 메고 운반하거나 벽에 걸어두고 보관할 때 사용하도록 했다(27-2, 3, 4).

잠금장치인 낙목은 일자형으로 끝부분을 둥글게 말았고 경첩은 비교적 큰 것을 부착하여 견고히 했다(27-6, 7).

· 몸통 : 길이 38.9   · 뚜껑 : 높이 2.3, 두께 2.9 (내부 포함)
· 밑판 : 두께 1.3   · 경첩 : 가로 2.1, 세로 5.1
· 낙목 : 가로 1.3, 길이 5.5

27-1 구름, 학, 복숭아, 소나무, 사슴, 대나무, 칠보, 거북, 물결 연속문

27-2 뚜껑 구조 27-3 뚜껑과 환고리 27-4 밑면과 환고리

27-5 낙죽 기법 27-6 잠금고리 27-7 경첩

월력은 크고 작은 집안 행사와 기일忌日들을 기억하기 위한 용도로서, 한지를 여러 겹 발라 만든 두꺼운 장지壯紙 위에 월·일과 그 내용을 적기 위한 아래 공간으로 구분되어 있다.

6장 앞뒷면에 총 12달을 구성했는데 초일일~삼십일까지 2단으로 나뉘어져 있다.
매년 변동이 없는 생일이나 제삿날은 바닥 면에 단단히 붙여 놓고, 변동성이 있는 내용은 연푸른색, 갈색, 붉은 색지 위에 내용을 써서 아래위 끝부분만 살짝 풀칠하여 쉽게 떼어낼 수 있도록 만든 만년력萬年曆이다(28-3).
월력의 장지 교체는 상부 미닫이 판을 위로 당겨 연 후 6장 중 해당 월 장지를 앞쪽으로 바꾸면 된다(28-1).

일정한 간격과 직선으로 먹선을 긋기 위해 사전에 같은 간격으로 점을 찍은 흔적이 보인다.
벽면에 매달기 위한 끈을 거는 고리는 망건통이나 유서통에서 자주

보이는 붙박이 고리 형식으로 바닥면을 파내고 끼워 넣었다(28-2). 행자목으로 정성들여 짜 맞추었는데, 앞면 테두리는 전라도 지방산 목공품의 변자에서 보이는 버선코 모양의 선을 둘렀다. 은행나무에 옻칠을 두껍게 입혔다.

二子生日己亥生辰時 이자생일기해생진시
二孫丙辰生卯時 이손병진생묘시
妻生日辛未生卯時 처생일신미생묘시
子婦生日甲午生日時 자부생일갑오생일시
伯兄嫂氏忌日 백형수씨기일

· 앞면 : 테두리 두께 1.8
· 풍혈 : 가로 10.1, 세로 15.4, 폭 0.6, 두께 0.5
· 뒷판재 : 가로 10.9, 세로 17.0, 두께 0.7
· 윗면 각재 : 가로 12.1, 세로 1.3, 두께 1.1
· 한지 : 가로 9.5, 세로 15.0

28-1
뒷판 빼내기

28-2
월력 빼낸 목재 구조

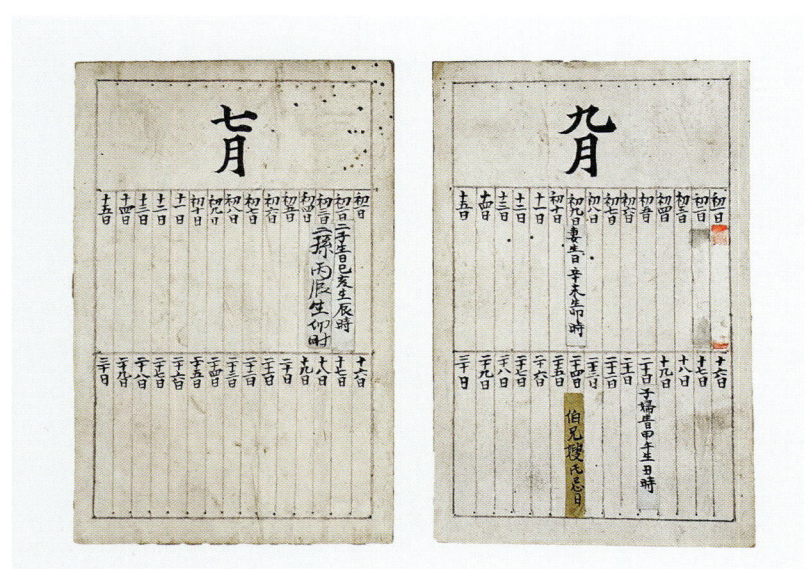

28-3
7, 9월 장지

망건은 상투를 틀어 끌어올린 머리카락이 흐트러지지 않도록 동여매는 말총과 천으로 제작된 띠를 일컫는다.

망건은 잘 때 벗어놓고 아침에 동여매는데 밤 동안 망건통 안에 넣어두며, 망건을 돌돌 말아 넣기 때문에 망건통은 작은 크기로 제작되며, 양 옆면에 매다는 끈을 걸 수 있도록 고리를 달았다.

망건통은 낮은 머릿장이나 문갑에 올려놓거나 가까운 벽면에 걸어놓아 치장하므로 모양새가 돋보이도록 형태와 재질, 조각에 각별한 관심을 기울여 제작했다.

이 망건통은 대나무 표면에 음각선을 일정한 간격으로 수직으로 파내려 가 단순하면서도 강직한 느낌인데 대나무 표면과는 전혀 다른 질감을 표현하고 있다(29-1, 2).

상세히 살펴보면, 상하로 음각선의 끝맺음이 일정하게 유지되기 어려우므로 몸통의 상하 끝부분을 일률적으로 표면보다 낮게 파내고 얇고 가는 대나무 껍질로써 둘레를 감아 붙였다(29-2, 7).

상부의 뚜껑은 은행나무를 약간 배부른 형태로 두껍게 처리하여 외형상 하부와의 비례를 고려하여 안정감을 주고, 안으로 턱을 만들어 구연부에 걸려 고정시키고 있다(29-1, 2).
밑면은 판재로 막았다(29-8).

· 뚜껑 높이 1.9, 총 두께 2.6 · 몸통 길이 14.0
· 밑널 두께 0.7 · 하부 높이 14.0
· 낙목 : 폭 1.2, 길이 4.2+1.0
· 국화장석 1.8, 환고리 지름 1.4

29-1 앞면

29-2 뚜껑 구조

29-3 잠금고리

29-4 경첩

29-5 끈 고리

29-6 뚜껑과 장석

29-7 구연부 대나무 감기

29-8 밑면

목침은 오수午睡를 즐기거나 잠시 누울 때 베개 대신 사용하는 것으로, 특히 여름철에 시원하며 단단한 목질은 후두부에 지압 효과를 주기도 하여 노인들이 즐겨 사용했다.

이 목침은 일반적인 작은 목침과는 달리 높고 긴 독특한 형태를 갖추고 있다.
가볍고 비틀리지 않는 오동나무 판재를 사용하여 목침의 형태를 만든 후 표면에 가느다란 세죽細竹으로 아자亞字와 희자囍字를 시문하고 그 바탕에는 검은색을 칠했다(30-1, 2, 3).
얼핏 보면 자연적인 검은색의 오죽烏竹과 같아 보이나 테두리와 바탕에 검은 칠이 벗겨진 것을 볼 수 있다(30-3).

전체를 가느다란 선線, 면面으로 문양을 빈틈없이 시문하려면 목침의 크기, 면의 넓이, 죽의 굵기 등 치밀한 사전 계획이 요구된다.
주된 무늬의 여백을 검게 처리하여 판독성이 뚜렷하고, 갈색인 대나무와 조화되어 은은하면서 격이 있다(30-3, 8).

앞면과 뒷면 희자문囍字紋을 상세히 들여다보면, 밝은 대나무 면에 가느다란 선으로 추상적인 그림을 그렸는데 이는 밝은색이 눈에 덜 띄도록 시도한 것으로 추측된다(30-8).
옆면 한쪽에는 위로 여는 미닫이 덮개를 설치하고 내부에 긴 서랍을 두 개 두었다(30-5~7).

서랍에는 남성들의 세간인 동곳, 살쩍밀이, 면빗, 손가위 등과 개인 물품을 넣어 보관한다(30-5, 7).
서랍 앞면에는 서랍을 당기기 위한 천도형달개지장석이 달려 있다(30-7).

· 판재 두께 1.3
· 미닫이문 : 가로 10.8, 세로 12.3, 두께 1.0
· 대나무 세선 굵기 0.5~0.6
· 모서리 테두리 넓이 0.9

30-1 천판

30-2 옆면. 미닫이문

30-3 앞면

30-4 옆면

30-5 옆면

30-6 미닫이 덮개

30-7 덮개와 서랍

30-8 세선 얼룩문

목침은 실내 분위기에 어울리도록 작고 맵시 있게 만들었는데 주인의 취향에 따라 다양한 형태가 보인다.

이 목침은 자연적인 먹이 들어가 있는 먹감나무 판재로 중심부의 4면을 45°로 연귀짜임 하여 마치 한 토막의 목재처럼 단순하게 처리했다(31-1).
또한 양 끝부분에 얇게 밝은 색과 검은색의 2단 띠를 두르고 약간 두툼한 판을 덧대어 붙였다(31-4).

양 옆면의 한쪽은 모서리를 살짝 굴린 판재로 막고 다른 쪽은 같은 형태의 판재를 약간 밀어 떼어내는 일종의 미닫이판으로 막았다(31-5, 6).

이 미닫이판 뒷면에 소나무 판재를 붙이고 그 중심에 각목으로 밖으로 살짝 뻗어 나오는 빗장을 질렀으며, 서랍 상하에 위치한 판재에 홈을 파서 빗장이 걸리도록 했다(31-6). 내부 서랍에는 남성들의 세간 즉 동곳, 살쩍밀이, 면빗, 손가위 등이나 은밀히 보관해야 하는 작은 기물들을 넣도록 했다(31-6).

· 판재 두께 0.8
· 미닫이 판 : 가로 6.5, 세로 10.6, 두께 11.5
· 뒷판 : 가로 5.2, 세로 7.2, 두께 0.9
· 빗장 각목 : 가로 0.3, 세로 0.6, 길이 5.8

31-1 모양새

31-2 앞면

31-3 옆면

31-4 윗면

31-5 덮개 모서리

31-6 목침 구조

목침 안에 거울이 들어 있는 좌경목침이다.
선비들은 거울을 자주 보는 것이 바람직하지 못하다 하여
작고 납작한 좌경이나 접는 거울 또는 목침 거울을 사용했다.
목침 안에는 상투를 틀 때 사용되는 동곳, 면빗, 살쩍밀이,
손가위 등의 소도구를 넣어 두는데 거울을 함께 사용할 수
있어 한결 편리하다.

이 좌경목침은 천판의 미닫이 판을 당겨서 여닫는 비녀갑과
유사한 형태로, 뚜껑 판을 앞으로 살짝 당겨 뒤로 제치면
경사진 거울을 사용할 수 있다(32-1).

뚜껑 끝부분의 45도 각진 밑부분에 위치한 짧은 촉이 앞면
양측 위쪽에 있는 홈에 끼워져 뚜껑을 잠그는 역할을 한다
(32-5, 6).

거울을 고정시키려고 둘레에 가느다란 변죽을 대었으며(32-
6), 내부 양 옆면에 가느다란 각목이 붙어 있는데 이는 얇은 판
재를 얹어두는 받침대인데 현재는 유실되었다(32-1).

뚜껑 판재에는 무늿결이 없고 밝고 단단한 회양목으로 구름,
학, 소나무, 사슴, 매화, 불로초 등 장생과 길상을 뜻하는 문양
들을 화면에 들어차게 배치하였고, 가느다란 음각선으로 상세
하게 조각하여 기물들이 살아 있는 듯 생생해 보인다.

· 덮개 : 가로 15.5, 세로 21.8, 두께 2.2
· 4면 판재 : 두께 1.2
· 거울 : 가로 12.7, 세로 17.5

32-1 좌경목침 구조

32-2 천판

32-3 앞면

32-4 옆면

32-5 잠금장치 축 구조

32-6 잠금장치 축 구조

부드러운 오동나무 판재로 짜 맞춘 목침은 다른 목재보다는 덜 딱딱하게 느낀다.

천판 한쪽에 위치한 미닫이 덮개를 당겨 떼어내면 상판을 위로 들어낼 수 있으며, 그 뒤쪽에 거울이 달려 있다(33-3, 6, 7). 이를 접어놓으면 전형적인 접이식 좌경이 되는데 이와 같은 소형 거울은 남성들이 상투를 틀고 머리를 단장할 때 사용한다(33-4, 5).

목침 외부 오동판재는 인두로 표면을 지져서 태운 후 볏짚으로 문질러 단단한 나뭇결만 나타내는 낙동烙桐 기법을 사용하여 짙은 흑갈색을 띠고 있다.
내부의 좌경과 막이판, 내부 공간 등 모두가 칠을 하지 않은 원래의 목재 색을 보인다(33-3, 4, 5, 6).

미닫이 덮개 3면에 턱을 주고 목침 내부 상부에 홈을 파서 덮개를 밀고 당길 수 있도록 했다(33-2).

좌경을 들어내면 구멍 뚫린 얇은 오동판재가 있는데 네 모서리에 좁은 삼각의 기둥을 설치하여 받쳐주고 있다(33-3). 이 공간은 남성들의 머리 단장을 위한 동곳, 면빗, 살쩍밀이, 손가위 등의 소도구를 넣어둔다. 골재는 참죽나무다.

· 4면 판재 : 두께 1.3
· 미닫이 덮개 : 가로 5.2, 7.0, 세로 12.3, 두께 0.8
· 좌경 : 가로 10.6, 세로 15.3, 두께 1.0, 테두리 각목 1.3×1.0
· 좌경 덮개 : 가로 0.8, 세로 13.0, 두께 0.5
· 거울 : 가로 10.2, 세로 15.3
· 뒷면 오동판재 : 가로 10.6, 세로 11.5, 두께 0.9
· 내부 오동판재 : 가로 10.8, 세로 15.9, 두께 0.6

33-1 좌경목침

33-2 미닫이 덮개

33-3 내부 막이판

33-4 좌경

33-5 좌경 옆면

33-6 앞면. 좌경 펼친 구조

33-7 뒷면. 좌경 펼친 구조

몸을 비스듬히 편안하게 기대어 앉을 때 팔과 상체를 받치는
받침대로 궤几, 상床, 의침依枕이라 부르기도 한다.

상하의 넓은 판재는 안으로 약간 들어간 곡면으로 구성했는데
이는 기대어 앉을 때 허리 부분을 가까이 받쳐 편하도록 인체
공학적인 면을 고려하였다(34-1).

상체의 무게를 받쳐주기 위해서는 가로와 세로의 판재들이
서로 견고하게 짜여야 한다. 이를 위해 해주소반과 같이
양 다리를 판각으로 받쳐주었고, 중심에 4가닥 선을 꼰은
듯한 투각 기둥은 장식적이면서도 힘을 보강해 주는 역할을
한다(34-2, 4).

장수長壽를 기원하는 소나무와 사슴, 불로초를 양 옆면에
정교하게 투각했으며(34-2), 또한 적절히 배치하여 힘을
분산시키고 경쾌해 보이도록 했다(34-3).

은행나무 판재는 결이 곱고 무르며 탄력이 있어 조각재로 사용
되는데 이것도 행자목으로 제작되었다.
표면에는 옻칠을 두껍게 입혔다.

·상하 판재 : 두께 1.4
·조각 판재 : 가로 11.4, 세로 23.1, 두께 1.1
·가운데 기둥 : 5.0×4.5, 높이 32.3

34-1 윗면. 천판

34-2 앞면

34-3 옆면. 투각한 무늬판

34-4 네 가닥 꼰 기둥

담배는 광해군 3년(1611년) 일본을 통해 들어와 상류층에서만 피우던 것이 인조 때에는 널리 퍼져 상하 귀천이 없이 누구나 피우게 되었다.

예전에는 담뱃잎을 썰어서 긴 담뱃대에 담아 피웠으며, 실내에서는 연초갑이나 연초합에 넣어 두었고 외출 시에는 담배쌈지를 갖고 다녔다.

연초갑은 목재로 만든 것, 목재에 정교한 조각을 한 것, 목재 위에 회양목으로 무늬를 오려 붙인 것, 자개를 시문한 것, 석재石材, 주석朱錫, 백동白銅, 무쇠에 은상감銀象嵌한 것 등 다양한 재료로써 제작되었는데 주인의 취향에 따라 선택되었다.

이 연초합은 상단의 미닫이 판을 앞으로 당긴 후 연초를 꺼낼 수 있도록 미닫이 덮개 3면에 턱을 주고, 내부 상부에 홈을 파서 덮개를 밀고 당길 수 있도록 했다(35-1, 5).

미닫이판이 빠져나오는 것을 막기 위해 앞쪽의 반구형잠금 장석을 위로 밀면 중앙으로 촉이 올라와 위 판재에서 잠기도록 했다(35-6).

앞면의 초엽형앞바탕과 커다란 U자형 당김쇠, 앞면과 뒷면의 귀싸개장석 등이 과장되어 보이기도 하나 한편으로는 장식적이면서 묵직한 신뢰감을 주기도 한다(35-3, 4).

· 4면 두께 0.5
· 미닫이판 : 가로 7.3, 세로 8.7, 두께 0.5
　　　　　　　앞면 두께 1.0, 길이 9.5
· 앞바탕장석 : 가로 4.7, 세로 2.0
· 들쇠 : 가로 4.4, 세로 2.3
· 반구형잠금장석 : 지름 1.3, 높이 0.4
· 귀싸개장석 : 넓이 1.0
· 고춧잎거멀잡이장석 : 1.3×1.8

35-1 연초합 구조

35-2 윗면

35-3 옆면

35-4 앞면

35-5 덮개와 내부 구조

35-6 반구형잠금장석

재판은 연초합, 담뱃대, 담뱃대걸이, 재떨이, 침을 뱉는 타구唾
具, 불을 일구는 부시와 부싯돌 등의 흡연 소도구들을 한곳에
모아 정돈하는 낮은 목판으로 주인 좌석 가까이 놓인다.
그 수량에 따라 재판 크기가 달라지므로 주로 너른 사랑방에
서 사용되었다.

연초합은 유제鍮製, 목제, 석제 등 취향에 따라 사용되며
타구는 유제 혹은 도제陶製로서 곁들이기도 한다.
재떨이는 담뱃재를 떨어내거나 피운 후 걸쳐 놓고, 담뱃대
걸이는 담배를 피우는 동안에 잠시 쉴 때 걸쳐 놓는다.
담뱃대는 짧고 긴 것으로 2~3개가량 걸어 두며, 입에 무는
물부리는 백동, 옥 등 재질로 만들어 기호에 따라 선택한다.

이 재판은 은행나무 판재로 4면을 연귀짜임 하고, 위로 향한
각진 면에 반 정도 선을 긋고 안쪽으로 둥글게 굴린 후 낮게

턱을 주어 단순한 각재에 부드러움을 주면서도 격이 있게
처리했다(36-6).

일반적인 재판은 족통이 없이 네 귀에 낮은 받침판을 대어
바닥에서 살짝 떠 있는 것이 대부분이다(36-7).
반면, 이 재판은 전체 높이에 비해 족통이 높고 넓은 편으로
위의 낮고 넓은 판형 물체가 안정되어 보인다(36-4, 5).

· 상단 : 가로 72.0, 세로 40.5, 높이 3.8
· 4면 판재 두께 1.4
· 바닥 판재 두께 1.0
· 족통 : 가로 74.8, 세로 44.5, 높이 4.0

36-1 도양새

36-2 앞면

36-3 옆면

36-4 족통과 풍혈

36-5 족통

36-6 윗판과 받침

36-7 재판 흡연 도구 갖춤 사례

이 바둑판은 넓고 얇아도 터지지 않으며 비교적 탄력이 있는 은행나무 판재 위에 먹줄을 긋고, 테두리(변죽)는 단단한 배나무로 둘렀으며 4면의 옆널은 소나무 판재로 짜 맞추었다. 일반적으로 옆널은 낙동 기법 처리한 넓은 오동 판재로 구성되어 있다.

이 바둑판은 2층으로 단을 나누고 하단을 상단보다 넓고 높게 하여 상체를 떠받치고 있으며, 넓고 큰 풍혈을 뚫어 장과 농의 족통 형식을 취했는데 경쾌해 보이며 윗부분을 안정되게 받치고 있다(37-1, 3).

천판에는 천원天元 1개를 포함한 9개 점과 그 사이의 16개 점이 합하여 모두 25개의 화점花點이 그려져 있다(37-4).

상단 천판 아래의 족통 위치에 강철 줄을 넣고 오동판으로 막은

후 바닥에 손가락 굵기 만한 구멍을 뚫었는데 바둑알을 올려놓을 때 미세한 떨림을 느낄 수 있는 울림통 기능이다(37-2).
하부의 판재와 풍혈로 인해 생긴 네 다리 하단에 삼각형 받침목을 붙여 족대 역할을 하고 있다(37-2).

바둑알통은 크기가 같은 두 개의 흑백알통을 아래위로 겹쳐 놓을 수 있도록 하부 통은 밑판을 몸통보다 약간 넓은 판재를 붙여 안정감을 주었고, 상부 통은 옆면 판재 두께 넓이만큼 밑면을 깎아내어 굽을 만들어 하부에 들어맞도록 했다(37-5, 6).

· 천판 : 41.1×41.1, 두께 0.9
· 4면 판재 : 두께 1.1
· 바둑알통 : 지름 11.8, 높이 7.2, 6.8, 판재 두께 0.8

37-1 바둑판 모양새

37-2 밑부분과 네 귀 받침목

37-3 앞면

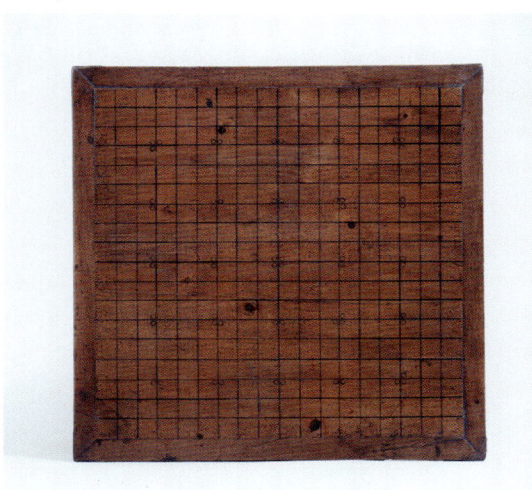

37-4 천판 화점花點

37-5 바둑알통 겹친 모양새

37-6 바둑알통 사용 시

필갑은 작은 붓과 벼루, 먹을 넣어 다니는 휴대용 벼룻집으로
여행하는 선비들에게는 필수적인 문방용품이다.

뚜껑과 몸체에 경첩을 붙여 뚜껑을 여닫는 것은 함函, 덮어
씌우는 것은 상자箱子, 얇은 판재를 닫아두는 것은 갑匣이라
부른다.
이것은 경첩이 달려 있어 필함, 또는 벼루가 차지하는 비중이
커서 연갑硯匣이라 부를 수도 있으나 얇은 판재로 닫아두며
글자를 쓰는 것이 주된 목적이므로 필갑이라 명칭함이 적당 하다.

이 필갑은 비교적 가벼운 은행나무 판재로서 뚜껑이 편편하고
납작한 형태로 구성되었는데 천판의 네 변이 모가 나지
않도록 경사를 주어 휴대에도 편리하게 제작했다(38-2, 3, 4).

하단은 두꺼운 통판을 네모지게 파내고 벼루를 움직이지

않도록 끼워 넣었고, 그 아래위로 먹을 넣고 옆면을 장방형
으로 길게 파내 가느다란 세필을 넣는 공간을 마련하였다(38-1).
뚜껑을 고정하는 낙목과 경첩은 전형적인 함에 사용되는
구조이며, 각 모서리에 거멀잡이장석이 없어 더 검소하고
단정해 보인다(38-5, 6).

밑면 네 귀에는 원형 받침쇠를 달아 바닥에서 약간 떠 보이고
또 바닥면이 고르지 않은 곳에서도 먹을 갈 때 흔들리지 않도록
했다(38-7).

· 천판 두께 0.8
· 낙목 : 가로 1.9, 세로 3.3
· 경첩 : 가로 1.9, 세로 1.9+2.1
· 밑면 : 반구형 받침 지름 0.8, 높이 0.2

38-1 내부 구조

38-2 앞면과 잠금고리

38-3 뒷면과 경첩

38-4 천판

38-5 낙목잠금고리

38-6 경첩

38-7 밑면 원형 받침

합죽선은 대나무의 얇게 깎은 겉대를 맞붙여서 살을 만들고 그 위에 종이를 발라서 접었다 폈다 하게 된 부채를 말한다. 합죽선은 여름철 더위를 식힐 때 사용하지만 얼굴을 가리기도 했으며 손에서 놓지 않는 선비들의 필수품이었다.

속살과 갓대에는 박쥐, 괴석, 수복문을 새겼는데 뜨겁고 끝이 뾰족한 인두로 지져가며 문양을 그리는 낙죽烙竹 기법을 활용했다.
이때 작은 인두는 문양을 그리기에는 유용하나 빨리 식으므로 같은 농도를 일률적으로 시문하기 위해서 머리가 크고 끝이 뾰족한 인두를 사용했다. 이런 미세하고 발색이 동일하며 반복적인 무늬를 새기려면 숙련된 기술이 필수적이다.

근대에는 낙죽 기술이 쇠퇴하여 무늬를 제대로 표현하기 어렵게 되어 철로 만든 도장을 불에 달구어 낙인烙印을 찍어 이를 대신하고 있다.

합죽선의 좌우 끝 굵은 갓대는 대나무의 마디가 짧은 것을 택하는데, 이것은 마디를 사용하지 않고 편편한 긴 대를 골라 귀갑연속문을 정교하면서 색이 고르게 낙죽했다.

이 대형 합죽선은 속살에는 매듭문을 중심으로 상하에 壽수자를 새겼고 뒷면 가는 살에는 별 모양의 무늬를 시문했다 (39-3, 6).

선두蟬頭에는 소뼈를 곱게 갈아 붙였다(39-2).

39-1 앞면 낙죽

39-2 선두蟬頭의 소뼈 장식

39-3 수자와 매듭, 귀갑문 낙죽

39-4 뒷면

39-5 뒷면 낙죽

39-6 뒷면 세살과 별문 낙죽

선추扇錘는 합죽선 머리蟬頭 부분에 달린 환고리에 매다는 일종의 수식으로 윤도輪圖, 향갑香匣, 침통, 노리개 등이 있으며 방위를 표시하는 윤도가 대부분을 차지하고 있다.

윤도선추는 부채에 매다는 소형으로 기본적인 방향을 가르치는 방위 한 단만 새겨넣는 것이 통례다.
원형, 사각형, 8각형 등 여러 형태가 있으며, 회양목, 대추나무, 배나무 등 단단하고 결이 없어 정교한 조각이 가능한 목재를 사용했다.

상부의 사각형 윤도선추는 방향을 가르치는 나침판이며 양각으로 산수, 당나귀, 소나무, 학 문양을 간결하고 깊게

각을 했으며 여백인 바닥면에는 반원형 조각도로 점을 찍듯이 새겼다(40-3, 4).

하부의 원형 윤도선추는 나침판과 해시계의 기능을 함께 갖고 있으며, 해시계는 수직으로 세운 침을 접었다 펴는 구조다 (40-2).
또 투각으로 사슴, 소나무, 풀과 가옥, 소나무 무늬를 원형 구조에 맞추어 정교하게 조각했다(40-6, 7).

· 위 : 내부 가로 2.7, 세로 2.9, 두께 0.6
· 아래 : 내부 가로 2.3, 세로 2.7, 두께 0.9

40-1 사각형과 원형 선추 내부

40-2 원형 선추 내부. 윤도와 해시계

40-3 소나무, 당나귀문

40-4 산수, 소나무, 학문

40-5 원형 윤도 뒷면

40-6 사슴, 소나무, 초문

40-7 가옥, 폭포, 소나무문

40-8 윤도

양각넝쿨문침통선추 陽刻唐草紋針筒扇錘
양각장생문침통선추 陽刻長生紋針筒扇錘

왼쪽 : 지름 1.6, 길이 9.3cm
오른쪽 : 지름 1.9, 길이 9.7cm
19세기, 개인 소장

침통선추는 의료형 침을 넣는 작고 긴 원통형으로 부채에 매달아 장식하고 또 유사시 침을 꺼내 사용하는 용도이다.

침통을 잡고 상단의 고정 뚜껑을 열면 구획진 작은 구멍 안에 침針이 들어 있는데 거꾸로 들면 빠진다. 얇은 원형 뚜껑에 붙어있는 가늘고 긴 원통을 통의 중심 구멍에 끼워 뚜껑을 고정시킨다(41-2).

침통선추는 원통형, 8각통형 등의 형태가 있고, 회양목, 대추나무, 배나무 등 단단하고 결이 없어 정교한 조각이 가능한 목재를 사용했다.

왼쪽 침통선추의 넝쿨문 즉 여러 가지 덩굴이 꼬이며 뻗어 나가는 모양의 무늬는 가늘고 세밀하게, 잎은 넓고 정교하게 연속문으로 조각했다(41-3).

오른쪽은 해, 구름, 학, 소나무, 사슴 등 장수를 의미하는 십장생문을 연속적으로 조각하고, 문양과 문양의 사이 여백에는 조각칼로 미세한 원형문을 음각하고 일부는 투각했다(41-4).

· 덮개 : 지름 1.9. 두께 0.5, 총 길이 2.1
　　　　축 지름 0.6, 길이 1.7

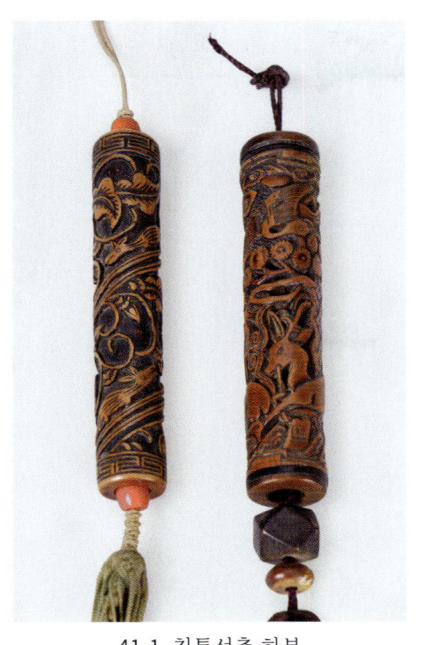

41-1 침통선추 하부

41-2 상부 침 고정 덮개

41-3 왼쪽 침통선추

  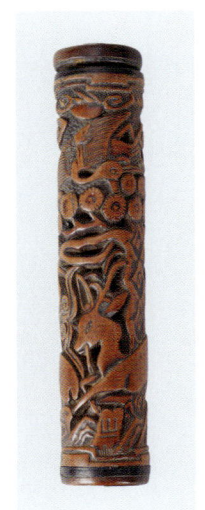  

41-4 오른쪽 침통선추

장도는 칼집이 있는 작은 손칼로 호신용보다는 상시常時 용도로 사용하기 위한 편리한 도구이며 도포끈에 매달거나 봇짐에 넣고 다닌다.
위와 같이 4면이 각져 있거나 하부가 곡면으로 제작된 것이 있다.

장도는 나무, 은, 백동, 옥, 상아, 소뼈 등 매우 다양한 재료를 활용했다. 칼자루, 칼날, 칼집으로 구성되는데, 목제 장도는 칼집과 칼자루는 결이 없고 정교한 조각이 가능한 회양목, 대추나무, 배나무 등으로 제작했다.

장도는 폭이 좁고 긴 길이를 고려하면 그림의 구도가 횡으로 구성되는 것이 상식이지만 수직으로 배치하여 독특한 화면 구도를 형성했다.
칼자루에는 깊은 계곡에 이층누각과 소나무, 물결무늬 그리고 뒷면에는 우거진 수목과 초가, 강과 가옥을 조각했다(42-4).
칼집에는 계곡에 초가, 소나무에 기와집들이 보인다(42-5).
이런 문양들은 옆면과 연결되었으며, 가옥과 나무 주변을

투각하여 입체감을 높였는데 이는 선추에 사용되는 조각 기법과 동일하다.

앞면 한쪽에 젓가락을 고정시켜 여행 시 사용할 수 있게 했다.

· 목재 : 길이 17.2, 가로 1.8, 세로 1.0
· 칼 길이 14.5 (손잡이 11cm 포함)
· 칼집 길이 10.7, 젓가락 길이 13.0

42-1 칼과 칼집

42-2 뒷면

42-3 앞면과 젓가락

42-4 칼집 상세 문양

42-5 칼 손잡이 상세 문양

한국은 물이 좋아 흐르는 물이나 우물, 약수 등 어느 곳에서나 쉽게 먹을 수 있어서 표주박이 널리 애용되었는데, 교통이 발달하지 않은 시절에는 먼 거리 여행에 필수 휴대품으로 허리춤에 차고 다녔다.

표주박의 재료로는 나무, 은銀, 놋쇠, 옥玉, 종이, 소라껍데기까지 매우 다양하게 사용되었는데 목제가 대부분이다.

모양새로는 작은 크기로 가벼워야 하고 신분이나 인품을 드러내야 하며 미려함이 돋보이도록 신중히 제작했다. 복숭아형, 감형, 나무의 혹형, 원형, 팔각형 등 매우 다양한데 그중 대부분이 먹으면 천년을 산다는 천도天桃형이다.

이 대형 천도형 표주박은 물푸레나무의 혹이나 뿌리 부분에서 마치 용이 구름에 싸여 있는 듯한 나뭇결을 활용하여 손바닥 크기로 깎았다.

복숭아를 반 자른 형태의 용기에 구연부는 얇게 깎고 설치하여 점차 내부로 가면서 두툼하게 처리했다. 밑부분에 굽을 설치하여 안정감을 주었다(43-2).

투각된 용의 몸체는 조형성과 함께 끈을 매달기 위한 걸고리의 역할이며, 밑면 굽 안에 용의 몸체가 길게 조각되었는데 이는 매우 드문 사례이다(43-2, 5).

장수와 출세를 상징하는 복숭아형 용기에 용의 턱과 두 발이 입술 부위에 걸쳐 있는 형태로 보아 귀한 물을 먹고자 애쓰는 형상이 연상된다(43-6).

· 복숭아형 잔 길이 18.0, 너비 14.2, 높이 5.0

43-1 윗면

43-2 바닥면

43-3 앞면

43-4 옆면

43-5 옆면과 바닥면 용 꼬리 모양새

43-6 용머리

여행자들이 시냇가의 물이나 우물물을 마시려면 표주박은 필수품이다. 운반에 편리하도록 작고 가볍고 관리에 쉬운 표주박을 애용했다.

이 표주박은 선가仙家에서, 하늘나라에서 난다고 하는 천도天桃형으로 둥글고 복스럽게 생겼다. 여행 시 줄기에 설치한 환고리에 걸고리나 매듭으로 엮은 끈을 매달아 허리춤에 차고 다녔다.

복숭아를 반 자른 형태의 용기에 입술이 닿는 구연부는 얇게 깎고 점차 내부로 가면서 두툼하게 처리하여 깨지지 않고 견고하게 하였다(44-3, 4).

꼭지 부분에서 가지를 형성하고 이에 유연하고 풍성하게 꽃과 줄기를 배치하였으며, 자연스레 큰 잎 위에 앉아 있는 새를 양각하였다(44-1).

이런 문양은 주인의 자연에 대한 향수를 엿볼 수 있다.

일반 표주박에 비해 깊게 제작하여 내부에 물이 많이 담기도록 했다(44-2, 3).

방수와 충격, 미적인 면을 고려하여 옻칠을 두껍게 발라 내부의 목재질을 알 수 없으나 조각이 쉽고 가벼운 목재인 은행나무나 피나무로 추측된다.

· 복숭아형 잔 : 길이 10.2, 너비 9.8㎝
· 환고리 : 지름 1.7

44-1 바닥면

44-2 앞면

44-3 표주박 모양새

44-4 윗면

휴대용 작은 윤도로 안쪽 한 면에는 거울이, 다른 면에는 윤도가 설치되어 여행자에게 용모를 단정히 하고 또 목적지 방향을 제시하는 중요한 필수품이다.

교통이 발달하지 않았을 때는 길을 잃기 쉬워 장거리 여행자에게는 나침판이 그 무엇보다도 중요한 길잡이였다.

대추나무 판재의 몸통을 파내고 거울을 끼워 넣은 후 변죽을 둘러 고정했다. 또 덮개 하부에 판을 회전시키기 위한 금속 못을 박아 옆으로 밀어서 사용한다(45-2).

앞면에 소나무, 사슴, 학, 가옥, 초문을, 뒷면에 사슴, 대나무, 가옥, 초문을 깊게 양각하였는데 자유로운 구도로써 활달하게 표현했다.

이는 선추, 장도에 나타나는 정교한 조각 기법과 같다(45-3, 4). 여러 가지 문양을 새긴 앞뒷면 하단에는 기하문으로 장식했는데 두 판재를 고정하는 장치로 인해 구도가 흐트러지지 않도록 배려한 것으로 보인다(45-3, 4).

일반 선추에 비해 넓게 재단된 판재는 지남침을 중심으로 가장자리에 3단의 원에 24방위로 나뉜 방향판을 새겨 보다 상세히 방위를 잴 수 있게 했다(45-5).

· 윤도 판재 두께 0.9
· 거울 판재 두께 0.6
· 안지름 1.2

45-1 면경윤도 닫힌 모양새

45-2 면경윤도 열린 모양새

45-3 앞면 조각

45-4 뒷면 조각

45-5 윤도

45-6 면경 부분 상세

윤도는 지남성指南性 바늘인 자침磁針을 활용하여 지관地官들이 풍수를 보거나 여행자들이 방향을 찾기 위해 사용하던 일종의 나침판으로 지남반指南盤, 패철佩鐵 등으로 부른다.

풍수설에 따라 집터나 묏자리를 잡는 지관이나 천문학자, 일반인이 유용하게 쓴 생활과학 도구다. 상세한 지도나 안내서가 부족한 예전에는 여행 시 필수적인 장비다.

지름이 5cm 정도의 작은 것에서부터 17cm가량의 대형도 있으며, 크기 또는 전문성이 요구되는 정도에 따라 방향의 단계 층이 많아진다.

이 윤도는 9단의 방위 층을 구성하고 가장자리에 24방위로 분할하였는데 뚜껑이 있는 윤도로는 판이 크넓은 편이며 방위 또한 상세한 분할로 나뉘어 있다.

윤도는 결이 없고 단단하며 변형이 적은 대추나무로 제작된다.

수축팽창을 고려하고 잘 닫히도록 한 토막의 목재를 두 판으로 나누어 제작한다.

지남침은 자기장磁氣場에 의해 움직이는데 그 반경을 고려하여 중심부에 원형으로 깊이 파고 가는 촉을 박았으며 그 위에 바늘을 올려놓았다(46-2).

바닥면에는 바늘이 잘 보이도록 흰 칠을 하고, 지남침 위를 유리로 덮고 주변에 대나무를 가늘고 얇게 다듬어 살짝 턱진 벽에 둘러 붙였다(46-2).

지남침과 방위 표시가 음각된 판과 같은 재질로 뚜껑을 제작했는데, 나침판이 설치된 판의 둘레를 파내어 뚜껑을 끼워 닫는다.

· 하단 두께 0.9, 상단 두께 1.4   · 안 지름 2.2

46-1 몸체와 뚜껑

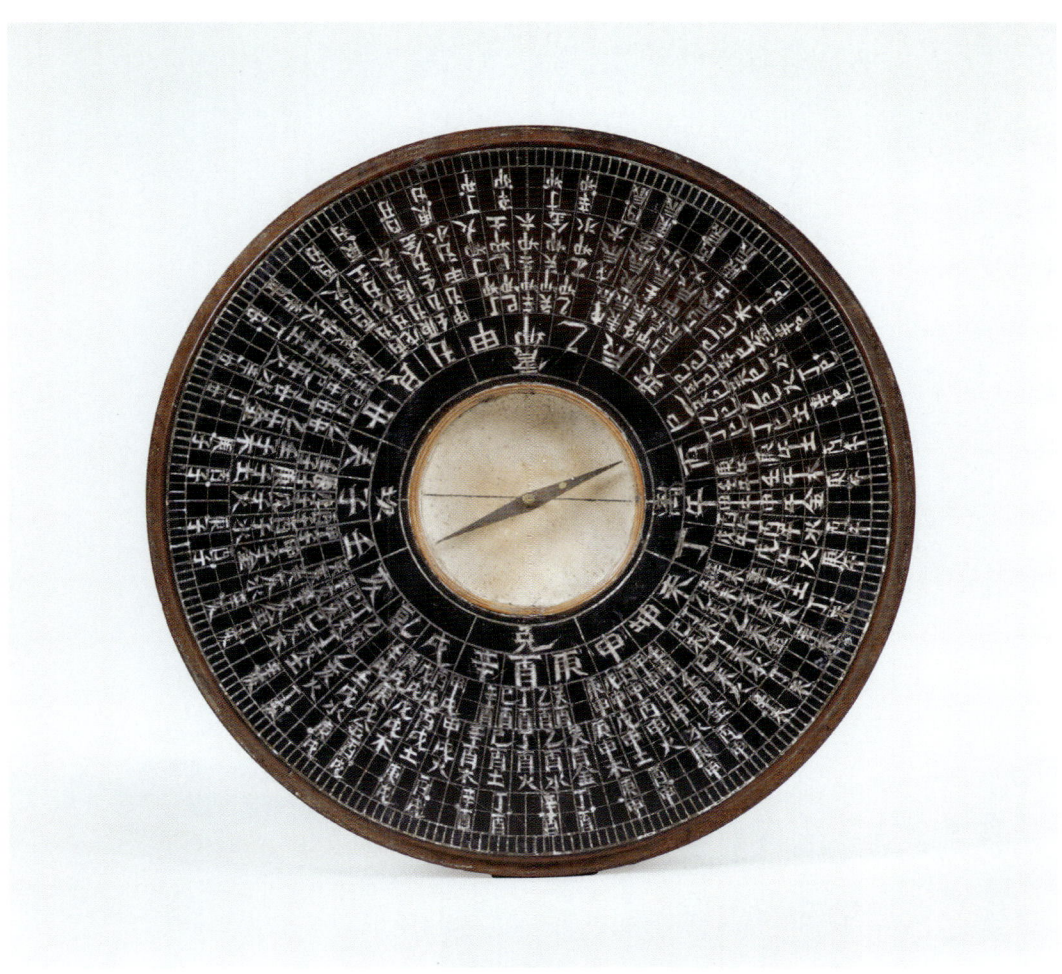

46-2 윤도 윗면

지름이 16.8㎝인 대형으로 뚜껑이 없고, 방위 지침 단계가 11 단으로 상세한 내용을 읽을 수 있는 나침판이다.
이런 형태는 여행객이나 일반인이 사용하는 것이 아니라 풍수설에 따라 집터나 묏자리를 보는 전문적인 지관地官이 사용하는 기능을 갖추고 있다.

좁은 원형 면적 안에 60개의 방향 칸을 11단계로 나누고 눈금을 긋고 글자를 새겨 넣는 정밀한 작업은 수준급 제작 기술이 요구된다.
음각된 선들과 글자에는 백토를 메꾸어 판독력을 높였다.

자기장磁氣場에 의해 움직이는 지남침의 반경을 고려하여 중심부를 원형으로 깊이 파고 자침磁針을 올려놓고 촉을 박았다. 원형 둘레에 유리 두께만큼 턱을 깎아낸 후 얇은 유리를 덮고, 대나무를 가늘게 다듬어 벽에 둘러 붙여 고정했다(47-2).

윤도는 결이 없고 단단하며 변형이 적은 대추나무를 잘 건조 하여 제작한다.

· 안지름 2.3

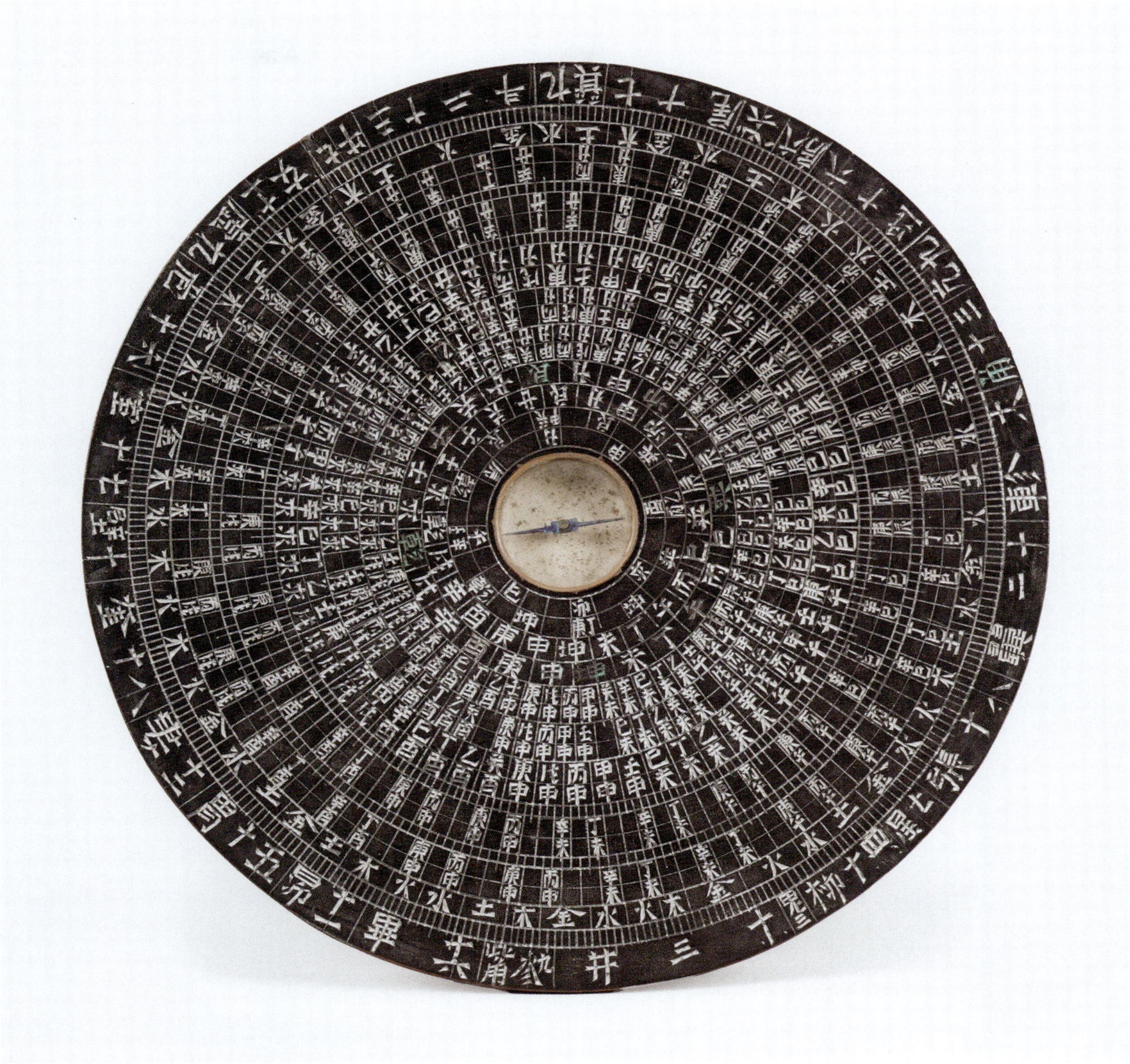

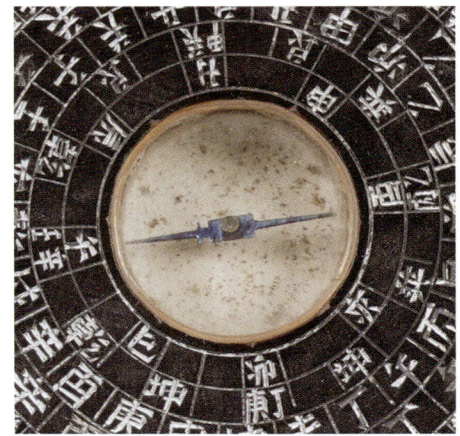

47-1 윤도 윗면

47-2 지남침

활과 화살은 전쟁과 사냥에서 필수적인 무기로 평소 활 솜씨를 수련하는 것은 무인들에게는 필수적이며, 일반인들의 심신을 단련하는 과정에도 중요한 도구였다.

앞쪽의 죽제화살통은 문양 외의 바닥면을 음각선으로 촘촘히 파내어 문양을 돋보이게 하는 죽공예 미장美裝 기법으로 필통과 망건통에도 자주 사용되었다. 조각된 문양은 희망의 상징이며 불의에 굴하지 않는 선비 정신의 표상인 매화와 곧은 절개를 뜻하는 대나무와 죽순을 간결하게 특징만을 살려 조각하고 있다(48-1).

상하에 '수복壽福' 글자와 배면에 '소상절죽瀟湘折竹(중국 호남성 동정호洞庭湖 남쪽에 있는 소수瀟水·상강湘江의 부러진 대나무)'과 '가경이십삼년무인이월작[화압] 嘉慶貳拾三年戊寅二月作 [花押] (1818년 무인년 2월에 만들다.)'이 조각되어 있다(48-1, 2).
대나무 세 마디로 형성된 중심부의 두 마디와 상하 끝부분의 마디를 깎아내고 주석 장석을 박아 끼워 대나무가 건조되면서 갈라지는 것을 방지했다(48-3, 4, 5, 6).

· 마개 : 두께 1.7, 총 두께 3.4. 밑 두께 1.1

뒤쪽의 죽제화살통은 무늬를 조각한 후 바닥면을 약간 파내고 검은 칠을 하여 문양을 돋보이는 박지문 기법을 활용했다.
장수長壽와 용맹함을 나타내는 구름과 학, 구름과 용, 소나무와 호랑이 등을 연속무늬로 새겼는데 가느다란 음각의 세선細線으로 사실적으로 표현했다(48-15).

멜빵용 걸고리를 다는 두 곳의 마디에 다람쥐 형상을 깎아 부착했으며(48-13, 14), 마개에는 악귀를 물리치는 괴수 얼굴을 입체로 조각한 후 주칠했다(48-8).

주석朱錫의 띠를 장식하여 대나무가 갈라지는 것을 방지하고(48-12), 이것과 뚜껑의 띠를 경첩으로 활용했다.
화초넝쿨문이 세밀하게 양각된 여의두형앞바탕에 거북형 잠금장치를 설치하고(48-11, 12), 하단 끝에는 주석의 낮은 원통을 씌우고 반구형 받침 4개를 붙여 밑부분을 견고하게 했다(48-10).

· 마개 : 지름 7.5, 두께 3.0, 총 두께 3.4
· 다람쥐 형상 : 길이 13.9, 높이 1.0, 두께 2.6
· 화살 : 길이 평균 83.3, 지름 0.7. 촉 지름 1.0

48-1 화살통 앞면 문양

48-3 걸고리 고정목

48-2 화살통 명문

48-4 마개 부위　　　　　　48-5 마개 속 부분　　　　　　48-6 밑부분

48-7 화살통과 화살

48-8 마개의 괴수 문양

48-9 마개 속 부분

48-10 밑부분

48-11 잠금장치

48-12 잠금장치 머리 부분

48-13 걸고리. 다람쥐 조각 옆면

48-14 걸고리. 다람쥐 조각 윗면

48-15 화살통 사방 연속 문양

조총鳥銃은 총신에 화약을 쏟아붓고 탄환을 밀어 넣어서 쏘는 긴 총인데, 이때 사용할 화약을 넣은 화약통을 항시 허리춤에 걸치고 다녔다.

화약통은 대부분이 위용과 장수를 뜻하는 거북 형상으로 거북의 머리 부분이 화약통 뚜껑이다. 그곳에 나무, 주석, 소뼈로 된 원통형의 깔때기가 붙어 있는데 이는 화약을 총포에 쏟아붓는 기능을 한다(49-7, 현재는 원통형 깔때기가 유실됨).

이 화약통은 등판 머리 쪽 '壽수'자를 중심으로 양측에 박쥐문을 양각하고 귀갑문 내부에는 가득 차게 화문花紋을, 주변에는 기하문을 양각했다(49-2).
옆면에 네 발과 꼬리를 표현하고 그 사이에는 빗살문으로 단장했다(49-3, 5).
바닥면에는 몸체 테두리보다 10㎜ 정도 안쪽으로 속을 파내 화약을 채우는 공간을 형성하고 얇은 판으로 막은 후 거북의 배 형상으로 다듬었다(49-6).

콧등과 등판에 고리를 달아 끈으로 연결하였는데 머리가 분리되어 유실되는 것을 막는다(49-7). 몸체의 양옆에는 작은 환고리를 달아 멜빵을 끼웠다.

· 머리 길이 3.7, 너비 6.3
· 몸통 길이 18.1, 너비 14.3

49-1 몸체와 거북머리 마개

49-2 윗면

49-3 옆면

49-4 앞면

49-5 뒷면

49-6 밑면

49-7 거북머리 마개와 몸체 입구

나.
규방
閨房

죽제박지장생문필통
竹製剝地長生紋筆筒

윗지름 8.3, 밑지름 17.8, 높이 17.3㎝
19세기, 개인 소장

이 죽제필통은 세 개의 통대로 구성된 3형제 필통으로 무늬 외의 바닥은 얇게 긁어내고 검붉은 칠을 하여 무늬가 돋보이도록 했는데, 이는 분청사기의 박지문剝地紋 기법과 동일하다.

장수長壽와 번영을 상징하는 소나무, 불로초, 학, 사슴, 모란 등이 사실적으로 묘사되어 있다.
대나무 표면이 단단하고 얇은 표피로 인해 정교한 조각과 사실적인 묘사가 가능하다.

이 필통은 장생문의 선이 부드럽고 둥글며 상징적으로 묘사되었고, 모란꽃을 여러 곳에 배치한 것으로 보아 여성용 필통으로 보인다(50-1, 6).
또한 이와 유사한 필통들은 문양을 제외한 바닥 면에 검은 칠을 하여 주된 문양들을 돋보이게 하는데 이것은 검붉은색을 칠해 밝고 보다 부드러운 분위기를 자아낸다(50-1~7).
또한 구연부인 대나무 입술에는 붉은 칠을 하여 전체가

화사해 보인다(50-8).

· 밑면 제외한 대통 높이 : 16.6, 12.4, 8.4
· 대통 두께 : 0.7 · 밑면 두께 0.7

50-1 사슴, 소나무, 모란문

50-2 사슴 한 쌍과 소나무문

50-3 옆면

50-4 모란문

50-5 소나무, 대나무문

50-6 학, 불로초, 모란문

50-7 소나무, 불로초문

50-8 윗면과 내부

50-9 바닥면

빗은 여인의 단정한 용모를 위한 필수적인 화장용품으로 누구나 한두 개씩은 갖고 있었다.

모양과 쓰임에 따라 빗살이 성근 얼레빗, 관자놀이와 귀 사이에 난 머리카락을 빗어 넘기는 작은 면빗, 가늘고 촘촘한 참빗 등이 있다.

일반적으로 빗살이 촘촘한 소형 빗은 잔머리와 흐트러진 머리카락을 가다듬어 넘기는 용도다.

재료는 단단하고 나뭇결이 없는 배나무, 밀감나무, 회양목, 박달나무, 대나무, 쇠뿔 등으로 다양하다.

· 화각초화문참빗 華刻草花紋眞梳

대나무를 가늘게 쪼개 살을 만들고 앞뒤의 중앙에 대쪽을 덧대어 둥글게 다듬은 다음 꽃그림의 화각판을 휘어 붙였다 (51-1, 2).

양 끝부분 흰색의 빗살 마감 부위는 소뼈를 갈아 붙여 제작했다 (51-3).

여성들의 순정적이고 고운 심성에 알맞은 화각참빗이다.

· 반월형 얼레빗 月梳

머릿결을 고르기 위해 빗질하는 발이 굵고 성근 형태이며 반달형으로 만든 것을 월소月梳라 하며 일반적으로 널리 사용되었다(51-4).

· 사각형 참빗 眞梳

얼레빗으로 머리를 빗어 내린 후 참빗질을 하면 더욱 단정하고 고운 머릿결로 단장된다. 빗살 양 끝부분에는 소뼈를 넓게 대어 깨끗하고 단정해 보이도록 했다(51-5).

상하 중심부에 가로지른 막대는 전체를 견고하게 받쳐주고 머리를 빗을 때에 네 손가락 끝의 힘을 모아 쉽게 당길 수가 있다(51-6).

51-1 화각화문참빗. 앞면

51-2 화각화문참빗. 뒷면

51-3 화각화문참빗. 옆면

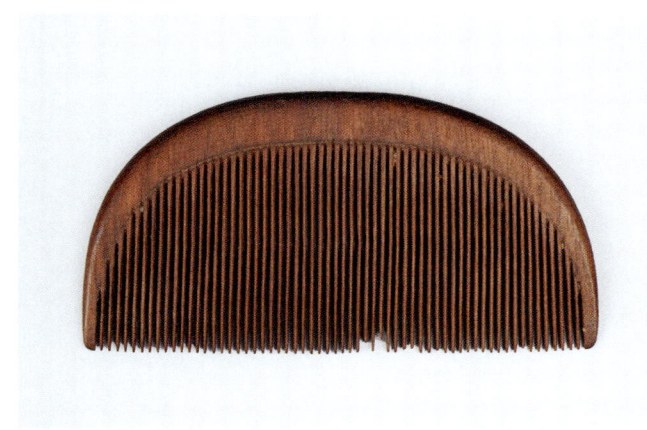

51-4 반월형 얼레빗

51-5 사각형 참빗. 앞면

51-6 사각형 참빗. 옆면

서랍이 없이 거울로 형성된 접이식 좌경은 간단히 머리를 단장하거나, 밝은 대청으로 장소를 옮겨 사용할 때 쓰인다. 참죽나무로 짠 골재 테두리인 변죽 윗부분에 둥글게 패인 선을 음각하여 거울의 둘레를 장식했는데 보다 짜임새 있어 보인다(52-6).

은행나무 판재 뚜껑과 바닥 부분에 매화와 새, 대나무와 괴석을 반양각 하여 여성 취향을 잘 나타내었으며 닫았을 때의 장식 효과도 감안했다(52-6, 7).

거울면의 경사는 45도 정도 되며 앉은키에 따라 사용자와의 거리를 조정하여 사용한다.

한때 이런 서랍이 없는 경대는 남성들이 사용하는 말경대라 하였으나, 조선 후기 회화에서 여성들이 이와 같은 거울을 밝은 마루로 옮겨와 머리를 단장하는 모습을 볼 수 있다.

· 뚜껑 : 가로 12.7, 세로 21.8, 두께 0.7
· 거울 : 가로 11.3, 세로 16.0
· 거울 변죽 : 1.4×2.6

52-1 사용 시 옆면

52-2 좌경 앞면

52-3 좌경 뒷면

52-4 펼친 앞면

52-5 펼친 뒷면

52-6 앞면

52-7 뒷면

좌경은 여성들이 화장을 하거나 머리를 빗기 위해 사용하는데 앉은 자세에 적당한 거울 높이와 화장품을 보관하는 등의 여러 기능이 고려된 편리한 구조를 갖고 있다(53-1, 2).
또한 사용하지 않을 때는 단정하게 접어놓을 수 있도록 접이식으로 제작되었다.

이 좌경은 독특한 목공 기법을 활용한 것으로, 무늿결이 없고 밝으며 단단한 회양목의 얇은 판재를 무늬대로 오려낸 다음 바탕인 은행나무 판재 위에 붙이고 옻칠을 덧입힌 회양목 붙임 기법을 사용하였다.
주로 망건통, 연초합, 좌경에 나타나는 기법이며 전남 나주 지역을 중심으로 생산되었다.

앞면에는 모란, 국화넝쿨문과 나비문을, 양 옆면에는 소나무, 사슴, 불로초와 구름, 학 등 장생문을, 뒷면에는 모란문을 시문했다.
각 문양에는 가느다란 실선으로 음각하여 사물들에 대한

생생함이 표현되었고, 검붉은 바탕색 표면에 연갈색의 문양들이 돋보인다(53-3, 4, 5, 6).

거울 주변 모서리의 버선코와 외반된 족통 그리고 당김쇠와 박쥐형바탕, 경첩 등 전형적인 전라도 지방 양식이다 (53-3, 7, 8).

· 천판 : 19.7×26.4(11.7+14.7), 두께 1.1
· 거울 열린 총 높이 : 28.7
· 4면 판재 두께 : 0.9
· 거울면 넓이 : 가로 15.3, 세로 20.7
· 거울 : 11.3×16.5, 변죽 두께 : 1.4×2.4
· 서랍 : 가로 19.5, 높이 6.8
· 족통 : 가로 21.8, 세로 28.7, 높이 3.2
· 잠금앞바탕장석 : 가로 7.5, 세로 5.7+4.3
· 나비형경첩 : 가로 5.6, 세로 4.5
· 뒷면 약과형경첩 : 가로 3.6, 세로 8.0+2.8

53-1 열린 모양새

53-2 좌경 구조

53-3 앞면

53-4 옆면

53-5 뒷면

53-6 옆면

53-7 거울과 테두리 변죽

53-8 윗면

빗접은 머리빗과 화장용품을 넣어두는 여성용 가구로 거울이 없이 좌경과 함께 사용한다.

소도구들을 구분해서 넣어두려면 많은 서랍이 필요하고 이를 당겨서 여는 고리도 부착한다(54-9).

상부의 목판은 머리를 빗을 때 빠지는 머리카락들을 모으고 주변을 정돈하는 역할을 하는 너른 장판지를 접어 넣어두는 역할을 한다(54-1).

앞바탕장석과 경첩에는 초화문을 음각한 후 바탕면에 가느다란 원형 징으로 수없이 때려 초문이 돋보이도록 했으며, 낙목 양옆에는 꽃 모양의 반구형 잠금장치를 달아 미려하게 장식했다(54-7, 8).

길게 뻗은 낙목은 서랍을 잠그는 역할과 뚜껑을 열어젖혔을 때 경첩이 상하지 않도록 받치는 역할을 한다(54-6).

· 천판 덮개 : 가로 25.8, 세로 25.8, 높이 3.5
· 판재 두께 : 0.9 　· 족통 : 28.0×28.0 높이 4.0, 두께 1.3
· 서랍 앞널 : 가로 25.7, 높이 6.9, 두께 1.0
· 앞바탕장석 : 가로 8.2, 세로 11.3+6.5
· 낙목 : 폭 1.9, 길이 16.8.

54-1 상부 목판

54-2 앞면

54-3 뒷면

54-4 윗면

54-5 옆면

54-6 낙목 받침

54-7 경첩

54-8 앞바탕과 낙목

54-9 내부 구조

실패는 바느질용 실을 감아두는 판재다.

실을 감아두는 방식과 용도에 따라 형태가 달라지고, 실의 굵기, 색깔, 재료에 따라 구분해서 감아 놓는다. 넓을수록 실을 쉽게 감고 풀 수 있으며 서로 엉키지 않는다.

실을 감으면 문양이 보이지 않으므로 형태와 두께에 변화를 준 것들도 있다.

재료로는 가볍고 부드러운 은행나무, 소나무, 피나무가 주를 이루고 나전, 화각 등의 공예 재료들도 사용되었다.

오래 사용하면 모서리 부분과 무늬를 새긴 윗면이 닳게 되므로 옻칠을 입히기도 했다.

반면, 단단한 배나무, 대나무, 대추나무, 박달나무로 제작된 것들은 조각을 넣는 데 어려움이 있으나 미세한 선들과 요철된 부분을 상세히 표현할 수 있으며, 오랫동안 사용하여도 문양이 닳지 않는 장점이 있다.

왼쪽은 실패 앞뒷면에 한옥을 중심으로 지붕 위에 봉황 두 마리가 올라가 있고 주변에 국화가 만발한 정경을 가는 선으로 음각하여 장수와 번영, 화목을 기원하고 있다(55-1, 2). 실패에 기와집을 조각한 것은 경제적, 가정적으로 안정된 삶을 기원하는 여인의 소망을 표현한 것으로, 몇 개의 선으로 간략하게 표현되었지만 가옥의 형태와 구조를 잘 파악할 수 있다.

오른쪽 실패는 인忍과 복福자를 크고 깊게 음각하고 주변에 변화가 있는 기하문을 규칙적으로 배열하여 중심의 두 글자를 돋보이도록 했다(55-3, 4).

55-1 가옥, 새, 식물, 기하문

55-2 가옥, 봉황, 국화, 기하문

55-3 인忍자, 기하문

55-4 복福자, 기하문

반짇고리는 옷이나 버선, 보자기 등을 새로 만들거나 수선을 위한 바느질을 위해 소도구인 실패, 바늘, 쌈지, 골무, 자, 누빗대, 가위 등을 넣어두거나 바느질감을 잠시 담아두는 그릇이다.

일반적으로 원형, 4각, 8각의 반짇고리와 뚜껑이 있는 반짇고리상자 등 다양한 형태가 있다.
또한 순수한 목재로 제작한 것과 오색찬란한 자개 제품, 화사한 화각 제품, 오색종이를 오려 붙인 지紙제품 등 종류가 다양하다.

이 반짇고리는 전형적인 4각 반짇고리 형식으로 네 귀를 손가락 물림으로 견고히 짜 맞추고, 구연부는 쌍사밀이 한 변죽을 몸체보다 넓게 덧붙였는데 보다 안정되어 보인다 (56-1, 2).

한쪽에 바늘 등을 안전하게 보관하고 매듭진 단추, 골무, 바늘 등 소품을 넣어두는 여닫이문을 단 공간을 마련했다(56-1, 7).

각 면에는 '자손창성子孫昌盛'과 모란문, 넝쿨문을 문양이 돋보이도록 반양각기법으로 깊게 조각하여 기원祈願과 여성적 취향이 잘 나타나 있다(56-3, 4, 5, 6).

바닥면 네 귀에 받침을 덧대어 수평을 잡고 경쾌해 보이도록 했다(56-8).

· 4면 : 가로 34.7, 세로 34.7, 높이 8.6, 두께 1.1
· 구연부 : 가로 37.3, 세로 37.3, 넓이 2.3, 두께 1.2
· 바늘집 : 가로 14.8, 세로 8.6, 높이 6.1, 뚜껑 두께 0.9,
　　　　　판재 두께 0.7
· 바닥 굽 : 길이 5.2×5.2, 두께 1.1

56-1 모양새

56-2 윗면

56-3 자손창성자문

56-4 파초문

56-5 모란문

56-6 넝쿨문

56-7 바늘과 소품을 넣어두는 곳

56-8 바닥면 네 귀 받침목

뚜껑이 없이 판재로 된 미닫이문을 여는 것을 갑匣이라 부르는데 연초갑, 비녀갑 등이 있다.
이것은 족두리를 보자기에 싸고 넣어서 보관하는 족두리갑으로 족두리함이라고도 부른다.

족두리의 크기와 싸놓는 방법에 따라 갑의 크기가 다양하며, 4각, 8각, 12각 등 다양한 형태를 갖추고 있다.
이 갑은 은행나무 판재로써 앞면을 위로 밀어 족두리를 꺼내는 미닫이문을 달았다(57-1, 2).

천판과 옆널 4면에는 원형 테두리 안에 도식화된 서로 다른 모란 문양을 꽉 차게 입체적으로 조각하고 옻칠을 두껍게 입혔다(57-1, 3, 4, 5, 6).
이러한 조각 기법은 주로 전라도 보성 지방의 장과 농에서 볼 수 있다.

들쇠는 들어 옮기기 위한 손잡이로 전체 크기에 비하여 과대하게 보이나 안전하게 이동할 수 있다(57-4).

· 4면 판재 : 가로 2.6, 세로 12.5, 두께 0.7
· 미닫이문판 : 가로 14.1, 세로 15.1, 두께 0.5
· 앞면 풍혈 : 가로 12.5, 높이 2.6, 두께 0.7
· 들쇠 : 가로 9.0, 세로 4.4, 굵기 0.5

57-1 모양새

57-2 열린 모양새와 내부

57-3 윗면

57-4 옆면

57-5 옆면

57-6 뒷면

능화판은 서책의 장정용裝幀用으로 쓰일 뿐만 아니라 보자기, 벽지, 장롱과 반닫이 내부에 바르는 용지 등을 위해 다양한 문양을 찍어내는 목각판의 통칭으로, 무늬의 종류와 규격에 따라 여러 종류가 있다.

이처럼 문양이 크고 판이 넓은 것은 서책보다는 벽지와 보자기에 무늬를 찍는 보판保版이다.

사용되는 목재로는 배나무, 대추나무, 박달나무 등이며, 눈매가 곱고 옹이가 없으며 단단하여 정교한 각을 할 수 있고 또한 쉽게 닳지 않아 오랫동안 사용할 수 있는 것으로 고른다. 피나무나 은행나무 등은 재질이 물러 각刻을 하기는 쉬우나 쉽게 닳아버리는 단점이 있다.

앞뒷판에 서로 다른 문양이 새겨져 있는데, 왼쪽 판에는 활짝 핀 국화와 줄기를 넝쿨문과 같이 사방 연속문으로 배치하고 그 사이에 나비와 새를 촘촘히 시문했다(58-1, 2).

오른쪽 판 상부 원 안에 봉황 한 쌍과 오동나무 그리고 하부 원 안에는 학 한 쌍과 구름, 소나무가 깊게 양각되어 있고 그 주변에 만자연속문 배경으로 국화, 모란문이 양각되어 있다(58-3, 4).

일반 능화판에 비해 문양 구성과 전각篆刻 솜씨가 뛰어나다.

판재 양 끝에 각목을 판재와 장부맞짜임 하여 판재가 휘는 것을 방지하고 보기에도 미려하게 처리했다(58-5, 6).

상하 각목 중앙에 위치한 원형 고리는 벽에 매달아 두기 위한 걸고리이다(58-3, 5).

· 판재 : 가로 34.1, 세로 70.2, 두께 2.2
· 상하 각목 : 2.4×2.4, 길이 34.5

58-1 상부

58-2 하부

58-3 상부

58-4 하부

58-5 각목

58-6 판재와 각목의 장부맞짜임

다.
상자·함
箱子·函

이와 같이 크기에 비해 높이가 낮고 폭이 넓은 상자는 궁중 행사를 상세하게 기록한 궁중의궤宮中儀軌 또는 기타 중요 서적 한 질을 보관하거나 운반하기 위한 함으로 책자에 따라 크기도 차이가 있다.

앞면 중앙에 자물쇠바탕장석이 없이 자물쇠를 걸기 위한 낙목과 배목에 겹으로 만든 국화형 받침을 설치했다(59-4).
두 배목과 낙목 사이의 간격이 벌어져 있는데 이는 17~18세기 서류함이나 영정함에 나타나는 전형적인 양식이다.

판재가 만나는 모서리의 국화형감잡이와 함께 네 귀의 넓적한 귀싸개장석에는 둥근 곡선을 톱니처럼 반복해 오려내고, 그 중심 뒷면에 정으로 때려 요철을 내었는데 이 또한 고식의 서류함에서 보이는 장석 형태다(59-7, 8, 9).

뒷면 경첩 또한 귀싸개장석과같은 기법으로 제작되었다(59-7).
양 옆면에 부착된 환고리는 운반 시 어깨끈을 매달았던 장치로 보인다(59-6).
은행나무에 무쇠 장석이다.

· 천판 : 두께 0.7, 높이 3.3
· 하단 : 높이 6.7   · 4면 판재 : 두께 0.7
· 낙목 : 가로 2.1, 길이 4.0
· 앞바탕장석 : 가로 2.1, 세로 4.0
· 귀싸개장석 : 폭 2.2, 길이 10.5
· 경첩 : 가로 3.7, 세로 6.0
· 국화장석 : 지름 2.6

59-1 내부

59-2 윗면. 천판

59-3 앞면

59-4 자물쇠걸이

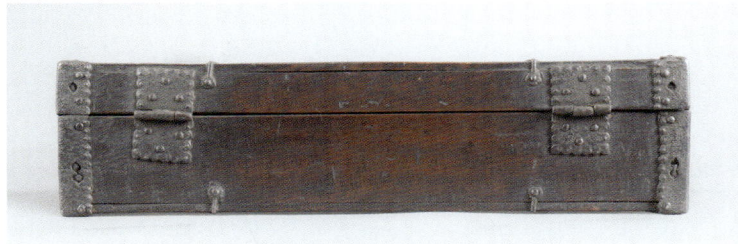

59-5 뒷면

59-6 옆면

59-7 경첩과 귀싸개장석

59-8 모서리. 귀싸개장석

59-9 바닥면. 귀싸개장석

납작하게 낮은 함에 뚜껑을 2/3가량 열어젖힐 수 있도록 천판에 경첩을 단 서류함은 겨드랑이에 끼고 팔로 감싸서 운반하거나, 노끈으로 꼰 망網태기나 주머니에 넣어 말에 싣고 운반하기에 편리하다.
또 실내에서 다리가 높은 가구의 바닥 공간에 넣어 놓아 간편하게 보관할 수도 있다.

이 함은 목재 표면 위로 국화넝쿨문을 시문하였는데 한지를 가늘게 꼰 후 두 가닥으로 다시 꼬아 부드러운 곡선인 줄기를 이루었고, 꽃과 잎은 두꺼운 가죽을 오려 붙였다.
그 위로 묽은 어교칠을 한 후 석회물에 불린 얇은 가죽을 올려놓고 부드러운 헝겊으로 누르면 무늬가 양각되어 드러난다(60-1, 10).

판재가 서로 만나는 모서리에는 상어껍질인 교피鮫皮를 둥글게 말아 붙여 견고하게 하고 또 미장 효과도 고려했다(60-8).

표면에 옻칠하여 검붉은색이 격조 있게 보이며, 오랜 시일이 경과되었음에도 상태가 양호하다.
이런 형식의 함에는 견고함과 장식성이 가미된 금속 장석이 사용되는데, 네 모서리의 귀를 감싸고 있는 투각된 사각 초엽형귀싸개장석과 각 면이 짜이는 모서리에는 국화형 거멀잡이장석을 부착했다(60-8).

자물쇠를 위한 긴 죽절형낙목과 양측의 배목이 서로 맞닿아 있지 않고 간격이 벌어져 있는 형식, 배목의 국화형바탕쇠 등이 고식古式 함에 나타나는 장석 형태이다(60-9).

· 뚜껑 : 높이 2.1, 판재 두께 0.6   · 하단 높이 : 5.54
· 천판 : 앞면 여닫이판 33.6×16.5, 뒷면 고정판 33.6×6.7
· 낙목 : 가로 1.5, 길이 2.4+4.0
· 자물쇠앞바탕 : 가로 6.9, 세로 7.1+2.7
· 경첩 : 가로 3.0, 세로 6.3   · 귀싸개장석 : 폭 2.0

60-1 윗면. 천판

60-2 앞면

60-3 뒷면

60-4 옆면

60-5 밑면

60-6 내부 구조

60-7 뚜껑과 밑면 맞닿는 턱

60-8 귀싸개장석

60-9 자물쇠앞바탕과 낙목, 배목

60-10 경첩과 국화형거멀잡이장석

목공예 61	서류함 書類函	가로 44.0, 세로 22.0, 높이 19.5cm 18세기, 개인 소장

오동나무는 건습 조절이 잘 되는 특성이 있으므로 종이나 섬유를 보관하는 데에 유용하다. 또 얇고 넓은 판재로도 터지지 않으며 광택이 없어 사랑방 용품에 제격이다.

그러나 나무가 희고 무른 단점이 있어 표면을 뜨거운 인두로 골고루 지져서 태운 후 볏짚으로 문질러 부드러운 섬유질은 털어내고 단단한 무늿결만 남기는 낙동烙桐 기법을 사용한다. 이때 검게 탄 색감이 묵직하게 보이면서 검소하고 점잖게 느껴진다.

오동나무 판재로 만든 이 서류함도 낙동 기법으로 제작되었다.

묵직한 오동 판재가 사개물림으로 견고하게 짜여 있어 별도의 거멀잡이장석은 사용하지 않고 자물쇠앞바탕장석만 달았는데 한결 간결하고 검소해 보인다(61-3).

뚜껑을 닫을 때 하단 사면 판재와 꼭 들어맞아서 움직이지 않도록 하단 판재를 약간 턱지게 깎거나 턱이 없는 것이 일반적인데 이것은 안쪽에 얇은 각재를 덧붙여 턱을 대신하고 있다(61-1, 5).

중앙의 단순한 낙목과 함께 사각진 자물쇠앞바탕과 뒤 경첩에 반구형 머리못을 박아 전체가 더욱 단단하고 짜임새 있게 느껴진다(61-7, 8).

밑면에는 낮고 긴 각목인 받침목을 대어 바닥면에서 약간 떠 보이도록 했다(61-6).

· 천판 두께 1.1, 뚜껑 높이 3.8,
· 하단 높이 15.7, 4면 판재 두께 1.2
· 밑면 받침대 : 가로 2.0, 세로 1.0, 길이 19.0
· 자물쇠앞바탕장석 : 가로 7.8, 세로 10.6
· 낙목 : 가로 1.9, 길이 5.1
· 뒤 경첩 : 가로 3.8, 세로 8.1

61-1 내부 구조

61-2 옆면

61-3 앞면

61-4 뒷면

61-5 뚜껑이 닿는 부분의 턱

61-6 바닥면 받침목

61-7 자물쇠앞바탕장석과 낙목

61-8 경첩

목공예 62	서류함 書類函	가로 34.3, 세로 19.8, 높이 23.9㎝ 19세기, 개인 소장

전형적인 서류함에 힘차고 날렵한 개다리형 족통을 부착하여 격조를 높이고, 함의 중요성을 강조했다.

이처럼 경쾌한 다리는 주로 서탁에서 많이 나타나며, 무거운 힘을 받치기 위한 높고 두터운 족통과는 대조적이다(62-2, 3, 4).

뚜껑을 열면 상부에 목판이 있고 이를 받치기 위해 네 구석진 곳에 사각진 가는 받침목을 붙였다(62-1).

앞면 중앙에 부착된 비교적 넓은 사각진 자물쇠앞바탕장석은 함 전체에 강한 인상을 주면서도 안정감을 느끼게 한다(62-2). 사면의 판재가 짜인 모서리에는 긴 귀싸개장석을 부착하고, 뚜껑과 사면의 만나는 네 귀에는 삼면을 감싸는 귀싸개장석을 부착하여 견고히 했다(62-8).

양 옆면에는 국화형받침에 환고리를 설치하였는데 이는 장식성을 고려한 것으로 생각된다(62-9).

하단의 족통은 매우 날렵한 구족형 다리에 풍혈을 두르고 긴 국수형거멀잡이장석과 귀싸개장석을 붙였다(62-2, 3, 4).

은행 판재에 옻칠을 했으며, 함의 형태나 장석을 보아 경기도와 서울 일원에서 제작된 것으로 보인다.

· 뚜껑 : 가로 32.8, 세로 17.5, 높이 10.6
· 족통 : 가로 34.2, 세로 18.6, 높이 13.0
· 천판 : 판재 두께 0.7, 4면 판재 두께 0.7
· 자물쇠앞바탕 : 가로 7.9 × 세로 7.6+1.4
· 낙목 : 가로 1.8, 길이 3.3   · 경첩 : 가로 2.8, 세로 6.1+1.4

62-1 내부 구조

62-2 앞면

62-3 옆면

62-4 뒷면

62-5 귀싸개장석과 구족

62-6 구족

62-7 귀싸개장석과 구족

62-8 귀싸개장석

62-9 환고리와 국화형받침

62-10 앞면

62-11 뒷면

인궤는 크게는 나라의 국새國璽, 임금의 어보御寶, 관청의 관인官印과 작게는 화가의 낙관, 개인의 인장에 이르기까지 중요한 도장들을 넣어두는 함으로 순수한 우리말로는 '인印뒤웅이'라고 부른다.
도장이 큰 것은 한 개, 작은 것은 여러 개를 한 곳에 넣기도 한다.

인궤의 외형은 천판이 평면 또는 사각추 모양이 있다. 순수하게 나무로 된 것, 나무에 붉은 칠이나 흑칠한 것, 단단한 상어껍질 鮫皮을 씌운 것 등 다양한 재료를 이용했다.

이 도장함은 사각추 또는 지붕형으로 소나무로 제작하고, 그 표면에 가는 죽을 반으로 켜서 메꾸어가며 문양을 새기는 모자이크 형식으로 황갈색 대나무와 검은색 오죽을 엇갈려가며 희喜자와 기하문을 시문했다(63-1~4).
각 모서리의 넓은 면은 대나무의 껍질로 붙였는데 한결

짜임새 있고 안정되어 보인다.

앞면 자물쇠앞바탕을 뚜껑과 같은 형태로 경사를 주었고, 그 테두리를 작은 원형으로 띠를 두르고 화문花紋을 새겼다. 뒷면 경첩도 같은 기법으로 처리했다(63-1, 3).
양 옆면과 천판에 환고리가 있어 멜빵끈을 걸도록 했다 (63-2, 4).

· 하단 높이 7.7
· 4면 판재 두께 1.2
· 자물쇠앞바탕 : 가로 6.2, 높이 7.0
· 낙목 : 가로 1.8, 길이 3.0
· 경첩 : 가로 2.3, 세로 6.7
· 뚜껑 환고리 : 지름 1.7, 국화형바탕 지름 1.7
· 옆면 환고리 : 지름 2.0, 국화형바탕 지름 1.7

63-1 앞면과 자물쇠앞바탕

63-2 옆면과 걸고리

63-3 뒷면과 경첩

63-4 윗면과 걸고리

63-5 내부 구조

63-6 밑바탕

양측에 커다란 들쇠장석이 달린 대형 함이다. 크기가 커질수록 깊숙한 공간이 형성되어 다량의 기물들을 보관할 수 있다.

잣나무인 4면 판재는 반닫이와 같이 손가락물림으로 견고히 짜맞추었고(64-2, 6), 판재가 서로 짜인 부위에 굵은 국수형거멀잡이장석으로 견고하게 보강했다.

내부에 묵서墨書로 「康熙 四十四年 乙酉 八月 日 功德造成 自健 比丘 / 강희 44년(1705년) 을유 8월 일 공덕조성 자건 비구」 명문이 적혀 있어 절에서 불경함佛經函 또는 불구함佛具函 등으로 사용되었음을 짐작하게 한다.
이와 같이 제작 연도가 분명한 것은 목가구 편년 기준에 큰 도움이 된다.

주석자물쇠앞바탕 위에는 아래쪽에 물결문을 낮게 배치하고 그 위에 모란넝쿨문을, 뒷면의 경첩에도 모란넝쿨문을 정교하게 시문했다(8, 9).
양 옆면에는 견고한 반월형들쇠에 화형받침을 부착했다(64-10).
밑면 네 귀에는 반구형받침쇠를 박아 바닥에서 살짝 떠 보이

도록 했다(64-10).

· 뚜껑 : 높이 6.0   · 판재 두께 : 천판 1.6, 사면 1.4
· 앞바탕 : 가로 9.0, 세로 12.9   · 낙목 : 가로 1.9, 길이 6.5
· 경첩 : 가로 5.0, 세로 13.9   · 들쇠 : 10.1, 국화 지름 3.1
· 반구형받침쇠 : 지름 3.0, 높이 1.2

64-1 뚜껑 내부 명문

64-2 앞면

64-3 옆면

64-4 뒷면

64-5 모양새

64-6 국수형거말잡이

64-7 반월형 들쇠

64-8 자물쇠앞바탕

64-9 경첩

64-10 반구형 받침쇠

대나무를 가늘게 쪼갠 후 삿자리 형식으로 엮은 넓은 면을 목재 백골白骨 표면에 붙이고 그 위에 옻칠하였는데 이러한 형식의 죽장함은 주로 17~18세기에 제작되었으며 장과 농에도 활용되었다(65-7).

뚜껑을 닫을 때 하단 사면 판재와 꼭 들어맞아 움직이지 않도록 안쪽에 얇은 각재를 덧붙여 턱을 만들었다(65-1, 6).

각 면의 테두리에는 좁고 모양을 내지 않은 직선형 귀싸개 장석을 박았는데 이는 엮어진 대나무의 잘린 끝부분을 감추고 또 견고함을 보강하기 위해서이다(65-1, 2, 6).
이와 함께 단순한 사각형 자물쇠앞바탕과 경첩 그리고 귀싸개 장석에 반구형 못을 박아 전체가 더욱 단단하고 짜임새 있게 보인다(65-2, 6, 8, 9).

밑면 네 모퉁이의 귀싸개장석 밑에 원형 받침쇠를 부착하여 바닥면과 살짝 떠 있도록 했다(65-10).

· 뚜껑 : 높이 4.5, 천판 두께 1.0   · 4면 판재 : 두께 1.0
· 자물쇠앞바탕장석 : 가로 4.9, 세로 8.5
· 낙목 : 가로 2.1, 길이 3.7
· 경첩 : 가로 2.5, 세로 7.8   · 귀싸개장석 : 넓이 1.1

65-1 내부 구조

65-2 앞면

65-3 옆면

65-4 뒷면

65-5 윗면

65-6 뚜껑 받침턱과 귀싸개장석

65-7 죽제 삿자리무늬

65-8 자물쇠앞바탕

65-9 경첩

65-10 바닥면. 원형 받침쇠

함은 대부분이 사각형인데 팔각은 모양새가 둥근 관모를 보관하기 위한 것으로 매우 드물게 보인다(66-5).

팔각면은 사개물림으로 짜 맞추기 쉽지 않아 면이 만나는 모서리에 고춧잎형거멀잡이를 부착하여 힘을 보강했다(66-1~4).

뚜껑과 하단 구연부가 만나는 부위에 반턱을 주어 서로 빈틈없이 잘 닫혀 있도록 했다(66-5).

중앙에 원형자물쇠앞바탕을 설치하여 팔각 본체와도 어울리면서 전체가 부드럽게 느껴진다(66-1, 6).

양 옆면 중앙에 반월형 들쇠를 부착하여 운반에 도움이 되도록 했다(66-3, 8).

은행나무 판재로 제작했다.

· 뚜껑 높이 : 4.4 · 한 면 : 가로 17.5, 세로 23.0
· 천판 : 두께 0.8 · 판재 두께 1.0
· 자물쇠앞바탕 : 지름 8.6 · 낙목 : 가로 1.6, 길이 3.2
· 경첩 : 가로 4.3, 세로 7.3,
· 고춧잎거멀잡이 : 가로 4.3, 길이 1.4
· 들쇠 : 가로 6.3, 세로 3.6

66-1 앞면

66-2 윗면. 천판

66-3 옆면

66-4 뒷면

66-5 내부 구조

66-6 자물쇠앞바탕

66-7 경첩

66-8 들쇠

목재로 짜인 기물 표면에 가죽을 씌운 혁장革裝관복함이다. 소나무 판재로 백골을 짜고 겉에 얇은 가죽을 붙였으며 테두리를 주석 귀싸개장석과 띠장석으로 단단하게 고정했다 (67-2, 3).

상단에는 관모, 하단에는 관복을 넣도록 두 단으로 구분 지은 독특한 구조의 관복함이다(67-1, 2).
내부 상단의 관모를 넣는 부분 입구에는 미닫이문을 설치하여 뚜껑을 닫았을 때 밑으로 빠지지 않도록 하고, 얇은 소나무 문판에 구입 품목과 가격을 묵서墨書로 표기했다.
하단 입구에는 뚜껑을 닫을 때 사면 판재와 잘 들어맞아 움직이지 않도록 안쪽에 얇은 각재를 덧붙여 턱을 만들었다 (67-7).

목재에 귀싸개장석을 붙일 때는 못을 띄엄띄엄 박는 것이 일반적인데, 이것은 촘촘히 박아 가죽이 밖으로 쉽게 빠지지 않도록 주의를 기울인 것으로 생각된다(67-2).

· 상단 : 가로 27.1, 세로 23.5, 높이 17.6
· 하단 : 높이 17.5 · 외부 판재 두께 : 1.0
· 내부 미닫이판재 : 두께 0.6
· 자물쇠앞바탕 : 가로 8.4, 세로 12.0
· 낙목 : 가로 2.1, 세로 4.5
· 경첩 : 가로 3.6, 세로 11.1

67-1 내부 구조

67-2 앞면

67-3 뒷면

67-4 옆면

67-5 자물쇠앞바탕

67-6 경첩

67-7 갓 보관용 미닫이문

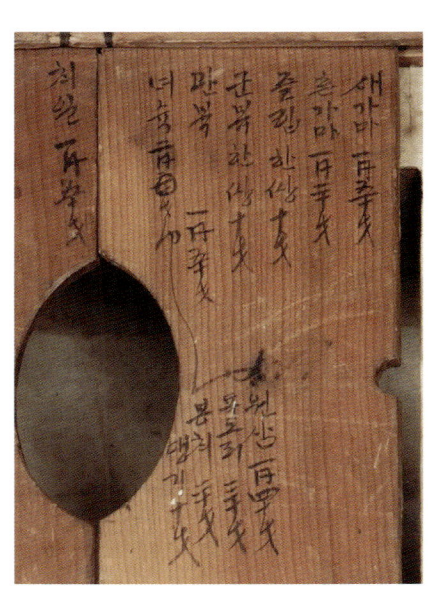

67-8 미닫이문판 묵서

라.
주방 廚房

목재로 만든 그릇들은 사기沙器나 유기鍮器보다 폭넓게 사용되었다.

우리나라는 산야가 너르고 수종이 많고 풍부하며 또 목재를 회전시켜 깎아내는 갈이 공예가 발달하였으므로 다량의 목기를 생산할 수 있어 가격 또한 저렴했다.

목기는 가벼우면서도 열전도율이 낮아 잘 식지 않아 그릇뿐 아니라 동이, 항아리, 함지 이남박 등 여러 용도의 주방용품에 애용되었다.

상부의 발은 구연부가 얇아 입술에 대고 마시기에 편하고 둥근 풍부한 곡선과 안정된 조형 감각을 갖고 있으며 밑면의 나지막한 굽이 상체를 사뿐히 받쳐주고 있다(68-1, 2).

하부의 발은 구연부가 넓고 밑으로 좁아지는 원만하고 부드러운 곡선을 그리고 있으며 비교적 두툼하고 안정된 굽을 갖고 있다(68-3, 4).

크기 또한 음식이나 물을 마시기에 적당하며, 여러 개를 쌓아 놓을 수 있어 다목적 용도의 식기이다.

68-1 앞면

68-2 윗면

68-3 밑면

68-4 구연부와 바닥면

68-5 앞면

목재를 회전시켜 성형하는 갈이질 작업은 지리산을 중심으로 보성, 나주 지방에서 성행했는데, 다양한 목재들을 쉽게 구할 수 있고 기술이 잘 전승되어 오늘날까지 목제기가 대량 생산되고 있다.

이것은 여성용으로 바리 또는 옹바리라 부른다. 풍부한 선과 부드러운 목재질로 순수해 보이고, 유기를 닮은 형태는 일상생활에서 사용해 온 경험으로 누구나 친숙함을 느끼게 한다.

차례나 제사는 '돌아가신 분이 살아 계신다.'는 생각으로 정성껏 음식을 장만하였기에 사용되는 그릇의 형태로는 일상용 식기와 제사용이 구별되지 않으나, 제사용은 일상

생활 용기와는 엄격하게 분리하여 잘 보관한다.

따라서 이 옹바리는 일상용이라 단정할 수 없으며, 유기로 된 이런 형태의 옹바리는 1960년대까지 밥그릇으로 사용되었다.

구연부가 두껍고 둥근 형태로 뚜껑에 가려 잘 벗겨지지 않고 떨어져도 잘 깨지지 않는다(69-1).

뚜껑의 봉오리형 꼭지는 뚜껑을 손쉽게 열 수 있으며 조형감을 한층 높이고 있다(69-1, 2).

구연부가 너르고 아래로 내려가며 넓어지는 항아리 형태로서 많은 양의 밥을 담을 수 있다.

· 뚜껑 : 지름 10.4, 높이 5.6
· 하단 그릇 : 윗지름 9.5, 최대 지름 12.7, 밑지름 8.5, 높이 9.5

69-1 뚜껑 벗긴 모양새

69-2 앞면

69-3 바닥면과 뚜껑 내부

옹바리(목공예 69)와 상대적인 남성용 밥과 국그릇이다.
깊고 넓은 안정된 형태에 이와 걸맞은 뚜껑이 덮여 있고 넓은
국대접이 곁에 있다.

그릇이 커서 많은 양의 음식을 담을 수 있으며 건장한 남성의
밥과 국그릇으로 보인다.
옆면에서 보면 밥그릇의 선이 구연부에서 아래로 내려가며 밑
부분의 굽으로 모여 있는데 매우 바르고 안정되어 있다 (70-2).

뚜껑 또한 윗부분이 좁고 아래로 넓어져 단정하게 아랫부분과
맞물려 있다(70-1).
국대접 역시 밥그릇과 유사한 곡선을 갖고 있어 한 조組로 잘
어울리고 있다(70-6).
비교적 얇은 두께에 뚜껑이 맞물려 있는 주발들은 수축
팽창이 적은 은행나무, 오리나무 등을 잘 건조한 후 갈이질

기술이 뛰어난 장인이 세심한 작업을 한다.

목제木製인 주발이나 국그릇, 밥통들은 유기鍮器보다
전도율이 낮고 보온성이 높아 밥이나 국이 잘 식지 않으며
가벼워서 애용되었다.
깨어지기 쉬운 단점이 있으나 갈이질 작업으로 인해 대량
생산이 가능하여 가격이 저렴했다.

은행나무에 옻칠했다.

· 주발 : 총 높이 11.0
      뚜껑 : 윗지름 7.6, 밑지름 14.8, 높이 3.0
      하단 그릇 : 윗지름 13.7, 밑지름 8.2, 높이 8.6
· 국대접 : 윗지름 18.2, 밑지름 11.2, 높이 7.2

70-1 주발 모양새

70-2 앞면

70-3 뚜껑 벗긴 모양새

70-4 바닥면과 뚜껑 내부

70-5 국대접 모양새

70-6 국대접 앞면

70-7 국대접 바닥면

그릇의 구연부가 얇고 넓으며 높이 또한 낮은 접시다.

접시의 면에 볼록하게 올라온 문양이 여러 겹으로 겹치면서 마치 나이테의 동심원처럼 구성되어 있다.
이런 형태는 조각칼을 사용해서 제작하려면 일률적이지 않고 또 시간도 오래 걸리지만, 회전시켜 깎아내는 갈이틀을 사용하면 손쉽게 만들 수 있다.

볼록하게 올라온 원문 중심에 음각선을 한 차례 둘러 여러 개의 동심원문이 새겨진 것과 같은 효과를 주고 있다.
또한 접시의 면 중앙에 가느다란 음각선으로 세세히 원문을 새겨 굵은 선들과 연속된 동심원으로 보이도록 했다.

접시의 면이 둥글게 요철이 된 것으로 보아 숟가락을 사용하여 떠먹기 위한 음식을 담는 것보다 덩어리진 음식이나 다과茶菓를 담았을 것으로 짐작된다.

바닥면의 굽 둘레는 일반적 형식처럼 깊게 깎아내었으나 안쪽 면은 초벌갈이 때 깎기로 마무리한 자국이 그대로 남아 있다. 초벌갈이는 갈이 작업 과정에서 목재를 내부까지 건조시키기 위해 초기에 비슷한 형태로 돌려 깎는 작업으로, 이후 장기간 건조 후 다시 완성하는 작업을 한다.

표면을 매끄럽게 마감하고 옻칠했다.

71-1 윗면

71-2 앞면

71-3 구연부

71-4 바닥면

갈이공예품에서 주둥이가 좁은 병은 아랫부분이 넓은 도자병 형태는 많이 있으나 이와 같은 원통형 병은 그리 흔치 않다. 이는 기능적인 면을 살려 깎아야 하는 까다로운 점이 있고 또 그 수요가 많지 않기 때문이다.

이런 형태의 병은 잔이나 혹은 잔과 잔대盞臺가 있어 예의를 갖추어 다례茶禮나 제례祭禮에 사용되었거나 가정 이외의 장소로 옮겨가서 물이나 술을 담고 마시기 위한 것으로 짐작된다.

죽절형 원통 몸체를 먼저 깎은 후 병의 주둥이와 어깨 부분을 한 번에 깎아 연결하였으며(72-4), 이에 알맞은 크기와 형태로 잔을 제작했다. 잔대는 회전시켜 깎은 후 화형으로 입체 조각을 했다(72-5~8).

주둥이와 어깨, 잔 내부와 바닥면, 잔대 윗부위에 주칠을 하여 화사하면서도 격이 있어 보인다.

잔받침을 뚫어진 구멍을 통해 병의 목에 뒤집어씌운 후 그 위에 잔을 엎어 놓고 뚜껑을 덮도록 구성되었다(72-3, 1). 잔을 엎어 놓은 모양은 자주 보이나 잔받침으로 격식을 갖추는 형식은 흔치 않으며, 외부에 죽절형으로 연속적 홈이 파여 장식 효과가 높다.

· 병 : 구연부 3.4, 몸통 지름 9.0, 밑지름 7.7, 높이 21.5
· 잔 : 구연부 5.7, 밑지름 3.9, 높이 5.0
· 잔대 : 윗지름 8.0, 밑지름 4.5, 높이 1.7

72-1 전체 모양새

72-2 병 바닥면

72-3 잔(뚜껑) 벗겨 내기

72-4 잔과 잔대 벗겨 내기

72-5 잔과 잔대

72-6 잔과 잔대 모양새

72-7 잔과 잔대 앞면

72-8 잔과 잔대 바닥면

이 소반은 해주 지방이 원산原産인 해주반海州盤의 전형적인 형태로, 네 개의 기둥으로 받쳐진 일반적인 소반과는 달리 두 개의 넓은 판각板刻이 직선으로 뻗지 않고 밖으로 약간 벌어져 있어 수직으로 서 있는 것보다 힘을 많이 받으며 또 시각적인 안정감을 고려했다(73-1).

일반적인 해주반 판각에는 만卍자, 수복壽福자, 희喜자, 모란, 꽃, 나비, 파초 등 다양한 무늬를 사용하는데 이는 소반을 가볍게 만들고 또 투각 효과로 인해 경쾌해 보인다.

이 소반의 판각에는 한 그루의 국화에 나비를 투각하여 경쾌하게 구성하였으며(73-3), 상판의 하중을 견디기 위해 양 판각 사이를 고정하는 운각에는 상단에 안상문을 하단에 넝쿨문을 투각했다(73-4). 이처럼 두 단으로 형성된 운각은 흔치 않다.

천판은 행자목 통판을 버선코형으로 깊게 파내어 전형적인 해주반의 부드러운 변죽을 형성하고 있다(73-5, 6).

전체가 은행나무이며 생옻칠을 얇게 칠했다.

· 천판 : 두께 1.5 변죽: 높이 2.0
· 옆널 : 판각 26.7×32.1, 두께 0.9
· 판각 간격 : 상부 35.0, 하부 36.2
· 운각 : 길이 35.0, 높이 10.3, 두께 1.1
· 족대 : 폭 1.8, 높이 1.0, 길이 34.3

73-1 앞면

73-2 옆면

73-3 투각 국화와 나비 문양

73-4 운각. 투각 넝쿨문, 안상문

73-5 윗면. 천판

73-6 천판의 변죽

73-7 옆널과 족대

73-8 족대 밑면

목공예 74

투각만자문해주반
透刻卍字紋海州 盤

가로 55.7, 세로 42.1, 높이 32.2㎝
19세기, 개인 소장

이 소반은 전형적인 해주반(목공예 73)과는 달리 천판의 네 귀가 일반적인 버선코형이 아니라 각이 져 있고(74-3), 양 옆널인 판각은 두께가 얇고 만卍자가 투각되어 있다(74-2).

천판 둘레 변죽에 두 줄의 음각선을 두르고 턱을 주어 한결 짜임새 있고 돋보인다(74-5).

두 판각 사이와 천판 밑부분을 견고하게 잡아주는 운각 또한 초엽형으로 간결하며(74-1), 판각을 견고하게 받쳐주기 위해 변죽 밑면에 좁은 판재를 덧붙였다(74-6).

판각을 받쳐주는 긴 족대가 없이 하단의 양쪽으로 좁은 각재를 약간 넓게 붙였다(74-2, 4).

이러한 소반은 해주반 형식을 갖고 있으나 경기 일원에서 제작하면서 변형된 것으로 매우 단순하면서도 세련된 멋을 보여준다.

예전부터 행자목(은행나무)으로 제작된 소반에 옻칠한 것을 최상품으로 여겼는데 이는 은행나무가 가볍고 비틀리지 않으며, 수축팽창이 심하지 않아 얇은 판재가 필수인 소반에는 최적이다.
또한 탄력이 있어 판재 표면에 기물을 떨어뜨려도 깊이 패지 않는다.

· 천판 : 두께 0.9 · 변죽 : 두께 2.4, 너비 1.6
· 옆널 : 가로 37.4, 세로 28.0, 두께 0.9
· 운각 : 높이 4.9, 길이 43.7, 두께 1.0
· 족 받침 : 1.0×6.7, 높이 0.7

74-1 앞면

74-2 옆면

74-3 윗면. 천판

74-4 옆면 판각과 족대

74-5 변죽

74-6 변죽 밑면

74-7 운각

목공예 75

투각파초나비문통영반
透刻芭蕉蝶紋統營盤

가로 62.3, 세로 46.0, 높이 28.3cm
19세기, 개인 소장

탄탄한 기능적인 구조와 투각된 아름다운 무늬로 치장되어 조형미가 돋보이는 뛰어난 통영반이다.

일반적인 통영반은 천판 네 귀를 둥굴리고 있으나 그 외 부분은 매우 단순한 편인데 이처럼 화사하게 멋을 낸 것도 있다.

통영반의 기본형으로 천판의 네 귀가 둥굴려 있으며(75-3, 4), 죽절형 원통 다리는 천판 밑부분에 고정되어 있다(75-7).

천판과 중대 사이의 견고한 구조물인 운각에는 나비, 파초잎, 넝쿨로 무늬를 구성하고 연결된 굵은 줄기로 네 기둥을 감싸고 있다(75-1, 2, 5).
또 네 기둥 사이를 중대로 연결하여 힘을 보강했다(75-1, 2).

하부에서 두 다리를 단단하게 잡아주는 족대는 죽절형 기둥 형태에 맞추어 끝부분을 원형으로 깎아 기둥이 강조되고 있다(75-6, 7, 8).

너른 판재를 손쉽게 구할 수 있고 얇게 켜도 휘지 않으며 가볍고 쉽게 벌레 먹지 않는 은행나무로 제작되었고 옻칠을 두껍게 입혔다.

· 천판 : 두께 0.9, 변죽 높이 1.8
· 운각 : 높이 6.6, 길이 59.5, 두께 1.3
· 기둥 : 지름 2.8
· 족대 : 3.7×1.3, 길이 59.5

75-1 앞면. 투각 나비와 넝쿨문

75-2 옆면. 투각 넝쿨문

75-3 윗면. 천판

75-4 변죽

75-5 운각과 기둥

75-6 기둥과 족대의 풍혈

75-7 기둥 안쪽

75-8 족대 밑부분

이 소반은 천판의 네 귀가 각이 져 있고 운각에 다리를 끼우는 형식으로 보아 나주 지방산이다.

일반적인 소반과는 달리 천판이 넓으며 높이가 높고 커서 대가에서 남성용이나 주안상으로 사용되었을 것으로 짐작된다.

천판 둘레 변죽에 두 줄의 음각선을 두르고 턱을 주었으며 둥글게 처리하여 한결 짜임새 있고 돋보인다(76-4).

네 변의 운각은 천판의 바닥을 파고 고정시켰으며(76-8), 호족이 위치한 네 귀의 운각은 판재를 V형으로 파내고 안쪽으로 꺾어 접어 외형이 부드럽게 보인다(76-6).
호족형 다리는 운각에 끼우고 천판에 의지하고 있다(76-8).

천판이 사각인 소반에서는 통영반이나 나주반처럼 둥근 기둥이 보편적이다. 반면 이 호족형 다리와 같이 폭이 넓고 양측에 투각된 초문과 죽절형 풍혈을 붙인 것은 사랑방의 경상과 이층장에서 볼 수 있는 것으로 소반에 사용된 것은 흔치 않다(76-5).

이 다리는 소반 크기에 비해 크고 굵어 상판에 많은 음식을 올려놓더라도 견고하게 받칠 수 있으며 시각적으로도 안전하게 느껴진다.

재질은 소나무다.

· 천판 : 두께 1.0, 변죽 두께 2.2
· 운각 : 앞면 51.0, 옆면 40.3, 높이 6.0, 두께 1.4
· 호족 : 폭 6.0, 너비 2.5, 높이 23.3
· 족대 : 2.4×1.6, 길이 43.5

76-1 앞면

76-2 옆면

76-3 윗면. 천판

76-4 천판과 변죽

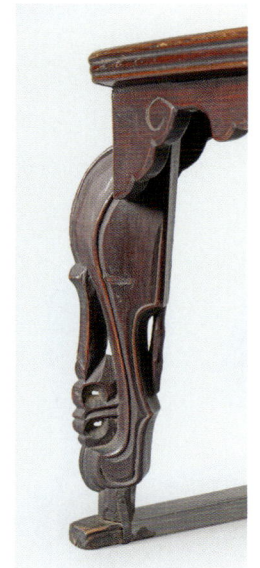

76-5 다리 앞면

76-6 다리 옆면

76-7 다리와 족대

76-8 운각과 기둥 밑부분

이 소반은 날렵한 호족 좌우에 투각된 넝쿨운문 풍혈과 화사한 운각이 전형적인 궁중 소반 형태를 갖고 있다(77-3, 6).
호족 상부 모서리에 정교하게 양각된 여의두문如意頭紋 역시 궁중 소반에서도 드문 형상이다(77-5).
이에 반해 일반적인 소반에서 보이는 12각 천판과 변죽을 갖고 있어 매우 특별한 조합의 소반이라 볼 수 있다(77-6).

천판 둘레의 변죽은 각재에 홈을 파내고 천판과 장부맞짜임을 했다(77-9, 10).

운각에 투각된 만자문과 좌우의 수자문은 매우 드문 형식이며, 운각이 12면으로 꺾인 부위에 수자문주석원형장석壽字紋朱錫圓形裝錫을 투각해서 박았는데 이로써 미려함과 견고함을 얻고자 했다(77-5, 6, 7).

호족을 운각에 끼우고 천판을 약간 파서 박아 네 다리가 견고하게 했다(77-4, 8).
두 다리를 견고하게 잡아주는 족대 상부 모서리에 턱을 주고 둥글게 굴려 상부의 정교한 운각과 조화를 이룬다(77-11).
호족 하부 끝부분을 원통형으로 깎아 족대와 촉짜임을 했다(77-12).

치밀한 제작 과정과 제작 기술이 돋보이며 권위적이면서 높은 격조를 풍기고 있어 사대부가나 궁궁에서 사용된 것으로 짐작된다.

· 천판 : 두께 1.1, 변죽 높이 1.5
· 운각 : 지름 39.0, 높이 7.0, 두께 0.8
· 호족 : 너비 5.7, 두께 1.7, 높이 21.0
· 족대 : 1.7×1.2, 길이 31.2
· 금속 장석 : 지름 2.8

77-1 앞면

77-2 옆면

77-3 호족 정면

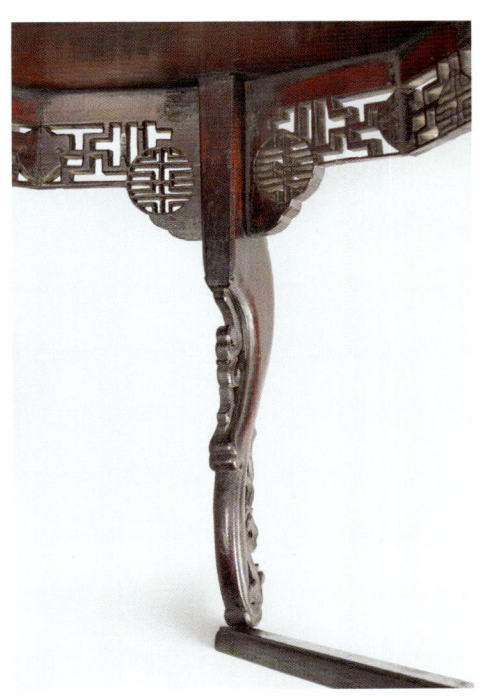

77-4 호족과 운각 안쪽 면

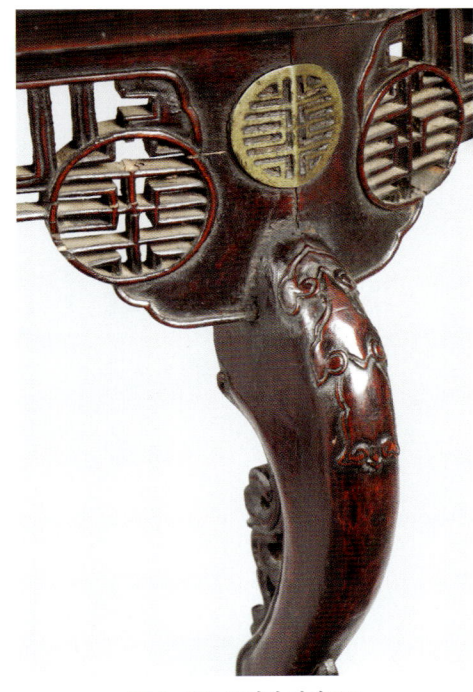

77-5 호족 모서리 여의두문

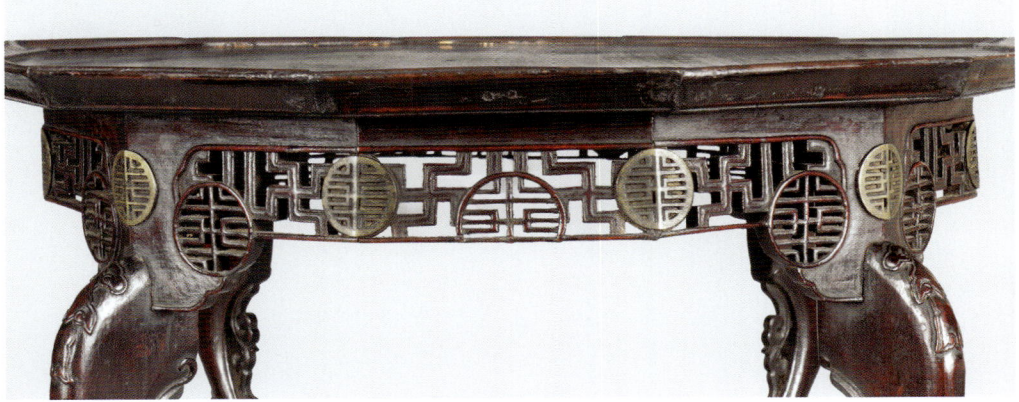

77-6 운각의 투각 만卍자와 수壽자문

77-7 운각 투각 만자, 수자문

77-8 운각과 호족 안쪽 면

77-9 변죽 밑면과 운각

77-10 천판과 변죽

77-11 다리와 족대

77-12 족대 밑부분

| 목공예 78 | 투각아자넝쿨문호족반
透刻亞字唐草紋虎足盤 | 지름 40.0, 높이 28.8㎝
19세기, 개인 소장 |

전형적인 12각 소반으로 천판은 느티나무이며 운각과 다리는 은행나무로 짜여 있다.

느티나무는 시각적으로 보기에는 좋으나 무거워 운반에 힘이 드는 단점이 있지만 모양새가 있고 단단하며 튼튼하므로 오랫동안 사용할 수 있다.

천판 둘레의 테두리인 변죽은 천판을 파내어 만들었으며 끝부분이 둥글게 굴려져 있다. 또 안쪽에서 45°가량 경사지게 천판과 만나며, 바깥쪽 부분 중간에 굵은 선을 둘러 두꺼운 면이 얇게 보이도록 했는데 이는 경상북도 예천 지방에서 제작되는 특징의 하나이다.

다리와 천판 사이에 있는 운각은 다리를 견고하게 받쳐주기 위함이며, 각재로 이어져 아자亞字문을 이루고 있는 특별한 형태로서 경쾌하게 느낀다.

호족형 다리 양측의 투각 죽절과 넝쿨문은 소반을 더욱 화사하게 구성한다(78-5).

· 천판 : 두께 1.3 · 변죽 : 너비 1.3, 두께 2.4
· 운각 : 높이 5.0, 지름 36.5, 두께 0.9
· 호족 : 너비 4.9, 두께 2.0, 높이 19.5
· 족대 : 2.2×1.3, 길이 31.5

78-1 12각 천판

78-2 앞면

78-3 천판과 다리 내부

78-4 다리 옆면

78-5 다리 앞면

78-6 운각과 다리

78-7 천판과 변죽

78-8 다리와 족대

목공예 79 | 원형구족반 圓形狗足盤

천판과 변죽을 한 덩어리의 목재로 갈이틀을 이용하여 원형으로 깎았는데 원형 천판은 개다리소반 중에서 흔치 않은 형태다.

천판 밑면에서 네 다리를 견고하게 잡아 주는 운각은 판재를 V자형으로 촘촘한 간격으로 파내고 안쪽으로 꺾어 접어 외형이 원형처럼 보이도록 했다(79-2, 3).

천판 밑부분을 얇게 파내어 네 다리를 끼워 움직이지 않게 하고 또 운각과도 깊게 촉짜임 하여 견고하게 상판을 받치고 있다(79-2, 6).

일반적인 개다리소반에 비해 다리가 길고 아래로 내려올수록 가늘어진 잘록한 종아리를 갖고 있어 한결 경쾌하고 날렵해 보인다(79-4, 5).

단단한 가래나무로 제작되었다.

· 천판 두께 1.5cm · 변죽 높이 2.1cm
· 운각 : 높이 5.6, 두께 0.9, 지름 43.5
· 구족 : 너비 6.2, 높이 31.9
· 족대 : 2.2×1.5, 길이 37.5

79-1 앞면

79-2 천판과 구족, 운각

79-3 천판과 구족, 운각 뒷면

79-4 구족 옆면

79-5 구족 앞면

79-6 구족 뒷면

79-7 다리와 족대

79-8 천판과 변죽

목공예 80	12각구족반 十二刻狗足盤	지름 55.5, 높이 34.5cm 19세기, 개인 소장

전형적인 12각 구족반 형태를 갖고 있으나 일반적인 것에 비해 규모가 크고 높으며 6개의 구족이 받치고 있는 특수한 소반이다.

굵은 여러 개의 다리와 넓고 두꺼운 천판 등으로 인해 무겁고 넓어서 음식까지 올려놓으면 두 사람이 들어 옮겨야 한다. 또한 6개의 다리를 족대로 연결하여 든든히 받치고 있어 더욱 육중해 보인다.
따라서 큰상, 겸상, 또는 큰 떡시루를 오려 놓고 고사告祀를 지내거나 그 외 화병, 술항아리 등을 올려놓는 받침상으로 사용했었는지 알 수가 없다.

통판을 깎아 천판과 변죽을 구성했고(80-3), 천판 밑부분에 홈을 파서 운각을 단단하게 고정했다. 또 바닥면을 낮게 파내고 굵은 구족을 끼우고 운각과 족짜임으로 견고히 짜 맞추었다 (80-6, 7).

· 천판 두께 1.3, 변죽 높이 1.8
· 운각 : 길이 5.6, 두께 1.1, 지름 49.0
· 구족 : 6.3×4.9, 높이 30.3
· 족대 : 3.3×26.2, 높이 1.5

80-1 윗면. 상판

80-2 옆면

80-3 천판과 변죽

80-4 구족 앞면

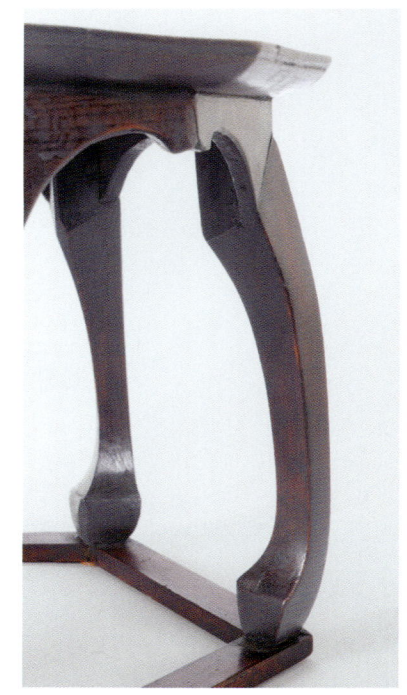

80-5 구족 옆면

80-6 천판과 구족, 운각

80-7 천판과 구족, 운각 뒷면

목공예 81	12각두레반 十二刻盤	윗지름 51.5, 밑지름 41.7, 높이 14.5㎝ 19세기, 개인 소장

여럿이 둘러앉아 음식을 먹는다고 하여 두레반이며, 돌날에 돌잡이를 할 때도 사용하여 돌상으로도 부른다.

12각의 두꺼운 판재 중심부를 얕게 파내어 테두리에 변죽을 구성했는데 안쪽을 원만하게 경사 주어 부드럽게 처리했다 (81-4).
변죽의 밑면에 경사를 주어 두꺼운 천판이 둔하게 보이지 않고 균형 잡혀 보인다(81-5).

윗변이 좁고 밑변이 넓은 사다리꼴 판재를 연이어 붙여 밑부분이 넓은 소반을 형성했다.
이 두레반의 제작 기법과 공정은 유사한 소반과 다름없으나, 하부 밑면에 특수한 형태의 받침을 부착하여 좋은 모양새와 함께 판재 사이가 벌어지지 않도록 했다.
판재 두께보다 두꺼우며 양 끝이 뾰족하고 둥근 받침목의 중심부에 ㄷ자형 홈을 파내고 판재가 이어지는 부위에

촉짜임을 하였는데 외부는 낮게, 내부는 길게 처리하여 외형상 단순하면서도 견고하다(81-6, 7).

· 천판 두께 1.7 · 변죽 두께 2.3
· 판각 : 상단 9.9, 하단 11.2, 높이 11.3, 두께 1.2
· 천판 아래 목지름 37.7
· 족 받침 : 5.2×2.5, 두께 안 2.1, 밖 1.2

81-1 앞면

81-2 윗면. 12각 천판

81-3 바닥면

81-4 천판과 변죽

81-5 천판과 12판각

81-6 판각과 받침목 외부

81-7 판각과 받침목 내부

목공예 82

| 원반 圓盤 | 윗지름 44.5, 밑지름 34.8, 높이 23.5cm
19세기, 개인 소장 |

목재를 회전시켜 가며 칼로 깎아 성형하는 갈이질 작업은 지리산을 중심으로 남원, 나주 지방과 태백산맥의 강원도 지방에서 성행하였는데, 다양한 목재들을 쉽게 구할 수 있는 지역적 특성이 있었다.

남원 일대에서 갈이질로 제작된 기물들은 주로 제기, 발우, 항아리, 병 등으로 표면을 매끄럽게 깎았으며, 강원도는 소반, 함지 그릇 등에서 표면이 거칠지만 친근감을 준다.

강원도 지방에서 갈이틀로 제작된 원반은 하단이 낮거나, 높은 두 유형이 있다.

이 원반은 수축과 팽창이 적고 가공이 손쉬운 피나무로 제작되었다.

천판은 변죽의 높이가 낮고, 회전시켜 깎아서생긴 굵은 동심원

자국이 편편하고 매끄러운 것들보다 부드럽고 친근감이 든다 (82-3, 4).

천판 테두리의 변죽 옆면에 경사를 주어 한결 경쾌해 보이며, 천판 밑면 또한 회전된 거친 선이 건강해 보인다(82-5, 6).

하단은 여러 줄로 양각의 띠를 두르는 것이 일반적이나 이 원반은 안으로 깊게 팬 골 선이 힘차고 역동적이다(82-1, 6).

외형을 깎아 무게를 줄이고 또 변형되거나 터지는 현상을 방지하기 위해 하단의 내부를 파내어 벽면을 구성했다(82-2).

· 천판 : 두께 1.4, 변죽 두께 2.4 　· 밑지름 23.5

· 천판 밑 목지름 20.8 　· 하단 높이 21.0

82-1 앞면

82-2 바닥면

82-3 윗면. 천판

82-4 천판과 변죽

82-5 천판 밑면

82-6 천판과 하부

목공예 83	**투각칠보초문원형풍혈반** 透刻七寶草紋圓形風穴盤	윗지름 40.0, 밑지름 42.8, 높이 30.8㎝ 19세기, 개인 소장

천판을 갈이틀로 회전시키며 원반형으로 매끄럽게 깎아내고 (83-1, 2, 3), 이에 맞추어 8개의 넓은 판각을 정교한 칠보문과 초엽문을 투각하여 조립했다.

특히 초엽문은 독창적인 디자인과 정교한 입체 투각으로 매우 화사하고 기품을 느낄 수 있다(83-6). 두 줄의 선을 두른 겹친 칠보문은 한눈에 뛰어난 장인의 조각 솜씨임을 짐작하게 한다 (83-7).

8면 판각 중 초엽문과 원형 칠보문을 여섯 면에 번갈아 배치하고, 그 외 두 판각에는 같은 크기의 사각 풍혈을 뚫었는데 운반 시 무게를 덜어주고 또 경쾌해 보인다(83-6, 7).
판각 밑바닥 면에 가느다란 각목을 약간 밖으로 외반되게 덧대어 천판과의 조화도 고려했다(83-8, 9).
판각이 서로 연결되는 부분에 맞짜임을 하였는데 이를

보강하기 위해 안쪽 각도에 맞추어 긴 골재을 덧대었고, 굽도이에 따라 같은 형태로 둘렀다.(83-9)

판각 모서리마다 초엽형거멀잡이장석이 4개씩인데 면적에 비해 많은 양의 장석을 붙여 장식성을 높였다. 이는 비교적 나뭇결이 곱고 단단하나 휘어지기 쉬운 느티나무 판재를 보강하기 위한 것으로 보인다(83-6, 7, 8).
일상적인 식사용 소반보다는 다과상, 주안상 또는 정성스레 차리는 상의 용도로 쓰였을 것이며, 그 위에 올린 음식과 함께 아름다운 모습을 연상하게 한다.

· 천판 두께 1.2 　· 변죽 : 높이 2.1, 폭 2.9
· 목지름 : 35.0 　· 판재 : 윗면 13.6, 아랫면 16.5, 높이 28.7
· 굽 : 1.2×0.6 　· 거멀잡이장석 : 가로 5.0×세로 2.0

83-2 천판과 변죽

83-1 윗면. 천판

83-3 변죽 밑부분과 판각

83-4 앞면 1

83-5 앞면 2

83-6 초엽문

83-7 칠보문

83-8 판각과 굽, 초엽형거멀잡이장석

83-9 내부. 판각 사이 붙임목

투각아자문공고상
透刻亞字紋公故床

윗지름 48.0, 밑지름 44.5, 높이 28.4㎝
19세기, 개인 소장

공고상은 야외나 관청으로 음식을 머리에 이고 나를 때 사용하는 소반으로 번상番床이라고도 부르며, 음식을 나르기 위한 쟁반이나 목반木盤의 역할과 함께 운반에도 적합한 인체공학적人體工學的 설계로 짜인 기능적인 소반이다.

이 공고상은 머리에 이고 나를 때 밖을 내다볼 수 있는 크고 시원한 망두형의 열린 창을 앞뒷면에 뚫고 양 옆면에 손잡이 구멍을 만들었으며(84-1), 판각 네 면에 원형 아자문을 투각해 모양을 냈다(84-7).

앞면의 망두형 창 바로 위에 수저를 넣어두는 작고 긴 서랍을 설치한 매우 드문 형태로, 깨끗하게 관리하고 또 운반 시 잊지 않기 위해 별도로 공간을 마련한 것으로 보인다(84-8, 9, 10).

변죽 윗면을 턱지게 깎아 층을 만들어 변화를 주었는데 한결 짜임새 있어 보인다(84-3).

변죽과 12각 진 천판과의 짜임은 변죽에 홈을 파내고 장부 맞짜임 한 후 대나무못을 깊이 박았으며, 변죽의 12각 모서리에 국수형거멀잡이장석을 박아 견고하게 잡아주고 있다(84-4).

천판과 하부 판각 연결은 천판 밑부분을 판각 두께로 약간 파내고 끼운 후 천판에서 대나무못을 박아 고정했다.

또 천판과 판각 그리고 변죽 사이에 얇은 각재를 덧대어 천판 밑면과 턱맞짜임을 했는데 견고하고 두꺼워 중후해 보인다(84-4).

판각 하단의 굽은 판각 두께보다 약간 넓은 각재로 한 면의 모를 둥글게 굴린 후 외반되게 맞짜임 하고 밑에서 대나무못을 박아 견고하게 했다(84-6).

· 천판 : 두께 2.3　· 변죽 : 두께 3.0, 넓이 2.1
· 판각 : 10.0×10.9, 높이 14.8
· 서랍 앞면 : 가로 8.1, 세로 3.4, 두께 0.9
· 서랍 : 길이 27.8, 속 높이 2.9　· 굽 : 0.8×1.1, 길이 6.6

84-1 옆면

84-2 윗면. 천판

84-3 천판과 변죽

84-4 변죽 밑부분과 판각 사이 각재

84-5 판각 내부

84-6 판각과 굽

84-7 투각 아자문

84-8 수저 보관 서랍

84-9 서랍 빼내었을 때

84-10 수저 보관 서랍

기둥이 하나로 되어 일주반一柱盤 또는 단각반單脚盤이라 부른다. 기둥이 하나이므로 시각적으로나 실제로도 힘을 못 받기 때문에 과일, 약, 냉수 등 정성이 깃든 그릇 하나를 올려놓기 위한 용도로 짐작된다.

윗면인 천판 위에 좁고 낮은 각목을 붙인 후 천판과 함께 화형으로 깎아 변죽을 구성했다(85-3, 4).
얇은 회양목 판재를 은행나무 천판에 붙이고 매죽문梅竹紋을 정교하게 양각한 다음 바닥면을 긁어내고 옻칠로 마감했다(85-1).

구름넝쿨형 +자형 다리(85-5, 6) 위에 네 줄을 꼬아 올린 기둥(85-7, 8)을 박아 끼우고, 그 위로 다시 하단과 같은 구름넝쿨형 +자형 받침이 화형 천판을 받치고 있다(85-2, 4).

이런 기둥 형식은 19세기 제작된 팔걸이와 등가에서, 다리 형식은 서견대에서도 사용되었다.

寒依疎影蕭竹 한의소영소죽
春掩殘香漠苔 춘엄잔향막태
송대, 유종원柳宗元의 전원시田園詩 「冬夜동야」 구절로서, 차가운 겨울의 풍경과 이어지는 봄의 향기와 함께 삶의 덧없음을 묘사하고 있다.

· 천판 두께 0.9
· 변죽 : 너비 1.4, 높이 1.7
· 기둥 : 4.6×4.6, 높이 12.8, 굵기 1.0
· 위 받침 : 두께 2.0, 길이 23.7, 높이 4.7
· 다리 : 두께 2.0, 길이 29.6, 높이 5.5

85-1 화형 천판

85-2 옆면

85-3 변죽

85-4 천판 및 네 구름넝쿨형 받침

85-5 구름넝쿨형 다리

85-6 다리 바닥 부분

85-7 네 가닥 기둥

85-8 네 가닥 기둥

목공예 86 | 어접화문다식판 魚蝶花紋茶食板 | 가로 19.7, 세로 11.7, 높이 6.6㎝
20세기, 개인 소장

다식은 녹말, 콩, 송화, 승검초, 황밤, 검은깨 등을 틀에 메꾼 후 눌러 찍어낸 우리나라 고유의 과자인데 이를 찍어내는 틀이 다식판이다.
다양한 형태와 무늬들은 재료의 색감과 함께 입맛을 돋우는 역할을 한다.

이 다식판은 벌, 나비, 꽃, 잎 등 자연과 함께 다산을 의미하는 물고기 등을 음각과 입체로 조각해서 밑판에 부착하고 이와 같은 모양과 크기로 투각한 윗판을 끼워 넣게 만들었다(86-2).

또 위판이 빠지지 않도록 가장자리 중앙에 2개의 4각 기둥을 세우고 빗장을 질렀다(86-1).

따로 제작한 4각 받침목을 두 판 사이에 끼우면 움푹 들어간 공간이 생기는데 이곳에 다식 재료를 눌러 메운 후 받침목을 빼고 위판을 누르면 양각된 무늬가 새겨진 먹음직한 다식이 생성된다(86-2).

· 상판 : 가로 18.0, 세로 10.6 두께 1.7
· 하판 : 두께 1.4

· 받침 각목 : 가로 1.7, 세로 1.2, 길이 10.4

86-1 받침목

86-2 받침목 받치기

마른반찬을 담는 3개의 목판 서랍이 들어 있는 찬합이다.
관료가 다른 고을로 출장 시 관가에서 운영하던 숙박소인
원院에서는 객이 내어주는 쌀로 관리자들이 밥만 지어주기
때문에 여행자는 먹을 양식과 함께 반찬을 지니고 다녀야
했다.

또한 야외에서 친우親友들과 차나 술을 마실 때 몇 가지
안주按酒를 넣어가기도 했다.

대부분의 찬합은 미닫이문판을 열면 내부에 네 개의 서랍을
갖고 있으나 이것은 3개의 서랍으로 반찬의 수는 적으나
높아서 많은 양을 담을 수 있다(87-2).

서랍에는 음식을 담기 위해 내부까지 옻칠을 했으며, 재질은
가볍고 잘 터지지 않는 은행나무다.

통풍을 위해 앞면 문판을 포함해 사방에 만자문卍字紋을
투각해 내부 음식의 변질을 막았다(87-1, 5).

천판에는 주석 들쇠장석이 달려 있는 것이 일반적인데 이것은
삼끈을 이용하여 천판에 구멍을 뚫고 내부에서 매듭을 지어
검소하게 처리했다(87-3, 4).

· 각 판재 : 두께 0.9   · 문판 : 10.4×23.0, 두께 0.9
· 서랍 : 가로 9.2, 세로 8.9, 높이 7.2, 두께 0.6

87-1 모양새

87-2 찬합과 4각 목판 서랍

87-3 윗면

87-4 문판 끼우는 홈

87-5 투각 만자문

87-6 미닫이문판 모양새

여섯 개의 동일한 굵기의 대통을 엮은 후 하단에 밑널을 대고 상단에는 경첩을 사용하여 뚜껑을 달았다(88-7).

뚜껑 부분은 몸통 형태로 오려낸 판재 표면에 대나무를 붙였는데, 중심부의 사각판 둘레에 직선을, 둥근 면에는 모양에 따라 둥글게 오려 붙였다(88-5).

앞면에는 팔괘문八卦紋을 중심으로 수복壽福자, 뒷면에는 팔괘문를 중심으로 원형 수문壽紋 그리고 양 옆면에는 매화, 국화, 소나무, 대나무를 배치했으며, 무늬 외의 바닥면에 촘촘히 음각 골을 파내서 새겨진 무늬들을 돋보이도록 했다 (88-1, 2, 3, 4).

이런 기법은 필통과 망건통, 화살통 등 사랑방 용품에서 사용되었으며, 수문壽紋을 강조한 것으로 보아 집안의 어른이 사용하였던 것으로 짐작된다.

뚜껑 앞쪽에 화형 낙목이 있어 뚜껑을 고정하고, 뒷면과 뚜껑에는 긴 경첩이 견고히 붙어 있다(88-8, 9). 또 몸체 하단과 밑널에는 국수형거멀잡이장석을 달아 견고히 했다(88-6).

매우 실용적인 구조와 형태를 갖춘 격이 있는 찬합이다.

· 대통 : 지름 6.8, 높이 7.5, 두께 0.8
· 뚜껑 : 행자목, 두께 1.3
· 밑면 : 소나무, 두께 0.9
· 낙목 : 가로 1.5, 세로 3.8+1.6
· 경첩 : 가로 1.7, 세로 4.5+2.0
· 국화형 장석 : 지름 1.9

88-1 앞면

88-2 옆면

88-3 뒷면

88-4 옆면

88-5 윗면

88-6 밑면

88-7 내부 구조

88-8 걸고리

88-9 경첩

죽제찬합은 대나무의 자연적인 둥근 면을 활용해 굵은 대통을
⅔가량 길게 잘라내어 두 개를 붙였으며, 판재로써 내부의 긴
쪽을 두 칸 그리고 또 한쪽을 세 칸으로 분리해 마른반찬을
넣는 공간을 마련했다(89-7).

뚜껑인 천판과 좌우 판재 위에 여러 쪽의 대나무편을 붙이고
모서리를 주석귀싸개장석으로 견고하게 잡았다(89- 5, 6).

밑면 부분인 두 쪽 둥근 대나무 사이의 움푹한 공간에 대나무를
덧붙여 젓가락을 넣는 공간을 형성하고 이에 주석여닫이덮개
장석을 달았다(89-2, 5, 8).

또한 중심의 넓은 약과형앞바탕장석 위에 붙박이자물쇠
장석을 달았으며, 뒷면에는 견고한 초엽형경첩을 부착했다
(89-3, 4, 9).

양 옆면 밑 끝부분에는 폭이 좁고 긴 주석판의 양 끝을 둥글게
말아 족대로 사용했다(89-2, 5, 6, 8).

대나무는 선비들이 즐겨 찾는 재료이며 물에 강하고 또 닦을
수록 윤이 나며 깨끗하다.
대나무의 질감과 풍부한 선이 강조된 금속 장석이 중후한
감을 준다. 옻칠을 입혔다.

· 천판 : 30.7×17.5, 두께 1.1,
· 몸통 : 가로 18.3, 높이 6.8, 두께 30.7
· 대통 : 지름 8.3, 칸막이 판재 두께 0.7
· 족대 : 길이 9.8, 두께 0.9, 높이 1.6
· 자물쇠앞바탕 : 5.5×5.3+2.4,
· 낙목 : 가로 1.7, 길이 1.0+3.7
· 자물쇠 : 가로 2.7, 세로 1.8, 높이 0.7
· 고춧잎 : 가로 2.7, 세로 2.0+0.7
· 모서리 귀싸개장석 0.9
· 젓가락 공간 덮개 : 가로 7.2, 세로 4.5
· 들쇠 : 가로 4.9, 세로 2.1, 화형받침 2.6

89-1 윗면

89-2 밑면

89-3 앞면

89-4 뒷면

89-5 젓가락 보관용 공간의 여닫이덮개장석

89-6 옆면

89-7 내부 구조

89-8 젓가락 보관용 공간

89-9 경첩

귀때그릇은 기름을 담아 작은 병으로 옮기는 데 사용했다 하여 기름복자라고도 한다.

간장, 기름 등을 퍼서 좁은 용기에 담을 때 바가지와 깔때기의 역할을 겸한 유용한 주방용구다.

귀때그릇은 일반적으로 백자, 분청사기, 석간주, 오지 등 도기질 陶器質로 되어 있으나 목제 귀때그릇은 가볍고 잘 깨지지 않아 사용에도 편리하며 가격이 저렴하여 많이 애용되었다.

주둥이가 달려 있어 목물레로 돌려 깎을 수가 없고, 통나무를 자귀와 후비기칼로 일일이 파내야 하므로 힘든 수공手工이 요구되었다.

또 액체류를 담아 사용하게 되므로 목재로서는 오랜 기간 유지되기 어려워 남아 있는 숫자가 그리 많지 않다.

좁고 긴 주둥이를 길게 뻗고 또 두께를 얇게 제작하여 액체로 된 내용물이 강하고 길게 뻗어나가도록 하고, 구연부를 몸통보다 좁게 하여 옆으로 흐르는 것을 방지했다(90-1, 2).

나무 재질을 보호하기 위해 안팎으로 옻칠했다.

곡면의 안정된 형태에 굵게 상하로 골을 팠는데 이 도드라진 주름은 신선한 조형미와 함께 건강미를 보여주고 있다(90-1, 2).

· 구경 16.2, 복경 19.8, 저경 17.1

90-1 옆면

90-2 주둥이 부분

90-3 윗면

90-4 밑면

함지 둘레에 손잡이인 전이 달려 있다 하여 전함지라 부르기도 한다.

이 함지는 까뀌나 자귀로 파낸 것이 아니라 갈이틀로 전을 살려 회전시켜 깎은 후 대담하게 양 옆면을 잘라 전을 형성했다. 이로써 목재가 안으로 휘거나 갈라지는 것을 방지하고 무게를 줄이며 또 손잡이의 용도로 편리하게 사용할 수 있다(91-3).

하부 넓이를 구연부보다 안으로 넓게 파내어 많은 양을 담을 수 있도록 했는데 손잡이인 전과 만나는 구연부를 날카롭게 처리하여 깔끔하다(91- 3, 4). 전 끝부분 위쪽에 약간의 턱을 주어 전 두께가 두툼하고 힘이 있어 보인다(91-4). 또 앞면에서 보는 원만한 곡면 처리는 안정감을 준다(91-2).

바닥면에는 도자기 그릇과 같이 굽을 만들어 바닥에 닿는 것을 고려했다(91-5). 윗면에서 보이는 전과 내부 표면은 아주 매끄럽게 처리하였으나(91-3, 4), 전의 뒷면이나 뒤 곡면에는 갈이칼로 파낸 자국이 그대로 남아 있어 갈이틀의 회전 속도감을 시각적으로 보여주고 있다(91-5, 6).

표면에는 황토와 석간주 그리고 들기름을 섞어 발랐다.

이처럼 대형 용기를 회전시켜 깎아내려면 목재의 마련도 쉽지 않으며, 갈이틀 사용을 위한 숙련된 제작 기술이 필수적이다.

· 속 지름 49.0, 속 밑지름 35.0, 속 최대 너비 52.0
· 전 너비 11.0, 두께 2.2

91-1 정면 모양새

91-2 앞면

91-3 윗면

91-4 전 모양새

91-5 밑면

91-6 전 뒷면

통나무의 속을 파내고 벌들이 꿀을 모아 저장하게 만든 벌꿀통이다.

일반적으로 벌통은 속이 비어 있는 사각 목제 통을 사용하지만 산간 지방에서는 이와 같이 속이 빈 통나무에 벌을 키우기도 한다.

통 둘레의 조각은 뛰어난 조각공의 작품으로 깊이 있고 대담한 표현으로 생동감이 있다. 외형상 궁중이나 사대부의 가정을 위해 맞춤 제작된 것으로 보인다.

상부에는 구름과 해, 천도와 학, 그 밖의 배경에는 괴석, 불로초, 대나무를 대담하고 깊게 입체 조각을 했고 중앙 하단에는 태평성대에 나타난다는 영수靈獸인 기린麒麟이 버티고

있다(92-1, 2, 3). 영수의 턱 아래 구멍을 뚫어 벌이 드나드는 입구를 설치했다(92-5).

구름과 뒷면에서 보이는 붉은 색 외에 조각된 주된 문양에도 물감 흔적이 남아 있는 것으로 보아 전체가 채색되었던 것으로 추정된다(92-1~4).

상부 입구의 목재가 심하게 부식된 것(92-6)으로 보아 여름철이 끝나고 통 안에 꿀이 차면 통째로 궁이나 사대부가로 옮겨 채취한 후 봄철에 다시 양봉養蜂 장소로 옮겨가며 수년 동안 반복해서 사용하였던 것으로 보인다.

· 속 지름 37.3~38.8

92-1 옆면

92-2 앞면

92-3 옆면

92-4 뒷면

92-5 영수 얼굴과 벌 출입구

92-6 윗면

양각된 운룡문은 하부의 용머리를 중심으로 구름에 쌓인 힘찬 용이 적절하게 배치되어 있어 생동감이 있다(93-1, 2). 하단의 용 입에 내부로 통하는 구멍을 뚫어 벌이 드나드는 출입구로 활용했다(93-4).

몸체에 조각된 무늬 사이와 통 내부 입구에 백색과 붉은색이 남아 있는 것으로 보아 당채唐彩로 채색되었던 것으로 추정된다(93-3, 5).

이 벌꿀통은 통 안에 꿀이 차면 통째로 궁이나 사대부가로 옮겨 채취한 후 다가 봄철에 다시 양봉養蜂 장소로 옮겨가며 오랫동안 반복해서 사용하였을 것으로 짐작된다.

· 속 지름 26.9~29.7

93-1 옆면

93-2 앞면

93-3 옆면

93-4 용 얼굴과 입

93-5 윗면

마. 등촉·기타

燈燭·其他

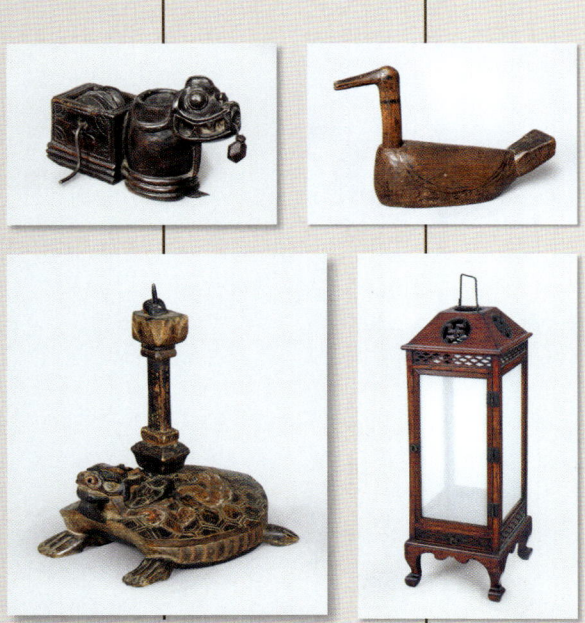

거북과 용의 강한 입체 조각과 채색 그리고 크기 등으로 보아 가정보다는 사원寺院에서 사용하던 것으로 사료된다.

왼쪽의 촛대는 거북형 머리의 입에서 나오는 서기瑞氣를 느낄 만큼 용맹스러운 힘이 보이는 입체 조각품이다.
등판에 넝쿨문으로 크고 넓게 양각하고 그 위에 당채를 칠하여 더욱 위용偉容을 갖추고 있다.
거북의 등껍질 밑 둘레에는 굵은 양각선으로 선문紋線을 둘러 단단한 몸체를 나타내었다.
바닥면이 넓고 평평하여 촛대를 충분히 받칠 수 있으나 네 발을 길게 붙여 안정되고 더욱 당당하고 신뢰성을 갖게 한다(94-3~6).

오른쪽의 운룡형 촛대는 일정한 면적 안에 용의 머리를 중심으로 몸체가 대칭되도록 배치했으며 앞면과 뒷면 그리고 네 귀에 구름을 배치하여 몸을 감싸고 있는 듯한 모습을 취하고 있다.

입체 조각된 무서운 용의 얼굴이 살아있는 듯 보여 두려움마저 느끼게 하며 용의 몸체에 황색, 구름에 적색과 흑색 등 당채唐彩가 남아 있어 매우 강한 인상을 풍긴다(94-8~12).

거북과 용의 등에 4각 구멍을 뚫어 촛대를 끼우도록 했으며 연판蓮瓣 형태 위에 초를 꽂을 수 있도록 무쇠촉을 끼웠다(94-7, 12, 15).

목재는 단단하고 무거운 박달나무다.

· 왼쪽 : 거북 몸체 23.0×29.8, 높이 13.9
· 오른쪽 : 용 몸체 24.5×36.0, 높이 14.0
· 촛대 : 7.1×5.5, 총 길이 32.5 (촉 포함)
　　　목재 촉 : 6.8×5.2 길이 4.0
　　　무쇠 촉 : 굵기 0.7, 길이 3.3

94-1 옆면

94-2 옆면

94-3 정면

94-4 뒷면

94-5 윗면

94-6 바닥면

94-7 몸체와 촛대

94-8 앞면

94-9 앞면 모양새

94-10 옆면

94-11 옆면

94-12 윗면

94-13 바닥면

94-14 뒷면

94-15 촛대

목공예 95	**목상감희자문죽절형촛대** 木象嵌囍字紋竹節形燭臺	밑지름 18.0, 높이 63.2㎝ 19세기, 개인 소장

이 촛대는 전형적인 백동 또는 놋쇠로 된 조립식 촛대의 형식을 목재로 제작했으나 이동식은 아니다.

바람을 막기 위해 촛불의 한쪽을 가리도록 부채처럼 만든 불후리를 달았는데, 촛불의 한 면을 막아 반사되는 빛으로 더욱 밝게 하고, 바람이 불어 살랑거리거나 꺼지는 것을 막는다.

이 불후리는 은행나무 판재에 밝은색 목재로 희囍자를 상감한 미선형尾扇形이며 자루는 죽절형이다(95-2).

죽절형 기둥 상부에 초 받침과 불후리를 고정하기 위해 투각 만자문을 새긴 판을 사이에 두고 두 개씩의 정육면체에 약간 넓은 구멍을 뚫어 회전이 가능하도록 했다(95-4, 5, 6).

초꽂이와 받침, 죽절형 기둥과 하단의 밑판 모두 갈이질해서 선 처리가 매끄럽다.

넓고 두꺼운 밑판이 상체를 받쳐주어 안정감이 있다.

· 선형 불후리 : 너비 11.1, 높이 17.6, 두께 0.3
　　　　　　　 죽절봉 지름 1.6, 총길이 35.0
· 투각 만자사각판 : 8.1×5.2, 두께 2.1
· 초꽂이 대 : 지름 1.6 높이 19.3㎝
· 기둥 : 지름 2.7, 높이 40.3
· 초 받침 : 윗지름 8.5, 밑지름 7.8, 높이 1.9
· 하단 받침 : 밑지름 18.0, 높이 3.0

95-1 각 부분 분해

95-2 불후리 앞면

95-3 불후리 뒷면

95-4 초 받침과 불후리 받침

95-5 초 받침과 불후리 정면

95-6
초 받침과 불후리 받침

| 목공예 96 | 등가 燈架 | 윗지름 16.8, 밑지름 18.8, 높이 24.0cm
19세기, 개인 소장 |

목재를 회전시키며 원형으로 깎아 내는 갈이틀로 제작된 등잔 받침대로 표면이 매끄럽게 다듬어져 있다.

전체가 등잔을 올려놓는 상판과 이를 받치는 기둥, 그리고 상체를 안정되게 고정하기 위한 밑판 등 세 부분으로 나뉘어져 있다.
단조로운 상판과 밑판에 여러 줄의 선을 넣어 모양을 내고 기둥 또한 굵고 가늘게 곡선 처리하여 변화를 주었는데 시각적으로 힘차고 날렵해 보인다(96-1).

넓은 면의 천판은 대형 등잔을 올려놓을 수 있을 만큼 넓으며, 두껍고 넓은 밑받침은 중후하게 보인다.

· 위 받침 : 지름 16.8, 두께 2.0
· 변죽 : 높이 2.1, 두께 1.2
· 기둥 : 지름 4.7, 높이 14.0
· 밑받침 : 지름 18.8, 높이 5.7, 두께 4.8

96-1 앞면

등잔의 높낮이를 조절하여 불빛을 가까이 혹은 멀리까지 도달하도록 조절할 수 있는 전형적인 등경의 기본 형태다.
일반적으로 기둥 뒤쪽에 톱니 층을 설치해 등잔 받침대를 적당한 높이로 걸어 두는데, 이것은 기둥의 앞뒷면에 초문 형태의 곡선을 주어 받침대가 자연스레 걸리고 또 모양새도 좋게 했다(97-1, 2)

하단의 받침대는 두꺼운 판재를 3단으로 좁혀가며 층을 구성하고 윗면을 파내어 불판을 만들었다(97-4, 5).
또 바닥 부분에 풍혈을 구성했는데 一자로 가늘고 길게 파내어 마치 ㄷ자 형태로 말린 것처럼 보이며 두껍고 힘찬 4각 받침대가 되었다(97-6, 7).

경사진 등잔 받침대에는 등잔을 받치기 위한 가느다란 목제 촉을 양쪽으로 2개 박았다(97-3, 8).

묵직한 받침대, 긴 기둥의 유연한 곡선, 힘차게 뻗은 등잔 받침대가 서로 어울려 조화를 이루고 있다.

· 기둥 : 가로 4.8, 두께 1.5, 높이 66.0
· 등잔 받침판 : 22.3×8.7, 두께 1.7
· 하단 받침대 : 20.7×24.0, 높이 6.9
· 변죽 : 20.0×20.0, 높이 0.9, 두께 2.1

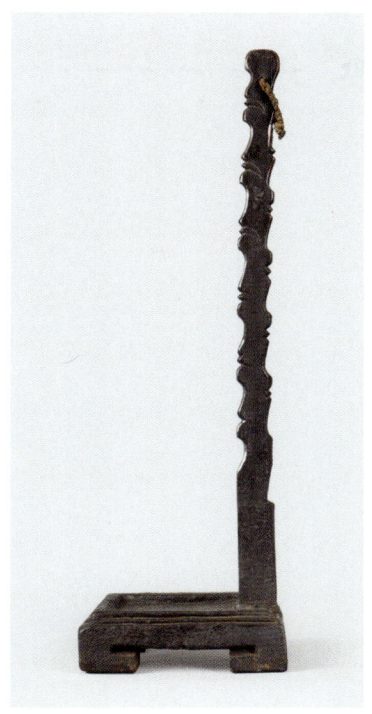

97-1 옆면

97-2 높이 조절용 기둥

97-3 등잔 받침과 기둥

97-4 받침대 모양새

97-5 받침대 뒷면

97-6 받침대 옆면

97-7 받침대 바닥면

97-8 등잔걸이

등잔을 올려놓는 받침을 16개의 연판형蓮瓣刑으로 정교하게 조각했으며(98-1, 2), 기둥은 갈이틀로 회전시켜 깎아 내는 제례용 촛대와 같이 잘록하고 단아한 형태를 갖고 있다(98-5). 상체를 안정되게 넓은 8각 받침대를 사용했으며, 기둥을 안전하게 받치기에는 판이 얇아 중심에 원형 판을 덧대고 바닥면까지 구멍을 뚫은 다음 기둥을 박았다(98-6, 7). 테두리에 약간 높은 변죽을 덧대었는데 불판과 재떨이를 비롯한 여러 기능으로 사용한 것으로 보인다(98-6). 받침대 하단에는 받침 겸 풍혈을 두어 두툼하고 조형적인 효과도 가져왔다(98-6, 7).

연판형 등잔 받침과 기둥 상부가 만나는 4면에 아래와 같은 시구詩句가 음각되어 있다.
「峰似潭中蓮 봉사담중연」 산봉우리는 연꽃 송이 같다.
「明如天上月 명여천상월」 밝기는 하늘의 달과 같다.

「槿近旣遠 근근기원」 가까이하기를 조심하니 멀어진다.
「燈下猶暗 등하유암」 등불 아래가 오히려 어둡다.
연蓮은 선비의 순수함과 청정무구淸淨無垢함을 상징한다. 주인의 취향과 생활 철학이 깃든 그 집안의 분위기와 가구들을 짐작해 볼 수 있을 것 같다.

· 연화형 등잔 받침 : 윗지름 7.6, 밑지름 4.8, 최대 지름 12.2
· 기둥 : 가로 2.6, 세로 2.6, 높이 44.6
　　　　상부 각목 : 2,6×2.6, 길이 1.6
　　　　하부 각목 : 2.8×2.8, 길이 1.8
· 팔각받침 : 지름 27.0, 판재 두께 1.2, 총 높이 4.8
　　　　원형받침 지름 9.3
· 변죽 : 한 변 10.9, 높이 1.5, 두께 1.5
· 운각 : 한 변 10.7, 높이 1.7, 두께 1.5

98-1 연판형 등잔 받침 모양새

98-2 윗면

98-3 앞면과 명문

98-4 '明如天上月' 명여천상월

98-5 기둥

98-6 8각 받침대

98-7 바닥면

등가는 불을 밝히는 등잔을 높이 올려놓는 용도이며 등잔대라고도 부른다.

두 가닥의 끈을 엮은 도래매듭과 직선으로 면을 쳐서 깎아 낸 입체 조각의 기둥이 경쾌하면서도 힘차 보이며, 거북 형상의 받침대는 머리, 다리, 등판을 사실적으로 조각했다(99-1~4). 단단하게 엮어 맺어진 도래매듭은 영원히 함께하는 부부를 상징하며 거북은 장수를 의미한다.

등잔을 받치는 둥근 받침은 목재를 회전시켜 깎아 내는 갈이 틀을 사용하여 매끄럽게 처리했으며, 그 밑에 사각 판재를 붙인 후 두 구멍을 파서 가닥을 꼰 기둥을 견고하게 고정시켰다(99-7, 8).

· 등잔 받침 : 구경 8.2, 높이 4.2
· 사각 받침 : 위, 가로 3.7, 세로 3.7, 높이 1.8
　　　　　　　아래, 가로 3.7, 세로 3.7, 높이 1.6
· 등잔대 : 지름 8.0, 높이 49.3
· 기둥 : 굵기 2.3, 높이 34.0
· 다각형 : 5.1×5.1
· 거북형 받침 : 폭 23.9, 길이 18.2, 높이 6.6

目
공
예

99-1 거북형 받침대 모양새

99-2 받침대 뒷면

99-3 받침대 모양새

99-4 옆면

등
촉
·
기
타

99-5 옆면

99-6 바닥면

99-7 등잔 받침

99-8 등잔 받침 밑부분

좌등은 내부에 초나 등잔, 호롱을 넣어 불을 밝히는 등으로, 실내 윗목이나 대청 한쪽에 놓여 은은한 불빛으로 주변을 밝게 해 주는 역할을 한다.

이 좌등은 상부 경사진 면에 만자卍字문을 투각하고, 사방의 창호 상부인 쥐벽간에는 안상眼象문을 연속적으로 투각하였는데, 촛불이나 호롱불에서 발생하는 열과 그을음을 내보내는 환기의 기능과 함께 투영되는 빛의 효과도 얻고 있다(100-3, 4).
4면 창호에는 내부가 비치는 옅은 미색의 사紗를 발라 조명 효율성을 고려했다(100-1, 2).

족통 상단에 설치된 서랍에는 상부 쥐벽간의 투각된 안상연속문과 동일한 판에 뒤판을 덧대어 상하 대칭을 이루도록 구성했는데 이곳에는 초, 등잔 심지, 심지 가위 등 등촉 용구들을 넣어둔다(100-6).

높은 상체를 안정되게 보이도록 하단에 굵고 높은 족통을 설치하였는데 이는 교자상에서 볼 수 있는 마족형馬足形이다 (100-5).
상부의 이동을 위한 ㄷ자형 들쇠는 대각선상으로 설치되었는데, 이는 상판에 비해 투각된 원형 구멍이 넓어 비교적 넓은 모서리 부분에 부착했다(100-3, 4).
은행나무로 제작했다.

· 상판 : 12.2×12.2, 원형 구멍 지름 9.1
· 상단(지붕) : 29.6×29.6, 높이 10.0
　　　　　　투각 만자문 원형 창 : 9.0
· 몸통 : 27.3×27.3 　· 기둥 : 1.9×1.9, 높이 58.2
· 창호 : 가로 23.4, 세로 47.0, 폭 1.7, 두께 1.0
· 서랍 : 가로 23.5. 높이 4.1, 앞면 두께 1.3
· 족통 : 가로 29.6, 세로 29.6, 높이 14.7
　들쇠 : 가로 10.0, 밑넓이 13.5, 높이 10.3

100-1 내부

100-2 앞면

100-3 지붕과 앞면 상부 통풍 장치

100-4 천판 투각 만자문과 원형 창

100-5 하단 족통

100-6 하부 서랍

지붕 형태의 경사진 면은 주먹장사개짜임으로 견고하게 짜맞추고, 그 면과 아래 쥐벽간에는 넝쿨문을 투각했다(101-2). 천판에는 원형을 중심으로 네 귀에 박쥐문을 배치한 투각 환기창이 있다(101-3).

여닫이문을 포함한 네 면의 아亞자살 창에는 뒷면에 한지를 발라 은은한 간접 조명 효과를 내고, 불을 밝히지 않는 낮 동안 좌등의 부피감에도 불구하고 실내 창호와 조화되어 부담 없이 배치가 가능하다(101-1).

앞면 여닫이창에 잠금 환고리와 숨은 경첩을 부착했고 그 외 3면의 창호는 고정되어 있다. 여닫이문 밑의 서랍은 당김 고리가 없이 안상문을 투각하여 손가락을 넣어 당기게 만들었다(101-4).

대부분의 좌등은 높은 족통을 갖고 있어 상체를 경쾌하게 받치고 있으나, 이것은 하단(머름칸)이 한 층이 더 있고 다리가 없이 네 귀에 받침을 설치하여 보다 묵직하고 안정감이 있다(101-4).

골재는 단단한 참죽나무, 판재는 가볍고 탄력이 있어 조각이 잘되는 은행나무이며 옻칠을 두껍게 입혔다.

· 상판 : 가로 17.5, 세로 17.5, 원형 구멍 10.6
· 상단 : 27.0×27.0, 높이 5.9
· 몸통 : 26.4×26.4, 높이 46.8
· 기둥 : 2.3×2.3, 높이 71.3
· 쇠목 : 길이 27.0, 두께 1.8, 넓이 2.4
· 문판 : 21.3×46.0, 두께 1.2, 각목 두께 1.5
· 서랍 : 가로 21.6, 세로 5.9, 앞면 두께 0.9

101-1 내부 구조와 서랍

101-2 투각 넝쿨문

101-3 투각 박쥐문

101-4 하단 서랍 투각 안상문

101-5 쥐벽간의 투각 넝쿨문

101-6 쥐벽간의 투각 넝쿨문

제등은 촛불을 넣어 길을 비추거나 사용자의 위치를 알리는 휴대용 등이다.

4·6·8각의 여러 형태가 있으며 기둥 사이의 창에는 한지韓紙, 황사黃紗, 청사靑紗 등을 바른다. 크기가 작고 가벼워야 하므로 대나무와 종이를 활용하여 제작하기도 한다.

이 제등은 대형 좌등과 유사한 기능의 구조와 모양새를 갖추고 있다.

초를 새로 갈거나 불을 밝힐 때에는 하단의 각진 손잡이를 위로 당겨 올려 문판을 떼어낼 수 있다(102-1, 2).

이 문판은 사면이 동일하나 앞면 문판만 떼어낼 수 있고 그 외 3면은 고정되어 있다.

문판의 테두리인 문변자 안쪽에는 튀어나온 버선코형 선을 둘렀는데 전라도 지방 좌경의 거울면에서 사용되는 형식이다(102-5).

바닥 판재 중심에 주석으로 된 초꽂이 받침대가 부착되어 초를 안전하게 고정했으나 현재는 자국만 남아 있고, 촛농이 바닥 사방에 떨어져 있는 것으로 보아 오래전부터 받침대 없이 사용된 것으로 짐작된다(102-1).

창호 윗부분의 쥐벽간에는 안상문을 투각한 환기 구멍을 설치했고(102-2), 천판 환기 구멍의 대각선 상에 주석 들쇠를 달았다(102-3).

초엽형의 하부 족통은 두꺼운 판재로 제작되어 상부를 안정되게 받쳐주고 있다(102-4, 6).

· 상판 : 가로 10.6, 세로 10.6   · 원 구멍 : 6.2
· 상단 : 15.4×15.4, 높이 1.4
· 하단 족통 : 가로 15.4, 세로 15.4, 높이 2.7
· 몸통 : 가로 14.4, 세로 14.4
· 문판 : 가로 11.4 세로 14.9, 두께 0.9
· 들쇠 : 13.2×13.2, 굵기 0.5

102-1 내부 구조

102-2 앞면

102-3 윗면

102-4 족통

102-5 문판

102-6 밑면

나막신은 비가 오는 날이나 땅이 진 곳에서 신을 수 있도록 한 덩어리의 목재로 굽을 높게 깎아 만든 신이다.

굽이 높고 두껍고 투박하며 걸을 때 신축성이 없는 목재로 제작되어 불편하게 느껴지나 실제 두꺼운 버선을 신고 조심해서 걸으면 그리 어렵지 않게 사용할 수가 있다.

목재로 제작하므로 두껍고 클 수밖에 없어 재질이 가볍고 터지지 않으며 제작에 손쉬운 은행나무, 오동나무, 피나무, 소나무, 오리나무를 사용했다.

겉이 말라 터지지 않도록 꿀을 짜낸 찌꺼기를 끓여 만든 밀랍 기름을 바르기도 하는데 옻칠한 고급 제품도 있다.

예로부터 꽉 조이는 아름다운 버선발을 초승달에 비유했는데

이 나막신은 그처럼 가냘프고 부드러운 곡선을 보여 주고 있는 여성용이다(103-1).

남성용 나막신은 크고 우람하게 생겨 이와는 대조적이다.

외면과 내면 사이의 상부 테두리 부분에는 경사진 각을 분명하게 처리해 전체의 부드러운 곡선 속에서도 단아한 멋을 느끼게 한다(103-3).

또한 코 부분에서 옆면의 테두리까지 가느다란 음각선을 둘러 간결하게 장식 효과를 높였다(103-6). 은행나무다.

· 앞굽 : 폭 9.5 높이 5.0
· 뒷굽 : 폭 8.5 높이 5.4

103-1 옆면

103-2 앞면

103-3 윗면

103-4 뒷면

103-5 모양새

103-6 앞면 코

목기러기는 한국 전통 혼례식의 전안례奠雁禮에 사용되었으며 전안奠雁 또는 목안木雁이라 부른다.

기러기를 혼례에 사용하는 것은 인간 세계의 수복壽福과 혼인 婚姻을 맡은 천관天官인 자미성군紫微聖君에게 기러기를 선물로 바쳐 수복과 자손 번영을 받기 위함이고 또한 고대 중국에서부터 백년해로百年偕老의 상징이기 때문이다.

목안은 혼례식을 위해 새로 만들기도 하지만 한동네에서 서로 빌려 사용하기도 한다.
또 사용자의 신분이나 취향에 따라 실제 기러기를 사실적으로 표현하거나, 상징적인 면을 강조해 예술적 감각을 잘 나타낸 다양한 형태가 있다.

이 목안은 긴 목과 큰 몸체, 위로 뻗은 두껍고 긴 꼬리, 밑면의 넓고 편편한 면 등 사실보다는 상징적인 선을 살린 매우 단순한 형태를 갖고 있다(104-1, 5).
날개를 표현하기 위해 몸통보다 약간 높게 층을 주고 두 줄의 먹선을 둘렀으며 긴 목에도 굵은 검은 선을 둘러 시각적인 안정감을 주었다(104-1).

· 머리 : 가로 9.8, 두께 2.8, 외형 높이 12.0
　　　　　총 높이 15.0 (숨겨진 촉 3.0 포함)
· 몸통 : 길이 29.0, 너비 9.4, 높이 10.0

104-1 옆면

104-2 앞면

104-3 윗면

104-4 목 분리

104-5 밑면

혼례에 사용되는 목안은 수복과 자손 번영, 부부애를 상징한다.

이 목안은 굵고 유연한 선으로 이루어진 편안한 자세의 기러기다. 휘어진 부리와 긴 목은 물고기를 물고 있는 자세이며, 살찐 몸체는 목에서 이어진 부드러운 선과 날개와 꼬리의 날카로운 선이 조화를 이루고 있다 (105-1).

목안은 사실적이기보다 상징적인 형태가 대부분인데 이것은 자세와 비례 등에서 사실적이나 외형은 매끄럽고 단순하게 처리되었다.

몸통을 한 덩어리로 깎은 다음 날개 밑부분을 깊게 파내고 그 끝부분과 밑부분에 먹칠을 하여 날개를 강조하고 있다(105-3, 5).

넓고 편편한 밑면에 사각형으로 속을 깊게 파내었는데 이는 목재를 잘 건조해서 갈라지는 것을 막기 위함이다(105-4).

이 목안을 안아 보면 목재 무게와 형태로 인해 실물 기러기를 안고 있는 듯 느껴진다.

· 머리 : 폭 4.9, 두께 4.5, 높이 15.2+3.0(촉)
· 몸통 : 길이 26.4, 폭 11.2, 높이 10.0

105-1 옆면

105-2 앞면

105-3 윗면

105-4 밑면

105-5 몸체와 목

일반적인 목안은 상징적인 형태로서 정교한 조각이나 채색 또는 세부적 표현을 생략하는 것이 대부분인데 이것은 먹선으로 깃털을 상세하게 표현한 독특한 형태다.

부리를 표현하기 위한 머리 부분이 사실과 흡사한 형태로 깎여 있으며, 부리는 먹으로 칠하고 머리에는 잔털을 먹선으로 촘촘히 그렸다(106-1, 2, 3).

특히 눈을 넣었는데 먹점을 찍고 주변에 백선을 둘러 전체가 살아있는 듯한 생동감을 주고 있다(106-1).

날개에도 굵고 또 가는 먹선으로 깃털을 표현했고, 그 밖의 몸체에도 세선으로 촘촘하게 깃털을 그렸다(106-2, 4).

몸체가 갈라지지 않도록 밑면에 사각형으로 속을 파냈는데, 갈라진 것을 보면 덜 건조된 목재를 사용한 것으로 짐작된다(106-5).

· 몸통 : 길이 27.2, 너비 10.8, 높이 9.5
· 목 : 폭 11.0, 두께 4.1, 외형 길이 9.7

106-1 머리 부분

106-2 옆면

106-3 앞면

106-4 윗면

106-5 밑면

먹통은 집을 짓기 위해 목재를 자르거나 또는 직선의 긴 먹줄을 긋고 수직을 잡을 때 사용하는 목공 도구木工道具다. 주로 집을 짓는 대목들과 목가구를 제작하는 소목들이 사용한다.

구조는 타래칸인 네모난 통 속에 실을 감는 먹줄타래를 넣고 그 앞의 먹솜칸인 둥근 통에는 솜을 넣고 먹을 갈아 부었는데 실이 솜을 통해 나오는 동안 먹이 묻는다.

머리 부분의 구멍으로 빠져나온 실 끝은 뾰족한 못이 박힌 먹줄꼭지에 묶었다.

사용 방법은 먹줄꼭지를 선의 시작 점에 꽂은 다음 몸체를 잡고 선을 그리려는 목적지에서 짐승 주둥이를 대고 팽팽한 먹줄을 튕기면 먹선이 그어진다. 작업이 끝나면 타래 손잡이를 돌려 실을 감아둔다.

오른쪽 먹통은 큼직한 괴수의 머리를 눈과 뿔, 이빨 있는 입 부분을 강조하여 해학적이며 상징적으로 표현하고 숙련된 조각 솜씨를 발휘해 조각했다(107-1~3).

타래칸 벽면에는 초화문이 음각되어 있다.

타래칸과 먹솜칸 하단에 두 단의 굵은 양각선으로 두터운 받침을 만들어 전체를 안정되게 했으며, 그 밑에 홈을 파서 먹칼을 꽂아 두었다.

먹칼은 먹솜칸에서 먹을 찍어 손으로 간단한 먹선을 그을 때 사용하는 것으로 대나무 편을 이용한다.

왼쪽 먹통은 오른쪽의 일반적인 크기에 비해 매우 작은 소형 먹통으로 그 숫자가 적은 편이다.

툭 불거져 나온 눈과 이빨과 수염이 추상적 형태로 조각되어 있다(107-9, 10).

실이 나오는 입 부분의 구멍과 실패를 돌리는 손잡이 구멍에 가락지형 주석 장석을 끼워 목재가 닿지 않도록 깔끔하게 처리했다(107-7, 10).

뒷면에는 지름 2.8㎝가량의 원형의 주석 장석이 박혀 있다 (107-8).

· 오른쪽 : 먹줄 타래칸 6.6×8.7, 높이 5.5
· 왼쪽 : 먹줄 타래칸 4.8×4.3, 높이 3.2

107-1 모양새

107-2 앞면

107-3 옆면

107-4 윗면

107-5 뒷면 모양새

107-6 바닥면과 먹칼

107-7 모양새

107-8 뒷면 모양새

107-9 옆면

107-10 앞면

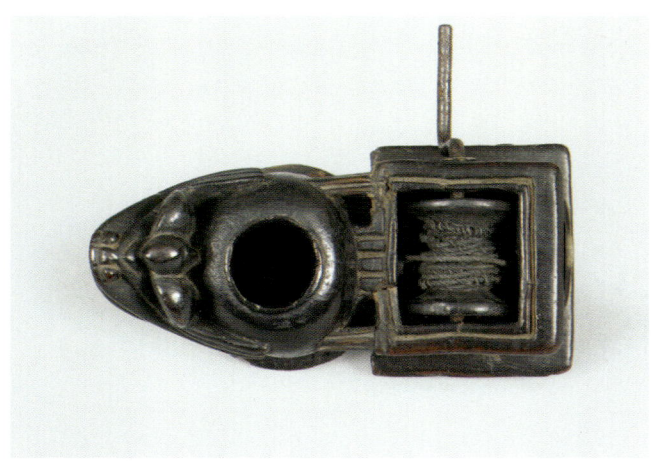

107-11 윗면

107-12 바닥면

바. 제례
祭禮

향나무를 얇게 깎아 만든 향을 넣어두는 작은 합이다. 향을 집을 때 주로 세 개의 손가락을 사용하는데 향합의 크기도 이에 따라 소형으로 제작된다.

목재의 중심을 갈이틀 축에 맞춘 후 회전시켜 깎아내는 갈이질로 제작한 향합으로, 작을수록 더욱 정성이 깃들고 정교하게 깎아낸다.

주로 제기와 일습一襲으로 갖추는데 외형과 제작 기법이 제기의 형식을 보이고 있다.

이 향합은 제사를 올리는 제실祭室의 정적인 분위기에 걸맞은 단순하고 묵직한 형태이다.

갈이질로 회전시켜 얻을 수 있는 선과 곡면을 잘 살렸으며 죽절형竹節形으로 깎았는데 굴곡진 끝부분에 음각선을 주어 대나무와 유사하고 또 짜임새도 있어 보인다(108-1, 3).

뚜껑을 열기 위한 연봉형 꼭지는 별도 제작된 것을 뚜껑에 구멍을 파고 고정시켰는데, 이는 대량 생산된 것을 이용하면 제작 시간을 단축할 수 있기 때문이다(108-2, 3).

느티나무에 옻칠했다.

· 뚜껑 : 지름 10.4, 두께 0.6, 높이 4.2
· 연봉 : 지름 1.6, 높이 2.2
· 기둥 : 지름 5.2
· 받침 : 지름 10.5, 높이 1.9

108-1 옆면

108-2 뚜껑 연 옆면 모양새

108-3 뚜껑 연 윗면 모양새

108-4 뚜껑 연 밑면 모양새

향로는 내부에 재를 담고 그 위에 향나무를 잘게 썰어 뿌려가며 사용한다.

뚜껑에 뚫린 구멍을 통해 연기가 올라오도록 하거나 뚜껑을 열고 사용하는 것 두 종류가 있다.

판재로 짜 맞춘 사각뿔 모양의 뚜껑에는 사방에 팔괘문이 투각되어 향의 연기가 빠져나갈 수 있도록 고려했다(109-2, 4, 7).

4면에 만卍자를 투각한 후 내부에 동판으로 재와 향을 넣는 4각 통을 만들어 넣어 판재板材가 불에 타지 않도록 했다. 이로 인해 투각이 막혀 보여 만자가 양각된 것처럼 보인다(109-2, 5).

금속 향로의 형식처럼 네 귀에 다리를 달아 상체를 성큼하게 떠받쳤다. 소나무에 옻칠을 두껍게 입혔다(109-3, 6).

· 뚜껑 : 가로 12.0, 세로 11.8, 높이 6.1

· 꼭지 : 1.3×1.3, 높이 1.9
· 변죽 : 넓이 2.6, 길이 16.3, 두께 1.0
· 몸통 : 가로 13.4, 세로 13.4, 두께 1.4
· 다리 : 너비 2.1, 높이 4.4

109-1 뚜껑 열기

109-2 옆면

109-3 모서리 모양새

109-4 상부 모양새

109-5 변죽과 내부 동판

109-6 밑부분

109-7 윗면. 투각 팔괘문

촛대 燭臺

윗지름 8.1, 밑지름 11.7, 높이 48.3cm

18세기, 개인 소장

촛대는 고사, 축원, 제사, 불공 등 종교적이고 의례적인 목적으로 사용되는데 두 개가 한 조를 이룬다.

정성껏 제사상을 차리고 촛불을 밝혀 주위의 악귀를 쫓아내고 정화한 후에 신주를 모신다.

이 촛대는 표면을 자세히 보면, 회전하여 생긴 선들의 간격이 일정하지 않고 거칠게 보이는데 이는 전동電動이 아닌 수력水力을 이용하여 깎아서 느린 회전 속도로 생긴 결과로 보인다(110-5, 6). 전체가 한 덩어리로 제작되었다(110-4).

하단의 받침대가 크고 묵직하며 굵은 원주형圓柱形 마디와 굵고 긴 초꽂이, 너른 초 받침 등이 어울려 매우 안정감을 주며 제실祭室의 엄숙한 분위기를 잘 표현하고 있다(110-1).

밑면을 깊숙이 파내어 굽을 형성했는데 이는 바닥면에 안정되게 세워지도록 한 기능적인 조치이다. 중앙에 마치 기둥의 촉이 뚫고 나온 것처럼 보이는 것은 덜 깎인 자국이다.

· 왼쪽 : 윗지름 8.9, 밑지름 10.6, 높이 48.6, 축 7.1
· 오른쪽 : 윗지름 8.1, 밑지름 11.7, 높이 48.3, 축 4.0
· 축 : 높이 7.1, 굵기 1.8
· 기둥 지름 4.3

110-1 초꽂이와 받침

110-2 초꽂이와 받침 옆면

110-3 초 받침 밑부분

110-4 바닥면

110-5 하단 모양새

110-6 하단 앞면

제례祭禮에 있어서 초는 고사, 축원, 제사, 불공 등 종교적이고 의례적인 목적으로 사용되며, 촛불은 정화淨化의 의미를 갖고 있다.
촛대는 같은 형태와 크기의 두 개가 한 조를 이룬다.

이 촛대는 목재를 회전시켜 깎아내는 갈이틀로 제작한 것으로 원형의 굵기, 크기, 모양새 등 다양한 형태를 쉽게 깎아낼 수 있는 특성을 잘 발휘했다.

상단의 초 받침과 하단의 넓은 받침 사이의 기둥은 짜맞춘 것으로 단순한 구조와 견고함을 갖고 있다.

상단 초 받침의 윗면을 접시형으로 깊숙이 깎아 초를 꽂았을 때의 조형성을 살렸다.
기둥의 원형 곡선들의 변화가 리듬감이 있으며 상하로 대칭, 배치하여 더욱 안정되어 보인다.

하단의 밑받침에 굽 대신 밑부분을 파내었으며 구멍을 뚫고 기둥 축을 밑면까지 박았다(111-4, 5, 6). 은행나무다.

· 초 받침대 : 윗지름 8.4, 밑지름 4.7, 높이 1.8
· 초꽂이 : 지름 0.7, 높이 1.5 · 기둥 : 지름 2.8, 길이 25.3
· 받침대 : 지름 12.3, 높이 1.9

111-1 초꽂이와 초 받침

111-2 초꽂이와 초 받침 옆면

111-3 받침대 모양새

111-4 받침대 옆면

111-5 초 받침 밑부분

111-6 받침대 바닥면

제실祭室에서 제사용 술을 담아두는 용도이며, 낮은 목이 있고 어깨가 넓고 유연하게 밑으로 흐르며 좁아지는 18세기 후반의 뚜껑이 있는 백자항아리의 형태를 갖추고 있다(112-1, 2, 3).

결이 고운 느티나무를 갈이틀로 회전시켜 깎았는데 묵직하면서도 유연한 곡선의 몸체와 연봉형의 납작한 뚜껑은 엄숙하고 정적인 분위기를 준다.
뚜껑 하부에 턱을 두껍게 하여 잘 닫혀 있도록 했다(112-5).

연봉형 꼭지는 따로 제작하여 뚜껑 중심에 박아 끼우고(112-7, 8), 밑면을 곡면으로 파내어 굽을 형성했다(112-4).

외부에 검은 옻칠(흑칠)을 하여 한층 더 엄숙하게 느껴진다.
몸체인 항아리는 단단한 느티나무 통목을 깎은 것으로 입구가 좁고 깊은 속 부분을 일정한 두께로 깎기는 쉽지 않다.
또한 수축 팽창 변화가 심한 느티나무는 충분한 건조와 목재의 성질을 잘 이해하는 것이 필수적이다.

· 구연부 : 지름 18.0, 두께 1.2
· 몸통 벽면 두께 1.6
· 뚜껑 : 윗지름 18.0, 밑지름 15.7, 높이 6.8, 두께 3.1
· 꼭지 : 지름 2.4, 길이 3.7

112-1 모양새

112-2 앞면 1

112-3 앞면 2

112-4 밑면

112-5 뚜껑 뒷면

112-6 구연부

112-7 뚜껑 모양새

112-8 뚜껑 앞면

전형적인 19세기 백자주병의 풍만하고 안정된 곡선을 갖고 있다. 이러한 병은 속을 파내기 위해 몸체를 상하로 나누어 갈이틀로 회전시켜 깎아내고 턱짜임으로 이은 후 표면을 매끄럽게 다듬는다.

이때 생기는 선을 감추고 치장하기 위해 여러 줄의 음각선을 둘렀다(113-5).

둥근 곡선의 하부 형태는 많은 양을 담을 수 있고 긴 목은 손에 잡기도 좋고 술을 따르기에도 쉽다. 가느다란 목과 풍부한 선이 조화된 형태는 당당하고 세련된 조형미를 보인다(113-2).

주병의 마개는 대부분 분실되어 그 원형을 찾기 힘든데 이 목병의 꽃봉오리형 마개는 너른 입구 형태에 맞춰 둥글고 넓적하게 만들었다.

마개 끝에 손잡이를 달고 7㎝가량의 굵고 긴 원통형 막대를 설치하여 깊숙하고 안전하게 막도록했다(113-7).

은행나무에 옻칠이다.

· 주둥이 : 윗지름 6.8, 밑지름 3.3
· 병 높이 27.0   · 마개 : 지름 4.8, 길이 11.6, 꼭지 4.5

113-1 마개 연 모양새

113-2 앞면

111-3 주둥이 모양새

113-4 주둥이와 선문 상세

113-5 선문

113-6 바닥면

113-7 마개 단면

목재의 중심 부분을 목물레[갈이틀]의 축에 물린 후 회전시켜 가며 칼로 깎아 기형을 만드는데 이를 갈이질이라 부른다.

갈이질한 제기의 대부분은 결이 곱고 변화가 적은 은행나무, 오리나무로 매끄럽고 손쉽게 깎아내거나, 단단한 밤나무, 느티나무, 물푸레나무 등 자연적인 나뭇결을 강조한 것들이 있다.

초기 때의 제품은 발을 사용하여 깎아내는 수동식이었으므로 회전 속도가 느려 매우 거친 표면을 보이고 있으나 근대에는 기계의 발달로 자유로운 형태와 함께 매끄럽게 마감되고 있다.

작은 잔들은 반드시 잔대盞臺로 받치며, 잔대는 전을 넓고 깊게 파서 잔을 안전하게 앉히고 굽을 높여 예를 갖추게 된다.

이 잔대의 전은 중심부 쪽으로 경사지게 깎아 잔을 감싸고 있으며 아래로 들어간 만큼 전의 밑에 턱을 주었다.
밑으로 길게 뻗으며 넓어진 받침은 경쾌하면서도 묵직하며 강인함이 느껴진다(114-3).

은행나무에 옻칠했다.

· 잔 : 윗지름 6.2, 밑지름 2.2, 높이 4.5
· 잔대 : 윗지름 9.6, 밑지름 7.2, 높이 7.5, 목지름 4.9
· 총높이 : 9.5

114-1 옆면

114-2 잔과 잔대 앞면

114-3 잔과 잔대 내부

114-4 바닥면

한 덩어리의 목재를 회전시키며 깎아 내는 갈이질 기법으로 제작한 원형 제기다.

일반적인 원형 제기는 천판이 윗면이고 테두리 끝부분은 얇으며 점차 중앙으로 가면서 두꺼워진다.
반면 이것은 천판이 약간 안으로 경사지면서 가운데를 곡면으로 파냈다(115-1).
테두리는 직선으로 두껍게 깎은 독특한 구조인데 단조로움을 피하려고 가느다란 세 줄의 음각선을 둘렀다(115-2).

천판 중앙을 파낸 만큼 두께가 높아지면 둔탁해 보이므로 천판 밑 테두리 부분을 깎아 단을 만들어 안정된 형태를 가져왔다(115-2).

하단의 바닥 부분은 속을 파내는 것이 일반적이나 이것은 그대로 두어 무게감을 더하고 있다(115-4).

천판 테두리 세 줄의 선과 몸체에 간혹 보이는 선들의 간격과 깊이가 일정하지 않은 것을 보아 전동이 아니라 수력을 이용한 갈이틀로 작업한 것으로 보인다(115-1, 2, 3).

제사 음식을 담을 수 있는 움푹한 면이 안정감을 주고 두툼한 선들이 묵직해 보인다.
이를 통해 함께 사용했을 고식古式의 제기 모양새를 짐작할 수 있을 것 같다.

· 상단 : 지름 21.2, 높이 1.4
· 하단 : 지름 10.0, 높이 3.1, 목지름 8.9

115-1 모양새

115-2 앞면

115-3 윗면

115-4 바닥면

갈이틀로 회전시켜 깎아낸 제기의 기본형이다. 천판이 윗면이며, 두 줄의 음각선이 내외부에 둘러 있어 단조로운 형태에 한결 여유가 있고 미적 효과를 가져왔다(116-1).

천판의 뒷면은 테두리에서 중심을 향해 접시처럼 깎아 약간 불룩한 곡면을 가졌으며, 하단 받침은 아래로 점차 넓어져서 천판에 비해 그 규모가 비중 있게 크다(116-2).
천판의 뒷면에 테두리를 따라 두 줄의 음각선을 둘렀으며, 받침의 하부에도 굵은 음각선을 둘러 상부와 동일감을 주고 있다(116-2).

바닥면 내부를 절반가량 파내고 굽을 형성했는데 묵직하고 안정감을 준다(116-3).

표면에 검은 옻칠을 두껍게 입히고 안정적인 기형과 높은 제작 기술로 미루어 상류층에서 사용했던 것으로 추측된다.

20세기 초에는 전동기의 사용으로 대량 생산이 가능해졌고, 후기에는 수요가 늘어나 제기 제작이 활발했으나 대신 격조가 미흡한 것들이 만들어졌다.

· 상단 : 지름 24.5, 두께 1.3
· 하단 : 목지름 15.3, 바닥 지름 17.8,
　　　　 높이 6.7, 굽 두께 1.3

116-1 윗면

116-2 앞면

116-3 바닥면

적틀은 적대炙臺로도 불리는데 장방형 제기이며, 젖은 음식 때문에 천판 둘레에 낮은 전을 만들기도 하며 형태도 산적散炙에 맞도록 제작했다.

편틀은 기제사忌祭祀에만 사용되나 적틀은 명절을 비롯한 모든 제사에 사용되는 제구로 유기鍮器도 있다.

육적肉炙, 어적魚炙, 치적雉炙 등 삼적을 올리려면 적틀이 세 개는 필요하다.

제기는 단순한 형태와 엄숙한 분위기가 근본이나 이것은 주방가구인 목판이나 소반 형태의 제작 기법을 따르고 있다.

두툼한 천판에 변죽을 붙이고 약간 두껍게 보이는 변죽 안쪽 면을 곡선으로 내고 좁아진 윗면에 음각선을 둘러 조형미를 살렸다(117-4).

하부 받침대는 두터운 판재로 소반의 초엽형 운각 형태로 모양을 내었고 이를 천판에서 대나무 못을 박아 고정했다 (117-1, 2, 5).

천판 아랫부분을 약간 좁게 만들고 안으로 곡선을 주어 한결 맵시 있게 보인다(117-2, 6).

변죽의 변화 있는 선과 하단의 초엽형 풍혈 선과 뛰어난 제작 솜씨가 제기를 친근감과 함께 격조를 높이고 있다.

은행나무에 투명 옻칠을 했다.

· 천판 : 두께 0.9
· 변죽 : 두께 2.1, 높이 2.6
· 족통 : 가로 27.1, 세로 19.9, 높이 5.4, 두께 1.1

117-1 앞면

117-2 옆면

117-3 윗면

117-4 변죽과 천판

117-5 변죽과 족통 상세

117-6 변죽과 족통 밑면

꼭두는 상가喪家에서 장례를 마친 후 장지葬地까지 운구運柩하는 상여喪輿에 치장하는 다양한 인물상과 동식물의 조형물을 일컫는다.

그중 영수靈獸는 상여에서 가장 신령하고 수호적인 동물인 기린麒麟을 말하는데 귀신이나 요사스런 기운을 쫓아내며 이승에서 초월적 세계를 연결하는 캄캄한 길을 안내해 준다.

이 꼭두는 관리官吏가 영수靈獸를 타고 있는 모습이다.
고개를 쳐들고 앞면을 노려보는 괴수의 큰 머리에 부리부리한 눈과 입, 살찐 몸체는 용맹하고 사나움을 잘 나타내고 있다 (118-1~4).

또한 영수의 귀를 잡고 살짝 고개를 숙이고 숙고熟考하는 관리의 표정을 읽을 수 있으며(118-6), 노란 바지에 홍포紅袍를 입었는데 괴수의 녹색과 분명히 구분되고 또 잘 조화되고 있다(118-2, 3).

소형임에도 능숙한 조각 솜씨로 보아 함께 장식되었던 다양한 꼭두들의 분위기와 상여 규모를 짐작할 수 있다(118-3, 4, 6).

· 괴수 : 두께 9.4, 폭 23.8, 높이 22.0
· 인물 : 두상 너비 4.5, 두께 4.5, 길이 9.4 (수염 제외)

118-1 앞면 118-2 옆면 118-3 옆면

118-4 뒷부분 모양새 118-5 뒷견 118-6 인물 상세

118-7 윗면 118-8 밑면

사. 불교 조각
佛教彫刻

법고法鼓는 불교 의식에서 아침, 저녁 또는 수행의 정진을 위해 사용하는 북이다.

이 상像은 사자상 위에 연잎 받침이 있는 법고대法鼓臺와 법고가 한 조組를 이루고 있다.

사자 등판에 구멍을 뚫고, 북을 올려놓는 연엽형 받침대와의 사이에 축이 되는 기둥을 박아 세웠다(119-9, 11). 또 몸체는 통목으로 만들고 네발과 꼬리는 따로 제작해서 끼웠다(119-12).

전체적으로 굵은 선과 대담한 표현이 붉고 푸른 채색과 조화되어 당당하고 엄숙하게 느껴진다(119-1, 2, 3, 4).

무거운 북을 떠받들었으나 고개를 쳐들고 웃고 있는 듯한 사자상의 표정이 친근감을 주고 있다(119-2, 3).

사자의 다리에서 올라오는 붉은 신기神氣가 양각된 불로초 문을 새긴 안장까지 뻗어 있는데 화사하면서도 위엄이 있다(119-2).

119-1 오른쪽 면

119-2 사자상과 북 받침 모양새

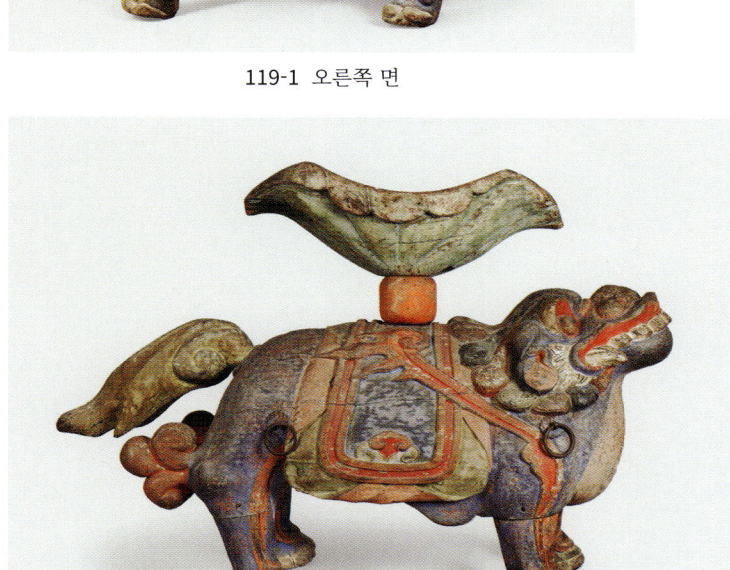

119-3 사자상과 북 받침 옆면

119-4 사자상과 북 받침 뒷면

119-5 사자상 앞면

119-6 사자상 윗면

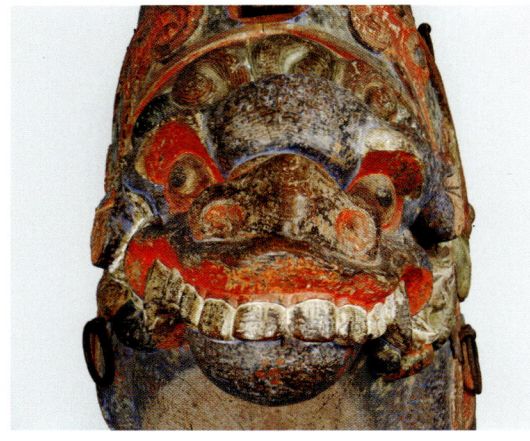

119-7 사자상 얼굴

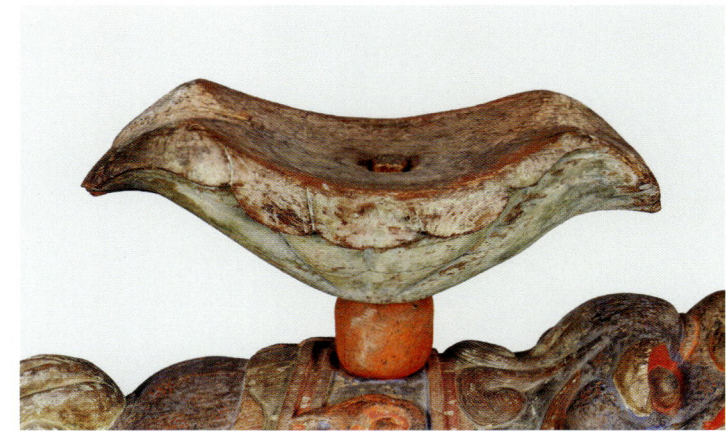

119-8 연엽형 북 받침

119-9 북 받침과 기둥

119-10 북 받침 기둥과 축

119-11 북 받침 기둥 구멍

119-12 사자발 모양새

몸통 양옆의 앞뒤로 무쇠 환고리를 4개 달았는데 상체에 올려진 북이 움직이지 않도록 묶어두는 기능이다(119-2, 3).

북통에는 청룡靑龍과 황룡黃龍이 연속문으로 채색되어 장엄하고, 법고대와 묶기 위해 무쇠 환고리가 4개 달려 있다 (119-13~18).

· 사자상 바닥에서 연잎까지 높이 116.0
· 사자 : 길이 160.0, 두께 51.0, 높이 81.0
· 연잎 : 폭 80.7, 두께 37.0, 높이 30.8
· 기둥 축 : 16.0×14.2 높이 13.0
· 법고 : 지름 59.2, 동경 73.0, 두께 57.5

119-13 북 모양새

119-14 북 옆면

119-15 청룡문

119-16 청룡 연속문

119-17 뒷면

119-18 황룡문

이 용두대는 머리를 앞으로 내민 용두龍頭와 구름 속에서 헤엄치는 용신龍身을 표현한 중대中臺, 네발을 딛고 당당히 서 있는 사자獅子 대좌臺座로 구성되어 있다.

네 발을 딛고 있는 사자의 자세는 17세기 후반 업경대業鏡臺나 법고法鼓 등에서 볼 수 있는 것으로 수미단須彌壇에 올린 불교 장엄구莊嚴具로 생각된다.

용머리는 작으나 여의주如意珠를 물고 있는 용의 귀는 크고 뿔은 날카로우며 부리부리한 용의 눈이 사납고 무서워 보는 이에게 두려움을 느끼게 한다(120-1, 2, 3, 5).

노란색의 용의 몸체가 청, 녹, 적색의 구름에 싸여 있어 마치 구름 속을 날고 있는 듯하다(120-1, 2, 3).

노란색의 몸체에 붉은색 점으로 묘사한 사자는 눈의 강렬한 화염, 녹색 갈기, 날카로운 이빨 등 매우 사납게 표현되었으나 체구가 작고 몸 형태와 네발의 부드러운 표현 등에서 오히려 귀엽게 보인다(120-7, 10).

채색의 상태로 보아 개칠改漆된 흔적은 없으나 사자 이마 칠 일부분이 떨어져 나갔다.

· 사자상 : 폭 46.3, 두께 18.5, 높이 28.5
· 용 기둥 : 머리 길이 16.7
　　　　　　몸체 굵기 6.0~6.8
　　　　　　길이 56.8, 밑면 촉 길이 4.7

120-1 옆면

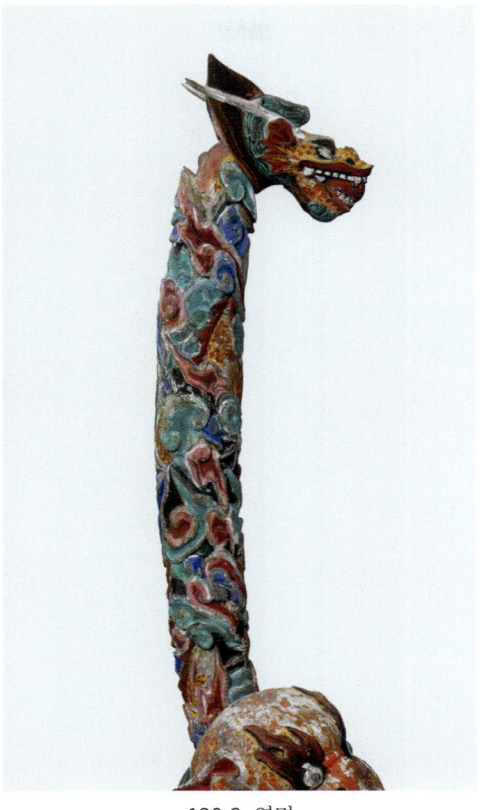

120-2 옆면

120-3 앞면

120-4 뒷면

120-5 용머리 모양새

120-6 용 기둥과 사자 몸체

120-7 해태 모양새

120-8 해태 앞면

120-9 해태 옆면

120-10 해태 옆면

120-11 해태 뒷면

목공예 121	업경대 業鏡臺	가로 35.7, 세로 19.0, 높이 81.5cm 18세기 전반, 개인 소장

업경대는 사람이 죽은 뒤에 간다는 영혼의 세계인 명도冥途에서 죄인의 업을 비추는 업경業鏡과 그것을 떠받드는 대좌臺座로 이루어진 불교장엄구로 사찰 내 명부전이나 지장전 등에 놓았다.

이 업경대는 화염을 두른 업경, 연지蓮池에서 노니는 동자상을 투각한 중대中臺, 웅크려 앉은 사자獅子로 장식된 대좌臺座로 구성되어 있다.

전체적으로 크기는 일반형이고 중대는 조선 후기 업경대에서 거의 볼 수 없는 연지에서 노니는 동자를 조각하였는데, 원통을 반으로 갈라 속을 파내고 투각하여 입체 조각 효과가 높으나 옆면과 뒷면에서는 업경 아래 연잎과 줄기만 보인다 (121-1~4).

웅크리고 있는 청사자의 얼굴은 무섭기보다는 유순한 표정을 짓고 있으며, 전체가 녹, 적, 백색으로 조화를 이루는 연지의 밝고 평화로운 분위기는 매우 독특하다(121-4, 5).

이 업경대는 보존 상태가 좋고, 전체적인 형태와 구성, 장식적인 세부 요소 등을 근거로 18세기 전반에 조성된 뛰어난 불교 공예품으로 짐작된다.

· 업경 : 폭 29.0, 높이 33.8, 두께 2.0
· 연잎 받침 : 폭 20.5, 두께 9.4, 높이 5.8
· 기둥 : 폭 13.2, 높이 36.0, 넓이 6.6, 두께 2.2
· 청사자상 : 폭 37.1, 두께 16.6, 높이 15.0

121-1 앞면

121-2 뒷면

121-3 옆면

121-4 업경 받침 기둥

121-5 사자받침대

목공예 122	업경대 業鏡臺	왼쪽 청사자 : 가로 47.1, 세로 74.5, 높이 112.0㎝ 오른쪽 황사자 : 가로 46.6, 세로 60.0, 높이 113.0㎝ 17세기 중반, 개인 소장

망자亡者 생전의 죄업이 업경대에 나타나면 염라대왕閻羅大王이 죄의 경중을 판가름하여 그에 상응하는 지옥을 정한다. 업경대는 대웅전大雄殿, 명부전冥府殿, 지장전地藏殿, 시왕전十王殿에 놓였다.
또 주로 화염火焰을 두른 업경業鏡을 불법을 수호하는 청사자와 황사자 한 쌍이 떠받들고 있다.

사자의 얼굴이 험상궂고 크기에 비해 살이 찐 몸체와 치솟아 올린 꼬리 등이 용맹스럽고 사나우며 네발을 힘 있게 딛고 선 모습에서 위엄이 보인다(122-13, 14).
사자의 상징인 갈퀴와 부라린 눈, 표정, 발과 발톱, 안장, 풍성하고 힘차게 뻗어 올린 꼬리 등 상세한 조각으로 완벽한

모습을 보여주고 있다(122-4, 6, 13, 14, 16).

투각된 화염문으로 둘러싸인 업경 중심의 동경銅鏡은 유실되었고, 그것을 매달았던 구멍이 남아 있다(122-8, 17).
업경 받침으로 청사자의 등에는 연잎과 연밥이, 황사자의 등에는 연꽃과 물고기가 조각되어 있다.(122-3, 12).
사자 다리에 못을 박은 흔적이 있어 직사각형의 받침판이 있었을 것으로 보인다(122-9, 18).

표면에 옅게 남아있는 적, 녹색의 칠로 미루어 진하고 화려하게 채색되었던 원상태에서는 한층 위용이 돋보였을 것으로 짐작된다.

122-1 청사자 업경대

122-2 업경

122-3 업경 하부

122-4 청사자 앞면

122-5 뒷면

122-6 왼쪽 면

122-7 오른쪽 면

122-8 윗면

122-9 밑면

122-10 황사자 업경대

122-11 업경 뒷면과 촉

122-12 업경 하부

122-13 황사자 모양새

122-14 앞면

122-15 왼쪽 면

122-16 오른쪽 면

122-17 윗면

122-18 밑면

122-19 뒷면

122-20 꼬리와 궁둥이 고정 구멍

• 왼쪽 – 청사자
폭 26.8, 길이 52.7, 높이 56.5
· 머리 : 높이 34.9, 머리부터 궁둥이까지 길이 43.4
· 꼬리 : 길이 28.3, 폭 12.6, 두께 11.0
· 등 구멍 : 지름 6.1
· 업경 : 폭 47.5, 높이 75.0+6.3(촉)
　　　　판재 두께 2.0, 원지름 37.8, 구멍 지름 3.2
　　　　받침 폭 16.2, 두께 12.7
　　　　높이 23.7+6.3(호 높이), 호 지름 12.8

• 오른쪽 – 황사자
폭 28.6, 길이 74.9, 높이 44.7
· 머리 : 높이 42.1, 머리부터 궁둥이까지 길이 46.2
· 꼬리 : 길이 33.0, 폭 22.2, 두께 7.2+6.5
· 등 구멍 : 지름 5.7
· 업경 : 폭 46.5, 높이 82.5+5.69(촉),
　　　　판재 두께 2.3, 원지름 36.8, 구멍 지름 3.2
　　　　받침 : 폭 19.5, 두께 11.9
　　　　높이 23.7+5.6(호 높이), 호 지름 13.2

목공예 123 | 업경대 業鏡臺

가로 29.0, 새로 25.0, 총높이 62.0㎝
1735년(雍正 13), 개인 소장

업경대의 전형적 양식은 불법을 수호하는 사자 모양의 받침대와 불꽃무늬 조각으로 둘러싸인 업경으로 이루어져 있다.
반면, 이것은 둘러싼 화염 없이 두꺼운 원형 업경과 구름에 싸인 용이 양각된 원통형 받침대로 구성된 매우 독특한 형태이다.

업경에는 사람이 도끼로 소를 죽이는 장면이 세필로 그려져 있고, 받침대에는 화염을 내뿜으며 구름 속을 비행하는 두 개의 뿔이 달린 황룡을 꽉 차게 조각했다. 황룡은 세 개의 앞 발가락과 네 개의 뒷발가락을 갖고, 황색의 몸 전체에 작은 붉은 점을 찍어 장식했다(123-1, 2, 3, 5).

업경대 바닥에 묵서墨書가 적혀 있는데,「雍正十三年 己卯四月日冥府殿 改重修時業鏡臺新造作也 옹정13년 을유4월명부전 개중시업경대신조작야」, 즉 1735년 명부전을 개·중수하면서 새로 업경대를 조성했다는 제작 시기를 밝히고 있다(123-6).

이 업경대는 창의적이고 작품성이 뛰어나며, 제작 연대가 정확하여 조선 후기 불교공예사 연구에 중요한 작품이다.

· 업경 : 지름 22.3, 두께 5.0
· 받침대 : 가로 29.0, 세로 25.0, 높이 46.0

123-1 뒷면

123-2 왼쪽 면

123-3 오른쪽 면

123-4
업경 문양 상세

123-5 용 조각 상세

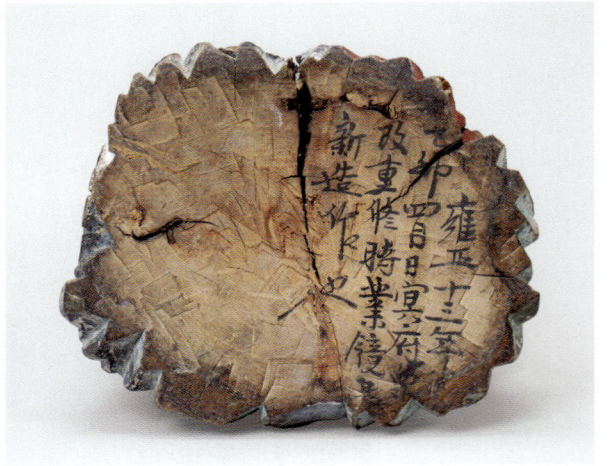

123-6 밑면 명문

목공예 124	소대 疏臺	가로 29.0, 세로 24.5, 총높이 104.0㎝ 18세기 중반, 개인 소장

소대疏臺는 불교 의식 때 발원문發願文이나 소문疏文을 읽고 나서 그것을 말아 넣어두는 목제 통으로 불단佛壇에 놓는다. 일반적으로 소통疏筒이라 부르지만, 조선 후기 사적기寺蹟記와 조성기造成記에 소대疏臺로 적혀 있다.

이 소대는 조선 후기에 제작된 난간형 기단부의 전형적인 목조 소대와는 달리 좌대부座臺部에 연줄기로 연판잎을 받치고 그 위에 장방형의 긴 통을 올려놓은 특이한 형태이다.

통 윗부분에는 적색 테두리 안쪽에 녹색 연판문이 둘려 있고, 몸체 앞면에는 상하로 봉황, 운룡, 연화문이, 옆면에는 학, 오리, 동자, 연화, 게 등이 촘촘히 투각되었다. 녹색, 붉은색, 흰색으로 채색되어 화사하면서도 위엄있는 분위기를 자아낸다(124-1~5).
또한 앞면 모서리에는 투각된 넝쿨문을 부착하여 높은 장식 효과를 가져왔다(124-1, 2, 4).

뒷면에는 여의주를 잡으려고 비상하는 용龍을 흑갈색 바탕 위에 꽉 차게 그렸다(124-11, 12). 받침 부분인 좌대는 장방형의 연지蓮池에 아홉 개의 연 줄기가 네 개의 연잎을 받쳐들고 있으며 네 모서리에는 연봉오리가 있다(124-7, 8).
이 소대는 전체적인 구조가 안정적이고 세부 문양이 매우 정교하면서 조각과 회화 기법이 동시에 반영된 특이한 형태이다.

· 구연부 : 가로 16.8, 세로 10.4, 높이 1.0, 두께 1.0
· 사각통 : 가로 18.4, 세로 13.8, 높이 82.0, 두께 1.0
· 앞면 폭 20.0, 뒷면 폭 18.4
· 연잎 받침 : 가로 29.0, 세로 24.5, 높이 23.7
· 받침대 : 가로 28.1, 세로 20.0, 높이 4.4

124-1 앞면 상부

124-2 앞면 하부

124-3 왼쪽 면 상부

124-4 오른쪽 면

124-5 오른쪽 면 상부

124-6 오른쪽 면 하부

124-7 하단 앞면

124-8 하단 오른쪽 면

124-9
소문지疏文紙를 넣는 입구

124-10 옆면

124-11 뒷면

124-12 용문 확대

패牌는 불전장엄구佛殿莊嚴具로 명호冥護나 발원發願 내용 등을 적어 놓는 목제 패를 말하며, 불패佛牌, 경패經牌, 삼보패三寶牌, 원패願牌, 위패位牌 등이 있다.

중심부 목판형 판재의 붉은 칠 바탕에 「主上殿下聖壽萬歲 주상전하성수만세」 묵서 흔적이 있는 것으로 보아 임금의 장수를 기원하는 전패殿牌이다(125-3).

화형 테두리 윤곽선 안에 기원문 칸을 중심으로 주변을 배가 부르게 표면을 다듬은 다음, 상부에는 큰 황룡과 좌우에는 조금 작은 백룡과 청룡이 구름에 싸여 있는 모습을 투각했는데 곡면 진 조각 부위가 풍성해 보인다(125-1, 3).

일반적인 패에 비해 크고 넓은 면에 적, 청, 녹, 백색으로 채색하여 화려하고 웅장해 보인다(125-3).

이후 검은색 칠이 된 얇은 뒤판을 조각된 화형보다 약간 넓게 덧대어 윤곽선을 강조했다(125-1).

받침대는 밑에서 위로 올라가며 좁아지는 5층 계단형이며 긴 사각진 구멍을 뚫고 패를 촉짜임으로 박아 끼웠으며, 각 층에도 적, 청, 황, 녹색을 칠했다(125-2, 4, 5).

· 상부 패 높이 99.4
· 중심 사각 : 가로 6.8, 세로 42.7, 두께 0.8
· 받침대 : 가로 51.5, 세로 18.4, 높이 7.6

125-1 상부

125-2 뒷면

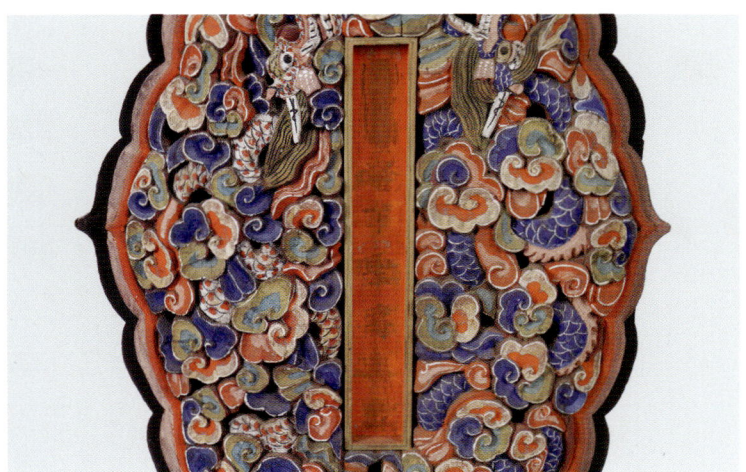

125-3 기원문 칸

125-4 하부

125-5 밑면

이 동자상은 통목으로 조각했으며 낮은 사각형 대좌臺座에 서서 양손으로 사각형의 기물을 쥐고 있다.
동자상은 얼굴에 비해 어깨가 좁고 신체가 긴 편이고, 먹으로 바탕을 그린 다음 적색, 녹색, 청색, 노란색으로 설채設彩되어 있다.

얼굴이 둥글고 통통하며 머리카락은 쌍계형雙髻形으로 묶었으며, 초승달 같은 눈썹과 눈매, 오뚝한 코, 얇은 입술 등 이목구비가 뚜렷하며, 입에는 살짝 미소를 머금고 있는 온화한 인상이다.
상반신은 전체적으로 정면을 향하고 있으나 고개를 오른쪽으로 살짝 돌리고 있는 것이 특징이다.

적색의 긴 두루마기와 양쪽 어깨에 화려한 금색의 운견雲肩을 걸쳤으며, 허리춤에는 녹색 옷자락을 걸치고 있다.
청색으로 채색된 하단 옷자락에 정강이 부분에서 갑대甲帶가 하얀 선으로 단순하게 표현되어 있다.

동자상에서 조성 발원문이 발견되지 않아 조성 시기와 작가를 알 수 없지만 17세기 후반에 활동한 운혜와 그 계보에 속한 조각승이 제작한 불상 얼굴에서 풍기는 인상과 신체 비례 등으로 보아 17세기 후반에 제작된 것으로 추정된다.

· 몸체 : 폭 7.1, 두께 7.5, 높이 24.4
· 얼굴 : 폭 5.1, 두께 3.7, 길이 5.2
· 받침대 : 9.2×7.4, 높이 2.4

126-1 왼쪽 면

126-2 뒷면

126-3 오른쪽 면

126-4 상반신 모양새

126-5 앞면 모양새

동자상은 명부전冥府殿의 주불主佛인 지장보살과 그 좌우에 사후세계를 심판하는 시왕十王이 곁에서 모시고 있다.

동자상은 조선 후기에는 도교적 민간 신앙과 결합하여 다양한 형태로 표현되었으며, 이 동자상은 중심에 구명이 뚫린 원통형 지물地物을 두 손 모아 잡고 있는데, 꽂혀있던 연봉이 유실된 것으로 짐작된다(127-4, 5)

동그랗고 통통한 얼굴에 초승달 같은 눈썹, 실눈같이 가느다란 눈짓에 분명한 눈동자, 오뚝한 코와 입술, 보조개까지 상세하게 표현했는데 미소를 머금고 있는 표정이 세속의 아이처럼 맑고 순수하며 야무지게 보인다(127-4, 5).

검은색 내의를 입고 붉은 도포를 걸쳤는데 여러 색채를 사용하지 않아 안면이 강조되어 보인다.

허리춤에 늘어져 있는 해바라기 모양의 복대로써 중앙을 장식했다(127-4, 5).

붉은 바짓단 아래 맨발로 발가락이 나와 있어 더욱 귀엽고 사랑스럽다.

긴 머리를 굵게 땋아 내린 뒷모습이 흰색의 허리띠와 함께 단정해 보인다(127-2).

· 몸체 : 폭 8.7, 두께 7.6, 높이 28.3
· 얼굴 : 폭 5.5, 두께 5.8, 길이 6.4
· 6각 받침대 : 지름 11.3 높이 2.7

127-1 왼쪽 면

127-2 뒷면

127-3 오른쪽 면

127-4 상체 모양새

127-5 앞면 모양새

두 손을 가슴 앞에 모으고 자라를 힘차게 잡고 있으며 다리를 약간 벌리고 당당한 자세로 서 있다(128-4).

키에 비해 다부진 체격과 짧은 도포에 상세하게 표현된 높은 신과 각반脚絆이 두 가닥으로 길게 땋아 내린 머리와 어울려 한결 묵직해 보인다(128-1, 2, 3).

고개를 약간 숙이고 있으며 동그란 얼굴에 실눈과 오뚝한 코, 굳게 다문 입, 머리 밑으로 보이는 큰 귓밥은 어린이라기보다 깊은 사고 중인 어른처럼 보인다(128-4, 5).

목을 둥글게 파낸 붉은 도포를 입고 어깨에 녹색의 운면雲綿을 걸쳤는데 옷감 무늬까지 상세하게 표현하였다.(128-5).

상부와 통목으로 조각된 하부 받침대는 넓고 두꺼우며 둥글게 굴려 상부를 안정되고 육중하게 받치고 있다(128-6).

· 동자 : 폭 17.4, 두께 16.7, 높이 39.6
· 얼굴 : 폭 9.4, 두께 9.4, 길이 10.3
· 신과 각반 : 길이 9.2, 폭 4.8, 높이 9.0
· 받침대 : 지름 23.8×21.8, 높이 17.4

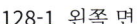

128-1 왼쪽 면

128-2 뒷면

128-3 오른쪽 면

128-4 상체 오른쪽 모양새

128-5 상체 왼쪽 모양새

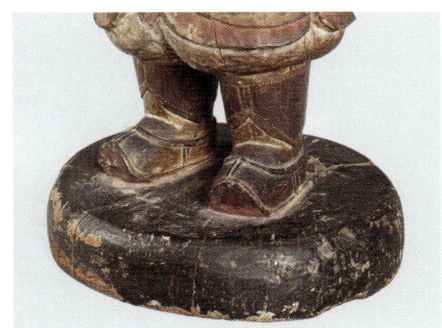

128-6 받침대

사자상使者像은 사람이 죽었을 때 염라대왕을 비롯한 여러 왕의 전령傳令인 지옥사자地獄使者를 형상화한 것이다. 망자의 죄가 적힌 두루마리 장부를 들거나 창이나 칼 같은 무기를 든 형태로 명부전이나 지장전에 봉안된다.

이 사자상은 감재사자監齋使者와 직부사자直府使者로, 머리에 토끼 귀처럼 양각兩脚이 높게 솟은 익선관翼善冠 형태의 모자를 쓰고 관복을 걸치고 손으로 옷자락과 창을 들고 있다. 적색, 녹색, 청색을 주색으로 칠했으며 부분적으로 흑색과 백색을 보조색으로 사용했다.

두 사자상이 한 쌍으로 규격이나 복식이 동일하나 표정이 서로 다르고, 관모와 의상, 신발에까지 색채의 차별화를 가져왔다(129-1, 10).

또한 관모를 비롯한 의상의 섬유 무늬까지 세밀하게 표현되었으며, 신발과 각반脚絆에도 사실적인 표현으로 인해 실제처럼 보이고 채색 상태로 보아 조성 시 그대로인 듯하다(129-3, 5, 6, 12, 13, 15).

이 사자상은 광주 덕림사 사자상(1680년), 고성 운흥사 사자상(1683년)과 비교하여 얼굴에서 풍기는 인상, 자세, 착의법 등이 동일한 형태로 보여 1680-90년대 조각승 색난이 만든 작품으로 추정할 수 있다.

129-1 앞면

129-2 왼쪽 면

129-3 뒷면

129-4 오른쪽 면

129-5 얼굴 앞면

129-6 얼굴 왼쪽 면

129-7 도끼 앞면

129-8 왼쪽 사자상 모양새   129-9 오른쪽 사자상 모양새

왼쪽 옷자락에는 묵서로「禍福無門唯人所김　화복무문유인
소소 / 재앙과 복은 문이 없고 오직 사람 스스로 부른다」라고
적었는데, 사람의 선택과 행동이 운명에 중요한 역할을
한다는 의미로「春秋춘추」를 해석한「左傳좌전」에 나오는
글이다.

● 왼쪽
· 사자상 : 폭 25.4, 두께 22.7, 높이 77.0
· 두상 : 폭 13.3, 두께 12.9,
　　　　길이 22.2(수염 제외)
· 창 : 가로 2.7, 세로 14.7, 두께 1.5
　　　창 길이 105.5
　　　용머리 : 폭 16.9, 높이 9.1, 두께 5.0
· 받침대 : 가로 31.5, 세로 25.9, 높이 2.9

● 오른쪽
· 사자상 : 폭 26.2, 두께 19.1, 높이 77.0
· 두상 : 폭 14.6, 두께 13.3, 길이 21.2(수염 제외)

129-10 명문　　　　　　129-11 명문 바로 보기

129-12 앞면

129-13 왼쪽 면

129-14 뒷면

129-15 오른쪽 면

129-16 상반신 모양새

129-17 하반신 모양새

이 상은 머리에 목조 보관寶冠을 쓰고 두 손을 합장한 자세로 의자에 앉아 있는 의좌상倚坐像이다. 방형의 얼굴에는 이목구비가 뚜렷하고 입가에 부드러운 미소를 띠고 있으며 귀는 길게 늘어져 어깨에 닿을 듯하다.

소매가 넓은 대수포大袖袍를 입고 어깨 위에 운견雲肩을 걸친 다음 양어깨에 천의天衣를 걸쳤는데, 천의는 손목을 감싸고 발목 위에까지 흘러내리고 있다.

좌대의 안쪽과 광다회를 중심으로 무릎 위, 발목까지 천 자락과 영락瓔珞 등을 세밀히 표현하였으며 신을 신고 있는 두 발은 바위 위에 나란히 올려져 있다.

다른 제석범천상이 두 손으로 지물을 잡고 있는 것에 비해 이 상은 합장한 자세를 취했는데, 조선 후기 신중도神衆圖에서는 두 손으로 합장한 제석천과 범천이 흔히 보이고 있으나 조각으로는 매우 드문 편이다.

130-1 왼쪽 면　　　　　130-2 뒷면　　　　　130-3 오른쪽 면

섬세하게 조각된 이 천부상의 다른 부분에 비해서 합장合掌한 두 손의 손가락은 세부 표현이 되지 않은 것으로 보아 후대에 보수된 것으로 추측된다.

머리는 보발寶髮을 높게 올리고 위에 목제 화형 보관寶冠을 씌웠으며(130-4, 6, 7, 8), 보관 외부에는 금칠 된 불꽃 형태의 장석들을 부착했으며 일부는 분리되어 있다(130-5).

등 뒤쪽에는 방형의 복장공腹藏孔이 뚫어져 있어 그 안에 복장 유물을 안치했을 것으로 생각된다(130-2).

· 몸체 : 폭 34.3, 두께 29.0, 높이 68.6 (받침대 제외)
· 두상 : 폭 34.3, 두께 12.3, 길이 19.9
· 어깨너비 19.0 ~
· 좌대 : 폭 34.0, 높이 23.2
· 하체 옷 폭 34.0
· 보관 : 구경 15.5, 높이 7.8, 두께 1.2
　　　　타원 가로 10.1, 세로 12.6
· 두상 양 옆면 비천 : 가로 5.1, 세로 9.7, 두께 1.4
· 받침대 : 폭 35.7, 세로 26.7, 높이 4.0

130-4 앞면 상부

130-5 화관

130-6 보발 앞면

130-7 보발 옆면

130-8 보발 뒷면

2.
칠공예품 漆工藝品

가. 흑·주칠공예 黑·朱漆工藝

담배는 광해군 3년(1610년) 일본을 통해 들어와 상류층에서만 피우던 것이 인조 때에는 널리 퍼져 상하 귀천이 없이 누구나 피우게 되었다.

예전에는 담뱃잎을 썰어서 긴 담뱃대에 담아 피웠으며, 실내에서는 연초갑이나 연초합에 넣어 두고 외출 시에는 담배쌈지를 갖고 다녔다.

연초갑은 목재로 만든 것, 목재에 정교하게 조각한 것, 목재 위에 회양목으로 무늬를 오려 붙인 것, 자개를 시문한 것, 무쇠에 은상감銀象嵌한 것, 주석이나 백동으로 만든 것 등 다양한 재료로써 제작되었는데 주인의 취향에 따라 선택했다.

이 연초갑은 벽면 상부에 좁은 홈을 만들고 그 뚜껑인 얇은 판재를 끼우고 밀어서 닫았다. 이런 형식을 갑匣이라 부르며 유사한 것으로 비녀갑, 노리개갑이 있다(1-1, 2).

이런 갑은 쉽게 담아 미닫을 수 있고 금속 장석이 없어 검소해 보인다.

이 연초갑은 종이를 여러 겹 발라 형태를 제작한 후 그 위에 옻칠을 반복해 단단하게 제작하는 건칠 기법이 활용된 매우 특이한 형식이다.

뚜껑의 중심부에는 종이를 꼬아 만든 노끈으로 '수壽'자를 새겨 붙인 후 그 위에 얇은 한지를 덧바르고 칠해 무늬를 형성했다(1-5).

밑면에는 바닥에 안전하게 닿도록 네 귀에 초엽형받침을 붙였다(1-6).

옻칠의 특성으로 내용물이 상하지 않고, 가벼워서 관리하기 편하며, 독특한 질감으로 격조 있어 보인다.

· 4면 판재 두께 0.4   · 덮개 두께 0.3

1-1 모양새

1-2 내부

1-3 앞면

1-4 옆면

1-5 윗면과 양각 수壽자문

1-6 밑면

중요 문서를 보관하는 함으로 모양새와 구조, 크기 등이 서류함의 기본형이며, 내외부에 검은 흑칠을 두껍게 입혀 단아하면서도 묵직해 보인다(2-1).

함의 하단과 뚜껑이 만나는 부분에 턱을 지게 해 견고히 닫히도록 했다(2-10).

함의 중심부에 자물쇠앞바탕이 따로 없으며 배목 바탕은 8엽의 국화형에 주름형을 한 겹 더 끼워 넣어 장식하였고 낙목을 중심으로 배목 간격이 벌어져 있는 형식은 17~18세기 함에 자주 나타난다(2-8).

낙목은 초엽죽절형이며 모란문이 음각되어 있고 각 면이 짜인 모서리 부분에는 국화형거멀잡이장석으로 견고히 거머쥐고 있다.
또 네 귀의 모서리에는 인궤印櫃의 모서리에 나타나는 연속 초엽형귀싸개장석을 달아 튼튼하면서 천판까지 연결해 견고함과 장식성을 더하고 있다(2-6, 9).

뒷면 또한 초엽형경첩에 초문이 조이질 되어 있다. 각

장석에는 머리가 굵은 못을 견고하게 박았다(2-7).

· 뚜껑 : 높이 2.3, 판재 두께 0.7
· 낙목 : 폭 1.9, 길이 3.3, 국화바탕 1.6
· 경첩 : 가로 2.8, 세로 4.3
· 귀싸개장석 : 1.9×9.9
· 환고리 : 지름 2.2, 굵기 0.4, 국화받침 2.3

2-1 내부 구조

2-2 윗면. 천판

2-3 밑면

2-4 앞면

2-5 뒷면

2-6 옆면

2-7 경첩과 귀싸개장석

2-8 낙목과 배목

2-9 투각초문귀싸개장석

2-10 뚜껑 턱

칠공예

흑·주칠공예

전형적인 함의 형식으로 천판 둘레를 약간 파내고 각을 주어 모양을 내었을 뿐 매우 단순함이 강조된 함이다(3-6). 내부의 붉은 칠은 검은 칠 외부와 대비되며 보관하는 패물이 돋보이는 효과를 준다(3-1).

내부 위쪽에 전이 넓은 분할된 목판을 걸쳤는데, 한쪽에는 구멍을 뚫어 대형 비녀 두 개를 넣고 그 옆은 노리개를 보관 하도록 했다.
공간을 구획하는 비녀걸이 받침대는 조립식으로 제작되었다 (3-8, 9).

둥근자물쇠앞바탕에 초엽넝쿨문을 조이질하여 장식했으며, 길게 뻗은 낙목은 뚜껑을 열어젖혔을 때 그 무게를 받쳐 주는 뻗침대 역할을 한다.

· 뚜껑 : 높이 4.9, 판재 두께 0.8
· 내부 목판 : 가로 44.5, 세로 25.8, 높이 5.9

· 변죽 : 폭 1.4, 두께 0.6
· 각목 받침 : 1.4×0.7, 길이 26.0
· 앞바탕장석 : 지름 11.5, 낙목 2.6×22.9
· 경첩 : 지름 6.7

3-1 내부 모양새

3-2 내부 구조

3-3 앞면

3-4 옆면

3-5 윗면

3-6 뚜껑 천판 모깨기

3-7 뒷면

3-8 내부. 실제 사용 모양새 재현

3-9 내부. 목판과 비녀걸이 받침대

종이를 여러 겹 붙여가며 함 형태를 이룬 다음 표면에 검은 칠을 한 건칠 흑칠함이다.
종이로 제작된 기물에 옻칠하게 되면 내구성이 강해지고 윤기가 있으며 종이 재질로 인한 부드러움과 가벼움이 있어 사랑방용품으로 애호되었다.

목제함은 각 판재가 만나는 모서리 부분이 각이 져 있는데 반해 이 종이함은 둥글고 부드럽게 처리되어 한결 안정감이 있다(4-2, 3, 4).
뚜껑이 닫히는 하단부에는 목제 함과 같이 턱진 처리를 해 안전하게 닫히도록 했다(4-1, 5).
내부는 밝게 한지로 발랐다(4-1).

함을 여닫고 잠그기 위한 자물쇠앞바탕과 경첩 외에는 장석을 부착하지 않아 단아함을 보여주고 있다(4-2, 3).

금속 장석에는 조이질로 넝쿨문을 음각한 후 바닥면을 아주 미세한 원형 정으로 촘촘히 쪼아주면 주된 무늬가 양각으로 보인다(4-6, 7).
또한 장석에 테두리선을 긋고 그 안에 시문하는 것이 일반적이나 이것은 선이 없이 끝부분까지 시문해 부드럽고 넓게 느껴진다(4-6, 7).

밑면이 살짝 뜨도록 원통형받침장석을 달았는데 종이로 된 바닥면이 약해 안으로 눌려 있다(4-8).

· 뚜껑 : 높이 4.8, 두께 0.8
· 앞바탕장석 : 가로 8.3, 세로 11.3
· 낙목 : 폭 2.5, 길이 6.8
· 경첩 : 가로 3.6, 세로 9.7
· 굽 : 지름 1.9, 높이 0.8

4-1 내부 구조

4-2 앞면

4-3 뒷면

4-4 옆면

4-5 뚜껑 턱

4-6 자물쇠앞바탕과 낙목

4-7 경첩

4-8 원통형받침장석

소나무 판재로 짠 백골白骨에 상어껍질鮫皮을 바른 함이다.
상어껍질은 부위에 따라 거칠고 부드러운 면이 함께 있으며
촘촘한 점박이무늬 또한 차이가 있다.
거친 등판 쪽 껍질은 목재판이나 봉棒에 감아 목공품의
표면을 갈아내는 공구로 사용하며, 배쪽의 부드러운 부분은
표면을 약간 갈아내어 서류함, 인장함 또는 안경집 등의
표면에 씌워 사용한다.

이 함은 상어껍질의 부드러운 부분을 활용해 안쪽은 얇게
칼로 긁어내고 표면은 매끄럽게 갈아내어 백골인 목제 기물에
씌운 후 옻칠을 입혀 곱고 단정하게 처리했다.
교피함으로는 대형이며, 모서리에 거멀잡이장석이 없고
자물쇠앞바탕장석 뿐이어서 자연적인 점박이무늬의 독특한
질감과 함께 견고하면서 부드럽게 느끼게 하는 교피의 특성이
잘 나타나고 있다(5-3, 7).

뚜껑을 안전하게 닫도록 하단부 내부에 턱을 주었다(5-1, 2).
중앙의 자물쇠앞바탕장석에는 굵은 원형 테두리 안에 불로초를
입에 문 학과 등용登庸을 상징하는 잉어와 물결문을, 바탕면과
낙목에는 다산을 의미하는 석류문을 조이질로 시문했으며
뒷면의 경첩에도 석류문이 조이질 되어 있다(5-7, 8, 9).

긴 낙목은 뚜껑을 열어 젖혔을 때 그 무게를 받쳐주는 받침대
역할을 한다.

밑면 네 귀에는 함이 살짝 떠 보이도록 반구형받침장석을
부착했다(5-6).

· 뚜껑 : 높이 5.1, 판재 두께 1.1   · 4면 판재 두께 1.0
· 앞바탕장석 가로 8.7, 세로 15.4   · 낙목 : 폭 2.5, 길이 12.0
· 경첩 : 가로 3.6, 세로 15.0   · 들쇠 : 가로 8.5, 세로 3.5, 굵기 0.5

5-1 내부 구조

5-2 뚜껑 턱

5-3 앞면

5-4 옆면

5-5 뒷면

5-6 반구형받침장석

5-7 자물쇠앞바탕과 낙목

5-8 경첩

5-9 경첩

목재로 제작한 백골 표면에 가죽을 씌우고 흑칠한 것으로 독특한 질감과 부드러움이 느껴진다.
이런 함들은 목제 함에 비해 기본 형태와 금속 장석에 공을 들인 격조 높은 것이 대부분이다.

뚜껑과 하단 입구가 맞닿는 부분을 가죽으로 감싸고, 둘레의 다른 부분과 실로 꿰매어 연결했는데 바늘구멍 간격이 일정하지 않은 것으로 보아 수작업한 것을 알 수 있다(6-7, 8). 뚜껑을 안전하게 닫도록 하단 입구 상부 안쪽에 턱을 주었다(6-6).

자물쇠앞바탕장석에는 6마리의 새와 연속적 연蓮넝쿨문, 경첩에는 연넝쿨문을 정교하게 시문하고 바닥면을 미세한 원형 정으로 때려 양각된 것처럼 무늬가 돋보인다(6-7, 8).

앞바탕 중앙의 낙목에도 새와 넝쿨문이 시문되어 있다.
긴 낙목은 뚜껑을 열어 젖혔을 때 그 무게를 받쳐주는 받침대 역할을 한다.

양 옆면에 큼직한 반월형들쇠와 국화바탕을 달았으며(6-4), 밑면 네 귀에는 함이 살짝 떠 보이게 원통형받침장석을 부착했다(6-9).

· 뚜껑 : 높이 4.0, 판재 두께 0.6
· 앞바탕장석 : 가로 8.0, 세로 14.0
· 낙목 : 폭 2.5, 길이 2.0
· 경첩 : 가로 3.2, 세로 14.1
· 들쇠 : 가로 3.4, 세로 10.9, 굵기 0.5, 국화 지름 2.7
· 받침 : 지름 3.1, 높이 1.0

6-1 내부 구조

6-2 4면 모서리

6-3 앞면

6-4 옆면

6-5 뒷면

6-6 뚜껑 턱

6-7 자물쇠앞바탕과 낙목

6-8 경첩

6-9 원통형받침장석

긴 서류함의 기본형이며, 전체에 검은 칠이 두껍게 발려 있으며 장식적이고 권위적인 점이 강조된 함이다.

중앙의 자물쇠앞바탕장석 위에는 죽절형의 긴 낙목과 국화형받침쇠가 자리 잡고 있고, 낙목과 만나 열쇠를 채우는 둥근 배목에는 3개의 작은 꽃문양 장석이 덧붙여 있다.

중앙의 긴 낙목은 함의 뚜껑을 열어젖혔을 때 뚜껑의 무게로 인한 경첩의 손상을 막고 받쳐주는 기능이다.
또 낙목머리의 배목에는 커다란 국화형받침을 장식했다 (7-7).
각 면의 판재가 짜이는 모서리 부분에는 망두형거멀잡이를 박아 견고하게 했는데 일반 서류함에 비해 많은 수의 장석을 박아 장식성을 강조하고 있다(7-2~6).
뒷면의 경첩은 거멀잡이와 같이 뒷면에서 천판으로 길게 꺾어 박아 오랫동안 사용해도 경첩이 흔들려서 빠지지 않게 했다.
밑면 네 귀에는 바닥면에서 약간 떠 보이도록 원통형받침 장석을 붙였다.

· 뚜껑 : 높이 3.3, 판재 두께 0.8
· 앞바탕장석 : 가로 8.1, 세로 12.0+4.0
· 낙목 : 폭 2.1, 길이 14.2
· 경첩 : 가로 2.6, 세로 9.6+2.5
· 고춧잎형장석 : 3.0×2.7
· 받침 : 지름 1.5, 높이 0.6

7-1 내부 구조

7-2 앞면

7-3 옆면

7-4 윗면. 천판

7-5 뒷면

7-6 뚜껑 턱

7-7 자물쇠앞바탕과 낙목

7-8 경첩과 거멀잡이

7-9 원통형받침장석

칠
공
예

흑·주칠공예

높이에 비해 길이가 긴 함으로는 서류함, 교지함, 영정함 등이 있는데 이 중 영정함은 화상畵像을 담아 보관한다.
영정함은 그 인물의 상반신 혹은 전신의 크기에 따라 축과 함께 표구되며 실제 그림보다 넓고 길게 제작된다.

이 함은 다른 것에 비해 좁고 길며 중심에 단아한 약과형 자물쇠앞바탕이 붙어있을 뿐 각 모서리마다 견고하게 받쳐주며 장식적인 역할을 하는 거멀잡이쇠가 생략되었다.

은행나무 판재로 네 귀를 사개물림으로 견고히 짜 맞추고 뚜껑의 천판 모서리 부분에 약간의 경사를 두어 전체를 부드럽게 처리했다(8-5).

외부에는 흑칠, 내부에는 옻칠을 했는데 영정함에 주칠한 사례는 찾기 어려운 것으로 매우 독특한 형식이다(8-1).

자물쇠앞바탕에는 수복壽福자를 음각하고 주변을 미세한 원형 정으로 때려 양각된 것처럼 무늬가 돋보인다.

뒷면은 뚜껑을 여닫는 양쪽 경첩에 수와 복 한 자씩과 연봉, 연잎을 음각하고 주변 바탕은 작은 둥근 점으로 장식했다(8-7, 8, 9).

이런 양식은 경기도 일원에서 제작, 사용되었다.

· 뚜껑 : 높이 2.0, 판재 두께 0.8
· 앞바탕장석 : 가로 8.7, 세로 8.5
· 낙목 : 폭 2.9, 길이 8.1

8-1 내부 모양새

8-2 앞면

8-3 뒷면

8-4 옆면

8-5 천판과 옆면 모양새

8-6 뚜껑 턱

8-7 자물쇠앞바탕과 낙목

8-8 경첩

8-9 경첩

대나무의 특성을 이용해 기능적이면서 독특한 모양새를 갖고 있는 주병酒瓶으로 흑칠을 두껍게 입힌 단아하면서 격이 있는 생활용품이다.

물이나 술 등 액체을 담아두는 용기들은 목재의 수축 팽창과 방수를 고려해 제작해야 한다.

대나무 표면이 둥글게 굴려져 있고 매끄러워 빛을 받으면 편광 효과로써 항상 깨끗하고 단정해 보이는데 옻칠된 것은 더욱 그러하다.

굵고 가는 대통 9개를 사용해 형태를 제작하고, 앞뒷면에는 판재를 붙이고 표면에 대쪽을 길게 붙인 후 형태에 따라 오려 내었다(9-1, 2, 6).

갈이틀로 회전시켜 깎은 주둥이를 대통 상부에 구멍을 뚫고 고정했다(9-1, 2, 5).

사각진 바닥면에는 각재로 맞짜임 하여 굽을 형성했으며, 판재의 뚫어진 부분에 손가락을 넣어 손톱으로 살짝 당기면 하부에 숨겨진 마른반찬을 넣어 두는 서랍이 앞으로 나온다 (9-4, 6).

병의 어깨 부분과 중간 부분 네 곳에 고리를 설치했는데 야외로 운반 시 편리하도록 멜빵을 달았던 용도로 보인다(9-1, 2, 5, 6).

· 주둥이 : 윗지름 4.3, 밑지름 5.1, 높이 5.6
· 밑면 : 가로 12.7, 세로 9.0

9-1 앞면

9-2 옆면

9-3 윗면

9-4 밑면

9-5 상부 모양새

9-6 하부 서랍

흑칠투각용넝쿨문사각반
黑漆透刻龍唐草紋四角盤

가로 47.5, 세로 47.5, 높이 27.5㎝
19세기, 개인 소장

천판의 가로와 세로가 같은 정사각형으로 사방반四方盤이라고도 부른다. 얇은 천판에 낮은 변죽, 넓고 둥근 네 기둥, 사면의 투각 판재 등 희귀한 형태를 갖춘 독특한 소반이다.

정사각형 얇은 통판을 파서 가늘고 원만한 곡선의 낮은 변죽을 이루었고, 밑면도 곡면으로 부드럽게 처리했다(10-2, 4, 5).

4면의 여의두형 판재는 기둥 하단 부분을 초엽형으로 넓게 두어 마치 커튼 사이로 창밖을 보는 듯하며 한결 부드러운 선과 함께 안정감을 준다.
판재에는 두 마리의 용머리가 있고 몸체는 넝쿨문으로 표현했다. 그 주변에 구름을 시문했으며, 용의 눈과 혀에만 주칠을 했을 뿐 그 외에는 흑칠을 했다(10-1).

하단의 기둥이 둥글게 보이나 실제로는 판재로 짜맞추고 표면을 둥글게 굴렸으며 안쪽으로 각재를 덧대고 다듬어 하중을 받쳐주는 힘을 보강했다(10-3).
족대 또한 바깥쪽 면을 기둥 선에 따라 둥글게 선 처리하여 한결 부드럽게 보인다(10-6).

독특한 구조와 두껍게 입힌 흑칠 등으로 보아 궁중용 소반으로 생각된다.

· 천판 : 두께 2.0, 판재 중심부 두께 1.2
· 하단 : 가로 34.7, 세로 34.7, 두께 0.9
· 족대 : 2.6×1.4, 길이 35.6

10-1 앞면

10-2 윗면. 천판

10-3 다리와 운각 내부

10-4 천판 변죽

10-5 변죽 밑부분

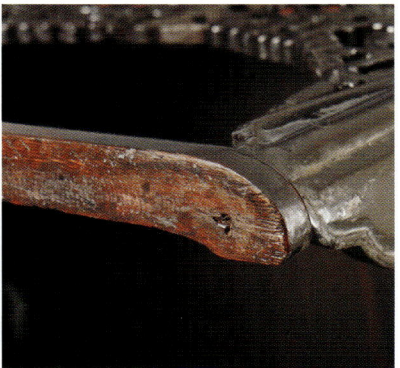

10-6 족대 밑부분

칠공예

흑·주칠공예

궁중 의례용 소반이다.

원형 천판 두께가 얇고 안으로 살짝 패인 접시형이며 변죽 테두리 끝부분이 약간 올라와 있다(11-5). 천판 변죽 밑부분은 접시처럼 끝에서 안쪽으로 살짝 굴려져 있다(11-2, 3).

하단은 여러 쪽의 두꺼운 판재를 원통형으로 이어 붙인 뒤 안팎을 얇게 원통형으로 깎아 내어 하단을 형성하였는데 밑면을 자세히 관찰하면 이어진 부분이 보인다(11-4).
이후 천판 밑부분을 파내고 장부맞짜임으로 단단히 고정시켰다(11-4).

천판 밑면에 「뎡유듕츄 뎌동궁 길례시 이뉴 대듕쇼 이듁 고간」 명문銘文이 음각되었는데 이는 '1837년 가을 덕온공주(조선 23대 순조와 순원왕후 막내딸) 혼례를 위해 이와 같은 소반을 대중소 20개를 만들었다.'는 기록이다(11-6).
· 천판 : 두께 2.2, 중심부 판재 두께 1.8

· 하단 : 목지름 32.2, 높이 18.3, 두께 1.2

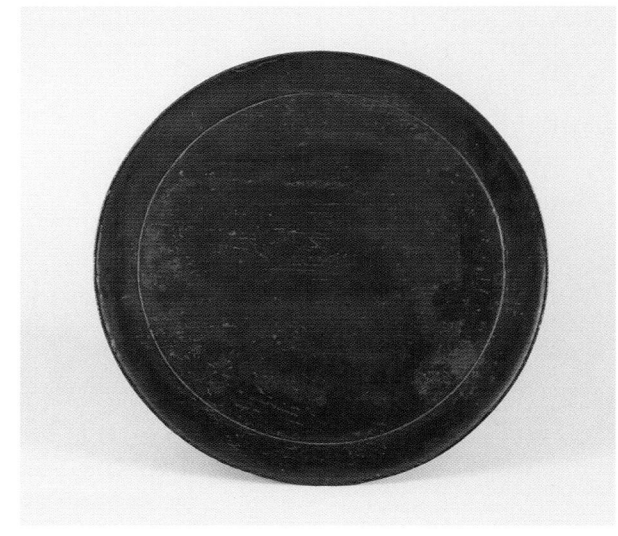

11-1 윗면. 천판

11-2 앞면

11-3 천판 변죽 밑부분

11-4 하단 원통형 내부

11-5 변죽

11-6 천판 뒷면 하부 명문

칠
공
예

흑
·
주
칠
공
예

일반적인 민가에서는 찾기 힘든 독특한 형태의 궁중 소반 이다.

흑칠이 된 넓고 높은 원통형 하단에 여의두형 구멍을 설치 하고 그 주변을 주칠朱漆을 했다. 전체가 흑칠인데 투각 여의두문에만 주칠해 강조했는데 보다 활기차 보인다(12-1, 5, 6).

천판은 궁중 소반의 전형적 형태인 접시형으로 끝부분이 얇고 중심부가 살짝 들어가 있으며 밑면 역시 곡면을 형성 했다(12-3, 4).

하단은 여러 쪽의 두꺼운 판재를 이어 붙인 뒤 내외부를 둥글게 깎아 내어 0.9㎜ 두께의 얇은 원통형으로 제작했다.

이를 천판 밑부분을 파내고 장부맞짜임으로 단단하게 고정 했다(12-2).

하단 내부 역시 주칠했는데 여의두형 구멍을 통해 속이 은근히 보인다(12-4).

시각적으로 육중하고 위엄이 있다.

· 천판 두께 2.4, 판재 중심부 두께 1.0
· 변죽 넓이 3.8 · 하단 목지름 25.6
· 하단 원통 두께 0.9
· 여의두문 가로 7.7, 세로 5.6

12-1 옆면

12-2 원통형 하부와 내부

12-3 천판 변죽

12-4 변죽 하부

12-5 투각 여의두문 앞면

12-6 투각 여의두문 두께

흑칠투각넝쿨문호족원반
黑漆透刻唐草紋虎足圓盤

지름 38.0, 높이 26.0cm
1837년, 개인 소장

접시형의 원형 천판과 넝쿨문 운각 그리고 다리 부분의 호화로운 구름형넝쿨문 등이 전형적인 궁중반 형식을 갖추고 있다.

비교적 좁은 천판에 비해 키가 높아 보다 경쾌하게 느껴진다. 천판 하단 운각과 다리 풍혈의 정교한 구름형넝쿨문이 부드러우면서 힘차다(13-2, 3, 5).

천판 밑면에 「뎡유듕하 뎌동궁 이뉴 대듕쇼 이둑 고간」 음각했는데 이는 정유년(1837년) 여름 저동궁에서 길례용으로 이와 같은 소반을 대중소 크기로 20개를 만들었다는 내용이다(13-8).
양쪽 다리를 받쳐주는 족대 윗부분 테두리에 턱을 주어 운각과 족대의 조각들과 어울리고 또 한결 단단해 보인다(13-9).

· 천판 : 두께 2.3, 판재 중심부 두께 1.6
· 운각 : 지름 28.2, 높이 5.2, 두께 1.0

· 다리 : 폭 5.9, 두께 1.7, 높이 22.1
· 족대 1.9×1.2, 길이 25.5

13-1 앞면

13-2 다리 앞면

13-3 다리 옆면

13-4 다리 내부

13-5 운각 앞면

13-6 변죽과 운각 밑부분

13-7 변죽

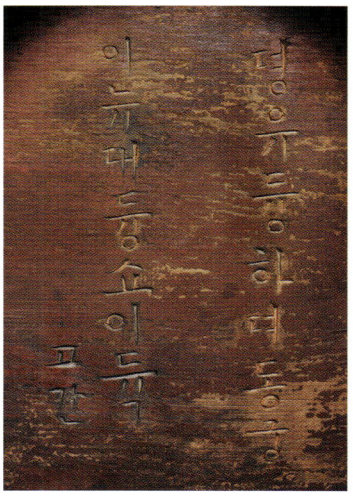

13-8 명문

13-9 족대

주칠과 접시형의 원형 천판, 넝쿨문 운각 그리고 다리 부분의 호화로운 구름형 넝쿨문 풍혈 등이 전형적인 궁중반 형식을 갖추고 있다.

왕과 왕비가 일상적으로 음식을 드실 때 사용하며, 아침 저녁 올리는 진짓상에는 이와 동일한 형태의 큰 상이 사용되고, 그 곁에 같은 크기의 소반으로 팥밥과 국을 놓아 선택해 드시게 한다.

천판 하단 운각과 다리 풍혈의 정교한 구름형넝쿨문이 부드러우면서 화사해 보이며(14-2, 5), 날렵한 긴 호족은 경쾌하고 힘차다.

천판 밑면과 운각 뒷면에는 흑칠했다(14-6).
다리를 받쳐주는 족대 윗부분 테두리에 턱을 주어 족대의 조각들과 어울리고 또 한결 단단해 보인다(14-4).

· 천판 : 두께 2.1, 판재 중앙 두께 1.0   · 변죽 넓이 6.0

· 운각 : 지름 41.8, 길이 28.5, 높이 6.4, 두께 1.0
· 다리 : 높이 31.1, 폭 6.5, 두께 1.8
· 족대 : 2.1×1.2, 길이 37.5

14-1 옆면

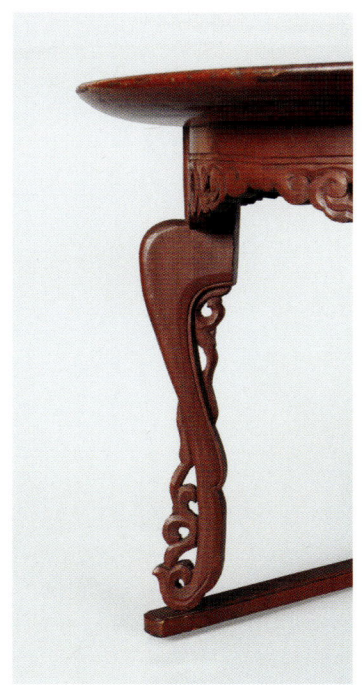

14-2 다리 앞면

14-3 다리 옆면

14-4 족대

14-5 운각

14-6 운각과 다리 내부

14-7 윗면. 천판

14-8 변죽

주칠운룡문호족반
朱漆雲龍紋虎足盤

지름 45.8, 높이 33.0cm
19세기, 개인 소장

둥근 천판에 느끼지 못할 정도로 살짝 파낸 접시형 변죽을 갖고 있다.

운각의 수복壽福과 넝쿨문의 투각, 긴 호족과 호화로운 넝쿨문 투각, 구름형넝쿨문인 다리 끝부분, 주칠과 흑칠 등이 전형적인 궁중 소반 중에서도 임금님께 올리는 수라상 형식이다.

천판에는 보주寶珠를 중심으로 두 마리의 용이 두툼하게 양각되어 황칠을 했으며 구름은 검은칠로 묘사했다(15-1).
천판의 변죽인 넓은 흑칠黑漆은 끝없이 퍼져 나가는 붉은칠의 특성을 단절시키고 또 강한 대비로 안정돼 보이게 한다(15-1).
천판을 0.6mm 깊이로 살짝 파내어 접시형으로 제작했다(15-5).
천판 하단에서 상판과 다리의 짜임을 견고하게 해주는 운각을

일반 소반보다 두껍게 처리했다(15-4, 7).

일반적 호족반은 호랑이 다리와 같은 긴 종아리에 짐승의 발 모양을 하고 있는데, 이 소반의 다리 끝부분은 보다 유연하고 격이 있는 구름형넝쿨문 형상으로 구성했다(15-8, 9).

· 천판 : 두께 2.4, 중심부 판재 두께 1.8
· 변죽 : 길이 5.5
· 운각 : 지름 34.5, 높이 6.2, 두께 1.4
· 다리 : 폭 6.0, 두께 2.0, 높이 29.1
· 족대 : 2.5×1.8, 길이 31.3

15-1 윗면. 천판 운룡문

15-2 앞면

15-3 옆면

15-4 변죽과 운각 밑부분

15-5 변죽

15-6 운각

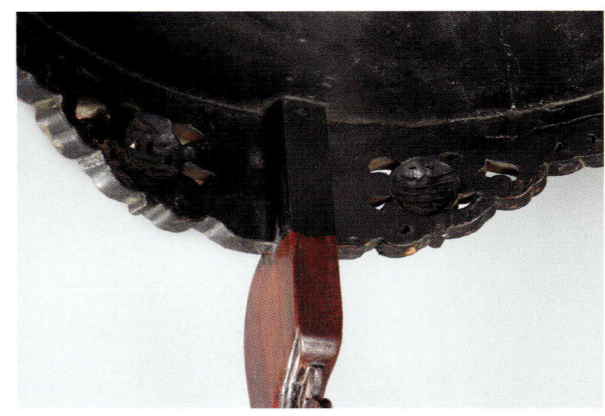

15-7 다리와 운각 내부

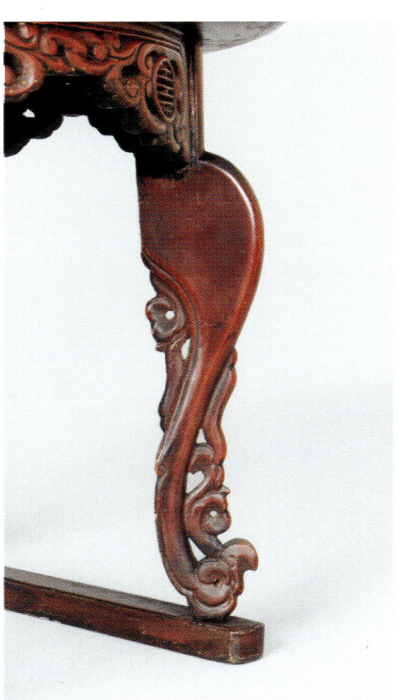

15-8 다리 앞면

15-9 다리 옆면

구연부에 넓은 손잡이인 전이 있는 함지로 전함지라 부르기도 한다.

전과 함께 갈이틀로 회전시켜 깎은 둥글고 깊은 함지로, 전은 목재가 안으로 휘거나 갈라지는 것을 방지하고 운반 시 편리하게 사용할 수 있다(16-1).

내부는 흑칠, 외부는 주칠한 궁중용 함지로 석간주칠이 된 서민용 함지보다 속이 깊고 하부가 넓고 목이 좁아 풍부한 선을 이루고 있다(16-2).

밑면의 높은 굽은 함지 밑부분이 상하는 것을 막고 바닥면이 고르지 않은 데서는 바로 잡아주는 역할을 한다(16-3).

· 하부 : 몸체 지름 41.7, 두께 1.0
· 전 : 너비 5.5, 두께 1.1   · 속지름 : 35.6

16-2 옆면

16-1 전

16-3 밑면

궁중 가구에서 주칠한 장이나 소반, 함 등의 테두리에는 검은 칠을 했는데, 이는 붉은색의 퍼져 보이는 특성을 흑선으로 막아 더욱 짜임새 있게 보이기 위함이다.

이 빗접은 민가용 빗접과 기능과 모양 면에서는 동일하나 주칠이 주는 위엄과 금속 장석의 화사하고 세련된 점들이 온화하고 안정된 민가용과는 판이한 느낌을 주고 있다. 내부는 검은 흑칠을 해 안정된 공간을 형성하고 있다(17-8). 내부 서랍에는 구획을 나눈 칸막이를 설치 했는데 하단의 높은 서랍에는 대형 비녀 2개를 걸쳐 놓을 수 있는 비녀 받침대가 있다(17-8).

천판의 경첩과 자물쇠앞바탕, 옆면의 거멀잡이에는 만자卍字와 칠보문七寶紋을 투각한 주석 장석을 달았다(17-9, 10, 11, 12, 13). 잠금장치는 천판의 박쥐형장석을 앞으로 당기면 앞면의 박쥐형붙박이자물쇠장석이 앞으로 나와 열리게 되어 있다 (17-9, 10).

화형앞바탕장석 위에 앞면 서랍을 고정하기 위한 호리병 모양의 빗장 일명 메뚜기장석을 달았다(17-11).

· 거울 닫힌 높이 30.0
· 천판 : 가로 23.0, 세로 9.8, 21.7, 두께 0.9
· 거울 : 변자 20.8×29.3, 두께 2.0, 폭 1.4
· 4면 판재 : 두께 0.9   · 거울칸 : 높이 4.0
· 서랍 높이 : 위로부터 5.3, 5.6, 6.3
· 족통 : 23.6×31.7   · 가로 쇠목 : 두께 1.0
· 천판 자물쇠윗바탕 : 길이 6.4×7.4+0.9
· 앞면 자물쇠앞바탕 : 길이 6.1×3.8
· 화형앞바탕 : 6.3×6.2, 호리병 0.9×2.0
· 천판 경첩 : 4.5×7.6   · 박쥐형빗장 2.6×2.0
· 뒤경첩 : 폭 4.9, 길이 10.0+10.5(폭 3.5)
· 귀장석 : 폭 3.6×3.6   · 칠보형거멀장석 : 2.9×4.2
· 박쥐형들쇠 : 4.6×2.6

17-1 모양새

17-2 구조

17-3 앞면

17-4 뒷면

17-5 옆면

17-6 윗면

17-7 옆면

17-8 서랍 내부

17-9 자물쇠앞바탕

17-10 천판 자물쇠윗바탕

17-11 서랍앞바탕

17-12 천판 경첩

17-13 천판 경첩

17-14 초형귀장석

17-15 칠보형거멀잡이

빗접은 머리빗과 화장용품을 넣어두는 여성용 가구로 거울이 없이 좌경과 함께 사용한다.

이 빗접은 전면에 여닫이문을 설치하고 내부에 서랍을 두어 보다 간결하고 단장용 소품들을 잘 보관하려는 의도이다(18-6).

상부 거북머리를 누르며 ㄱ형 낙목을 들어 올려 뚜껑을 열면 빈 공간이 있고, 그곳에 머리를 빗을 때 빠지는 머리카락들을 모으는 용도의 너른 장판지를 접어 넣어둔다(18-5).

전면 여닫이문에는 화문이 조이질된 운화형雲花形붙박이 자물쇠앞바탕장석과 문을 여닫기 위해 투각칠보문당김쇠를 달았다(18-9).

4면 모서리에는 귀싸개장석을 부착했는데 이를 활용해 여닫이문 경첩코를 만들고 양 측면의 전면에 경첩축을 달았다(18-10).

붙박이거북형자물쇠가 있는 앞바탕에는 매화와 넝쿨문을, 천판 여의두형윗바탕에는 투각된 칠보문과 만자卍字문 외에 주변으로 대길자大吉字와 칠보넝쿨문이 음각되어 있다(18-8).

· 여닫이문판 : 가로 11.4, 세로 15.0, 두께 1.5
· 뚜껑 : 24.4×36.7, 높이 4.0, 판재 두께 0.8
· 운화형앞바탕 : 10.3×9.3
· 반구형빗장 : 지름 1.6, 높이 0.5
· 거북형자물쇠앞바탕 : 8.5×5.3, 높이 8.5
                 윗바탕 : 가로 8.3, 세로 8.2
· 거북형자물쇠 2.5×4.0 높이 1.2
· 낙목 : 가로 3.1, 길이 2.5+7.6(거북 속 포함)
· 귀싸개장석 : 폭 2.5
· 경첩 : 가로 4.1, 길이 10.6+12.2 · 문판 귀장석 : 3.6×3.6
· 칠보형거멀잡이 : 2.3×3.8, 칠보형고리 : 2.9×3.5

18-1 앞면

18-2 뒷면

18-3 윗면

18-4 옆면

18-5 내부 구조

18-6 내부 서랍

18-7 자물쇠앞바탕

18-8 자물쇠윗바탕

18-9 여닫이문 자물쇠앞바탕과 당김쇠

18-10 귀장석과 경첩

18-11 천판 경첩과 귀싸개장석

18-12 뒷면 경첩과 귀싸개장석

주칠투각넝쿨문호족서안
朱漆透刻唐草紋虎足書案

가로 58.0, 세로 28.0, 높이 33.6cm
19세기, 개인 소장

일반적인 서안은 인위적인 것보다는 자연 나뭇결의 아름다움을 잘 살리는 것이 기본이나 궁중 서안은 주칠이나 흑칠을 해 존엄함을 나타낸다.

주칠된 표면이 벗겨져 흑칠이 드러난 것으로 미루어 앞서 흑칠하고 후에 주칠을 덧칠한 것으로 보인다.
천판 밑면에는 전체 흑칠한 후 양 옆면에만 주칠을 했다(19- 5).

천판은 두꺼운 통판이며 호족 역시 굵고 길게 뻗어 있고 그 좌우에 구름넝쿨문이 투각되어 있다(19-3, 4).

천판과 호족 기둥이 만나는 좌우 부위의 풍혈과 운각에도

투각된 구름넝쿨문으로 장식했다(19-6).
다리의 힘을 지탱하기 위해 중대와 족대를 사용하고, 족대 상부 모서리에는 홈을 파서 턱을 주었는데 짜임새 있어 보인다(19-2, 4, 7).

· 천판 : 두께 2.7
· 족 : 폭 6.2, 두께 2.5, 높이 30.3
· 운각 : 다리 사이 34.7, 높이 6.7, 두께 1.0
· 풍혈 : 가로 8.0, 높이 6.7, 두께 1.1
· 족대 : 가로 2.7, 높이 1.2, 길이 28.0

19-1 앞면

19-2 옆면

19-3 다리 앞면

19-4 다리 모양새

19-5 다리와 족대 밑부분

19-6 운각 풍혈 상세

19-7 족대

이 함은 높이가 낮은 납작한 형태인데 천판이 ⅔정도 열리도록 경첩을 부착했다.

천판 테두리 부분을 경사지고 둥글게 처리해 전체가 한결 부드럽게 보인다(20-2, 3, 4). 또 그 테두리에 턱을 주어 하부 입구와 잘 들어맞도록 했다(20-5, 6).

사각형붙박이자물쇠가 달린 사각형자물쇠앞바탕에는 초문을, 여의두형윗바탕에는 칠보문을, 여의두형경첩에는 여의두문을 음각하고 바탕에는 미세한 원형 정으로 조이질 하여 주된 무늬들을 강조했다(20-7, 8, 9).

· 뚜껑 : 가로 37.0, 세로 11.8, 두께 1.2
　　　　고정 판재 가로 37.0, 세로 6.0
· 4면 판재 : 두께 0.9
· 자물쇠앞바탕장석 : 가로 5.9, 세로 3.0

· 윗바탕장석 : 가로 6.1, 세로 4.7
· 붙박이자물쇠장석 : 가로 2.3, 세로 1.3, 두께 0.4
· 경첩 : 가로 3.4, 세로 5.6

20-1 내부

20-2 앞면

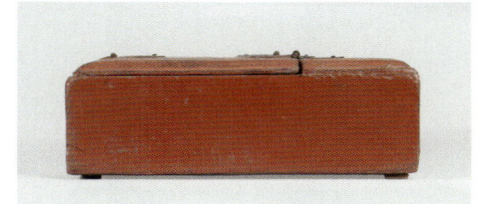

20-3 옆면

20-4 윗면

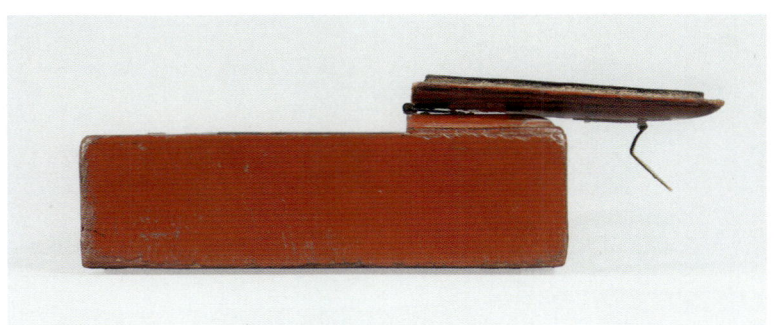

20-5 뚜껑 열린 옆면

20-6 천판 턱

20-7 자물쇠앞바탕

20-8 자물쇠윗바탕

20-9 경첩

아래위로 긴 궁중용 주칠함인데 용도는 알 수 없다. 표면의 주칠은 두껍게 잘 칠해졌으며 뚜껑과 하단이 맞닿는 각 부위에는 반턱을 주어 서로 맞물려 단단히 닫히도록 했다 (21-6). 내부는 한지로 새로 발라져 있어 원상태는 알 수가 없다.

자물쇠앞바탕과 뒷면 경첩은 함 형태에 걸맞는 긴 직사각형이며 (21-1, 2), 부드러운 곡선의 초문을 시문하고 바닥면에 세밀한 원형 정으로 촘촘히 조이질 하여 무늬를 돋보이도록 했다(21-7, 8).
낙목은 죽절형으로 17~18세기에 자주 사용된 양식이다 (21-7).

각 판재가 짜이는 모서리에는 초엽형거멀감잡이와 귀싸개 장석을 부착했으며(21-8), 양 옆널에는 반월형들쇠가 달려 있다(21-9).

하부 밑바닥 면에는 원형받침이 부착되어 바닥면에서 살짝 떠 보이고 함이 상하지 않는다(21-10).

· 뚜껑 높이 3.5 · 판재 두께 0.9
· 앞바탕 : 가로 5.4, 세로 15.1+3.3
· 낙목 : 가로 1.6, 길이 6.2
· 경첩 : 가로 2.3, 세로 16.7+2.3
· 귀장석 : 2.5×2.5 · 고춧잎 : 2.2×0.9
· 들쇠 : 폭 5.5, 높이 2.7, 두께 0.7
      국화형받침장석 지름 1.5
· 원형받침 : 지름 1.7, 높이 0.6

21-1 앞면

21-2 뒷면

21-3 옆면

21-4 윗면. 천판

21-5 뚜껑 열기

21-6 뚜껑 턱

21-7 자물쇠앞바탕과 낙목

21-8 경첩

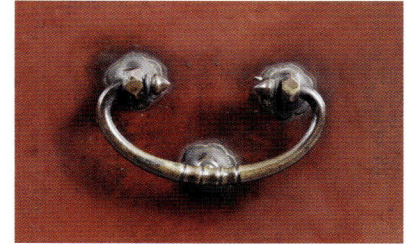

21-9 들쇠

21-10 원형받침

보록寶盝은 왕과 왕비의 책봉과 존호를 새긴 인장인 금보金寶와 옥보玉寶를 넣어두는 외함外函을 말한다. 왕권의 존엄성을 상징하는 조선 왕조의 예술성과 조형성, 공예 기술이 잘 나타나 있다.

목재 표면에 상어껍질(교피鮫皮)을 씌웠는데 표면을 매끄럽게 갈지 않고 부드러운 면을 사용해 돌기가 촘촘하며, 교피에 주칠을 해 위엄을 갖추었다(22-9).
함 뚜껑 네 귀를 모깎기 해 각이 지고 천판과 함께 9면을 갖고 있는 보록의 전형적인 형태를 갖추고 있다(22-3, 4, 5, 6).

천판 중심에 거북의 형상을 새긴 손잡이(귀뉴龜紐)가 설치되어 있고, 천판과 닿은 경사진 면에는 여러 갈래로 뻗은 나뭇가지형의 귀싸개장석을 부착했으며(22-2, 6), 자물쇠앞바탕에는 매화문과 넝쿨문, 초엽형경첩에는 넝쿨문을 정교하게 조이질했다(22-9, 10).

밑면 네 귀에는 반구형받침장석을 부착해 바닥에서 약간 떠 보이도록 해 한결 돋보이며 밑면을 보호한다(22-8).
내부의 붉은색 천은 근래에 바른 것으로 보인다.

· 뚜껑 : 천판 13.1×13.3
　　　　　밑면 20.1×20.1, 높이 3.3
· 자물쇠앞바탕 : 가로 9.0, 세로 10.2
· 낙목 : 가로 33.3, 세로 5.7
· 귀싸개장석 : 폭 3.2 · 거멀잡이 : 1.3×3.4
· 경첩 : 가로 4.2, 세로 11.9
· 환고리 : 지름 3.9 · 국화바탕 2.9
· 거북형장석 : 가로 3.8, 세로 6.4, 높이 2.1
· 환고리 : 지름 2.4, 높이 0.9
· 반구형받침장석 : 지름 2.4, 높이 0.9

22-1 뚜껑 열기

22-2 천판. 거북龜紐과 거멀잡이장석

22-3 앞면

22-4 뒷면

22-5 옆면

22-6 윗면

22-7 밑면

22-8 밑면. 반구형받침장석

22-9 자물쇠앞바탕

22-10 경첩과 귀싸개장석

주칠금채장생산수문함
朱漆金彩長生山水紋函

가로 47.5, 세로 33.0, 높이 27.5cm
17~18세기, 개인 소장

궤의 주칠 표면에 금채金彩로 그림을 그린 17세기 이전의 고식古式이며, 함의 중심부 낙목의 주름문과 함께 두 겹의 국화형받침과 배목 사이의 간격이 벌어져 있는 형식 또한 17~18세기 함에 사용되었다(23-5, 8, 9).

금채로 그려진 앞면의 무늬들은 소나무 아래 사슴 한 쌍이 한가하게 누워있고 주변에 불로초가 있으며, 들판과 깊은 산들이 펼쳐져 있다(23-5).
뒷면에는 풀을 뜯고 있는 사슴 한 쌍과 주변에 소나무, 해와 구름, 산이 보이나 그 외는 지워졌다(23-4).
또한 옆면에는 학 한 쌍, 서기를 뿜고 있는 거북과 대나무가 있으며 산수山水가 희미하게 보인다(23-3).

궤의 내부와 바닥 밑면에는 수분을 없앤 정제 생칠을 여러번 발라 짙은 암갈색을 띠고 있다(23-1, 7, 13).
낙목은 죽절초엽형이며, 자물쇠앞바탕에는 연꽃과 연잎이 음각되어 있고 바탕면은 미세한 원형 정으로 쳐서 시문된 무늬들을 돋보이도록 했다(23-8, 9).

천판의 경첩은 초엽형으로 연꽃과 연잎이 음각되어 있다. 여닫이문판 밑면을 보면, 경첩을 달기 위해 못을 박는데 판이 얇으면 못을 구부려야 하므로 보기 좋도록 얇은 원형 가락지를 대고 못 끝부분을 망치로 쳐서 고정해 깔끔하게 처리했다(23-13).

23-1 내부 구조

23-2 윗면

23-3 오른쪽 면

23-4 뒷면

23-5 앞면. 금채장생산수문

23-6 뒷면. 장생산수문 부분

23-7 밑면

23-8 자물쇠앞바탕과 낙목

23-9 자물쇠앞바탕과 낙목

23-10 걸고리

23-11 국화형거멀잡이

23-12 경첩

23-13 위판 내부. 경첩 고정쇠

판재가 짜이는 모서리에는 국화형거멀잡이장석이 거머쥐고 있으며, 장석을 박는 못은 반구형 머리못을 사용했다(23- 6, 11, 12).

앞바탕을 비롯한 경첩, 낙목, 국화형거멀잡이 등 금속 장석들이 붉은 갈색으로 보이는 것은 구리, 주석, 백동, 시우쇠를 합금해 주조할 때 구리 성분이 높기 때문이다(23-8, 9, 11, 12).

· 여닫이 판재 : 가로 47.5. 세로 24.3+9.0, 두께 0.8
· 천판 밑면 받침목 : 1.0×1.5, 길이 23.5
· 자물쇠앞바탕 : 가로 8.3, 세로 6.1
· 낙목 : 2.9×73.8+3.6
· 경첩 : 4.5×8.4
· 국화형거멀잡이 : 폭 1.6, 길이 2.1+2.3

의복을 포함한 여러 종류의 기물들을 보관하는 궁중용 대형
주칠함이다.
하단에 족통이 없고 얇고 간략한 자물쇠앞바탕과 경첩,
들쇠가 달린 형태로 보아 의복함으로 보인다(24-2, 3, 5).

각 면이 만나는 모서리를 살짝 턱지게 깎아 내고 흑칠을 해
전체가 주칠된 것보다 짜임새 있고 단아해 보인다(24-9).
주칠이 두껍게 되어 목재의 짜임 구조는 알 수 없다.

뚜껑을 닫을 때 하단과 들어맞고 또 견고하도록 턱을 주는데
이 함은 판재가 얇아 안쪽에 얇은 각재를 덧대어 이 기능을
대신하고 있다(24-6, 7).
자물쇠앞바탕의 낙목과 좌우 배목이 사각형이며 경첩에
둥근 머리못이 아니라 ㄷ형 꺾쇠를 박은 것은 경기도 지방
형식이다(24-8, 9).

· 뚜껑 : 높이 8.3, 판재 두께 1.5
· 밑면 받침대 : 0.7×3.9 높이 0.9
· 자물쇠앞바탕 : 지름 15.9　· 낙목 4.5×7.7
· 경첩 : 4.3×15.5
· 들쇠 : 12.9×5.7 두께 0.9, 국화형장석 2.8

24-1　내부

24-2 앞면

24-3 뒷면

24-4 윗면

24-5 옆면

24-6 뚜껑 턱

24-7 뚜껑 턱 내부

24-8 자물쇠앞바탕

24-9 경첩과 모서리 흑선

24-10 들쇠

칠
공
예

흑·주칠공예

좌등은 실내의 윗목 한쪽 또는 대청에 놓아 주변을 은은하게 밝히는 역할로 좀 더 넓고 멀리 비추기 위해 등燈의 창窓을 높이고 넓게 한다.

좌등에는 등잔이나 초를 사용하며, 여닫이문과 창에는 청사靑絲, 황사黃絲 또는 한지를 발라 간접조명의 아늑한 분위기를 살리고 있다.

이 좌등은 불을 사용할 때 효과는 물론 사용하지 않을 때의 장식적인 면까지 고려하고, 실내의 다른 가구들과 조화를 이룰 수 있는 품위 있는 형태를 갖추고 있다.

넓은 면과 골재는 흑칠, 하단과 창호 무늬들은 붉은칠을 했는데 검붉은 칠이 잘 조화된 전형적인 궁중용이다(25-3~6).

천판에는 만자卍字, 지붕 경사면에 여의두형넝쿨문, 지붕 아래쪽 머름칸에 모란넝쿨문을 정교하게 투각하고 주칠을 했다(25-4, 13, 14).

그 사이로 열기를 내보내고 빛이 밖으로 투영되는 효과로써 독특한 아름다움을 나타내고 있다(25-3, 4, 5).

25-1 내부 구조

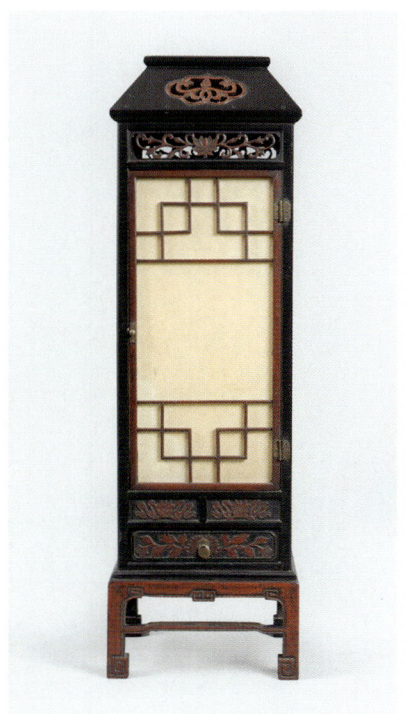

25-2 앞면

25-3 상부 지붕 환기용 투각 문양

25-4 윗면. 투각 문양

내부 바닥 면에 설치된 4각 불판에는 촛대나 초롱 받침을 세우도록 바닥 밑면에 구멍을 뚫고 고정했던 흔적이 보인다 (25-8).

앞면을 제외한 3면의 창호는 상부 문변자에 두 개의 촉을 박고 좌우 문변자 안쪽으로 연봉형빗장을 설치하고 기둥에 홈을 파서 이에 고정시키고 있다(25-9, 10).

창을 열고 닫기 위해 둥근 금속 손잡이를 좌로 돌리면 얇은 금속판인 빗장이 밖으로 나와 기둥에 패인 고정 홈에 잠기게 된다(25-16).

하단 서랍에는 초, 심지용 가위 등 소도구를 넣어둔다(25-7).

· 천판 : 가로 20.9, 세로 21.2, 두께 2.0
· 지붕 : 윗변 20.6, 밑변 31.0, 높이 9.8
· 기둥 : 2.0×20.0, 높이 75.7
· 창호 : 48×24.7, 문변자 폭 1.1, 두께 1.5
　　　　창살 폭 0.5, 깊이 0.8
· 쇠목 : 1.5×2.0, 폭 25.2 　· 큰 서랍 : 24.7×5.6, 두께 1.3
· 다리 : 3.5×3.5, 높이 17.0 　· 족통 : 31.6×31.6, 높이 18.6

25-5 상부

25-6 하부

25-7 서랍

25-8 불판 내부와 받침 구멍

25-9 창호와 고정장치

25-10 연봉형고정장치

25-11 하단. 창호 양각 칠보문

25-12 하단. 서랍 앞널과 사방의 양각 국화문

25-13 상단. 창호 사방의 투각 연화넝쿨문

25-14 투각 여의두넝쿨문

25-15 경첩　　　　　25-16 창호 잠금장치　　　　　25-17 서랍 천도형당김쇠

나.

나전칠공예 螺鈿漆工藝

나전모란넝쿨문상자
螺鈿牡丹唐草紋箱子

가로 38.7, 세로 31.0, 높이 11.0㎝
16~17세기, 개인 소장

상자 각 면의 면적에 비해 무늬를 작고 간결하게 시문하여 검은 바탕 안에서 자개가 돋보이고 고결하게 느끼도록 하는 것이 16~17세기의 나전 기법이다.

천판의 테두리를 부드럽게 살짝 경사면을 주어 직각으로 형성된 것보다 여유롭게 보인다(26-4, 5).
모란꽃과 잎은 줄음질 기법으로 오려낸 후 두껍고 휘어 있는 자개를 망치로 살짝 쳐 표면에 붙이는 타찰법打擦法으로 시문했다.
뚜껑 모서리와 넝쿨문 줄기는 국수처럼 좁고 길게 오려낸 후 작은 곡선에서는 짧게 큰 곡선에서는 길게 끊어가며 작업하는 끊음질 기법이 사용되었다(26-3).

뚜껑과 하단으로 나뉜 4면에는 모란넝쿨문을 연속하여 둘렀으며, 뚜껑과 하단을 2면씩 나누어 문양을 조절하여 시문했으므로 뚜껑을 돌려 닫아도 연속 문양이 상하로 잘 맞춰지고 있다(26-4~7).
가는 줄기에 작은 잎들이 붙어 있고 끝부분에 모란 봉오리와

꽃을 배치하여 한결 단아하면서 간결하게 느낀다. 이로 인해 생긴 여백에는 보주문寶珠紋이 잔잔하게 배치되어 짜임새 있게 보인다.

뚜껑이 안전하게 닫히도록 하단 상부에 높은 턱을 주었다 (26-1).

· 뚜껑 높이 2.7 · 천판 밑판 두께 1.0 · 사면 판재 두께 0.6

26-1 내부 구조

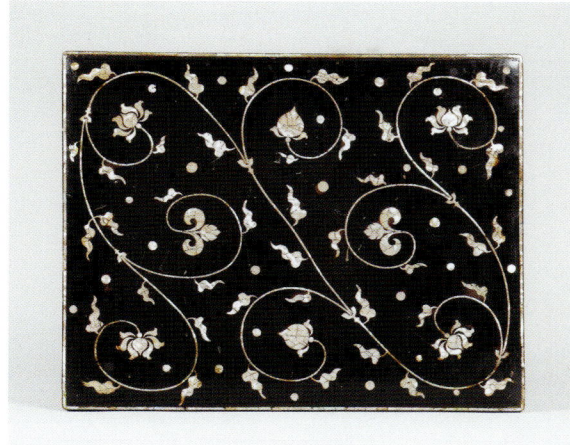

26-2 윗면

26-3 윗면 상세

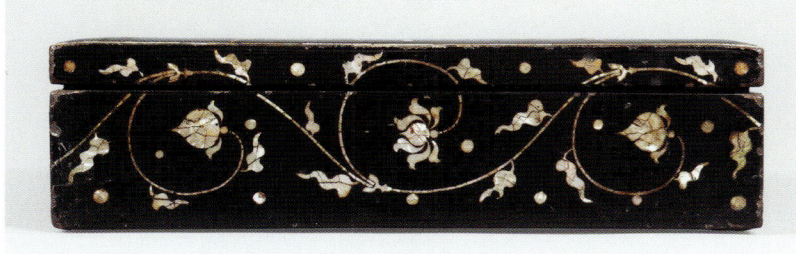

26-4 옆면

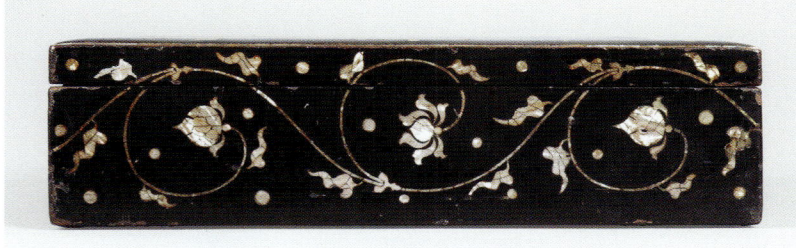

26-5 옆면

26-6 옆면

26-7 옆면

상자 밑면을 뚜껑 너비만큼 넓게 하여 턱지게 하고 원형 보주문을 둘러 전체가 두툼하고 상부를 돋보이게 한다. 또 뚜껑을 열었을 때 안정감도 준다(27-1, 8).

내부에 먹물 자국과 먼지, 먹이 엉켜서 굳은 부산물이 있는 점으로 보아 오랫동안 벼루를 넣어두는 연상자硯箱子로 사용된 것으로 보이나, 처음부터 연상자로 제작된 것인지는 알 수 없다.
그러나 조선 시대 후반 것들이 이 형태를 갖고, 크기 또한 벼루를 넣기에 적당해 신빙성이 높다.

천판의 테두리를 부드럽게 살짝 경사면을 주어 직각으로 형성된 것보다 여유롭게 보인다(27-4, 5).
활짝 핀 큼직한 모란꽃을 이어주는 유연한 줄기와 잎, 여백에는 원형의 보주寶珠문이 들어차 있다(27-2, 3).
또한 각 옆면에는 모란 봉오리를 중심으로 줄기가 물 흐르듯 시문되어 있으며 하단의 연속적인 보주문이 한결 화사해 보인다(27-4~7).

동시대의 일반적인 나전 문양에 비해 매우 정교하게 시문, 제작되었다.

테두리와 넝쿨문 줄기는 끊음질 기법, 모란꽃과 잎은 줄음질 기법과 타찰법打擦法 등 여러 가지 나전 기법이 활용되었다(27-3).

· 뚜껑 : 높이 3.8, 두께 0.7, 옆널 두께 1.3
· 하부 : 높이 5.4, 옆널 두께 1.5
　　　밑널 : 가로 27.3, 세로 18.7, 두께 0.9

27-1 내부 구조

27-2 뚜껑 윗면

27-3 윗면 상세

27-4 옆면

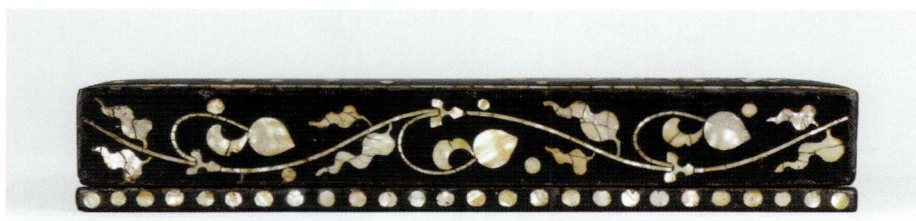

27-5 옆면

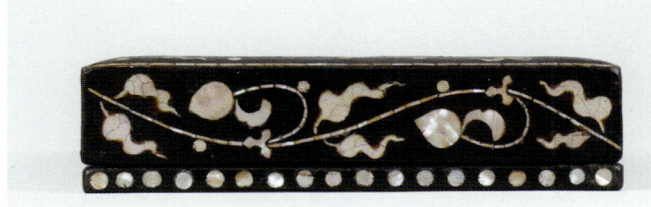

27-6 옆면

27-7 옆면

27-8 뚜껑 턱

칠공예

나전칠공예

나전모란넝쿨문상자
螺鈿牡丹唐草紋箱子

가로 32.6, 세로 20.0, 높이 20.7㎝
17~18세기, 개인 소장

상자 뚜껑인 천판이 약간 모가 접혀 있고 두 줄의 동선으로 모란넝쿨문 줄기와 계선을 둘렀는데 이는 고려 시대 나전경함에서 원형을 찾을 수 있으며, 17~18세기에 다시 나타나기 시작하여 20세기 초까지 활용되었다(28-3, 4).

소나무 백골 위에 굵은 베를 바르고 그 위에 숯, 토분을 생칠과 섞어 바른 후 자개로 시문했다.
만개한 모란꽃 형상과는 달리 가느다란 반추상적인 모란문을 구성했는데 오히려 힘이 있고 간결하게 느껴진다(28-3).
뚜껑 경사진 면의 화문花紋 사이에 원형 대모玳瑁(거북 등껍질)를 장식했다(28-2, 3).

하단 4면의 상부와 양 옆면에는 원형 보주문寶珠紋을 두었고 하단에는 운문으로 장식했다(28-4~7).

뚜껑이 안전하게 닫힐 수 있도록 하단 입구에 턱을 깊고 단단하게 설치했다(28-8).

밑면은 흑칠이며, 내부에 붉은색 천이 발려 있는데 제작 시기는 추정하기 어렵다(28-8, 9).

· 뚜껑 : 높이 6.4, 판재 두께 1.2   · 하부 : 판재 두께 2.4

28-1 내부 구조

28-2 뚜껑 윗면

28-3 앞면 상세

28-4 옆면

28-5 옆면

28-6 옆면

28-7 옆면

28-8 뚜껑 턱

28-9 밑면

나전모란넝쿨칠보문상자
螺鈿牡丹唐草七寶紋箱子

가로 69.0, 세로 43.0, 높이 18.6cm
18세기 후반, 개인 소장

뚜껑 모서리 부분에 비스듬히 각을 주었고, 연넝쿨문 줄기와 각 면의 모서리 부분과 무늬와 무늬 사이에 두 줄의 동선을 꼬아 계선界線을 만들어 구획했다.
이는 고려 시대의 나전경함에서 영향을 받은 것으로, 17~18세기에 다시 나타나기 시작하여 20세기 초까지 활용되었다.(29-3, 4).

뚜껑 테두리와 옆면 상부에는 자개와 동선으로 구성된 칠보문을 엇갈려 가며 장식했고, 중심의 모란넝쿨문 상하에 대모를 사용했다(29-2, 3).
하단 4면 모서리에는 원형의 보주와 국화문을 시문하여 복잡한 모란문을 안정되게 한다.

색이 영롱한 자개를 얇게 갈고 오려내었으며, 넓은 무늬는 곡면 진 자개 표면을 바닥에 대고 살짝 때려 표면에 닿게 하는

타찰법打擦法을 사용했는데 자개가 마치 얼음이 갈라진 것 같은 빙렬문氷裂紋으로 생성되었다(29-3).

· 뚜껑 높이 5.4 · 옆널 두께 1.5
· 천판 밑널 두께 1.3

29-1 내부 구조

29-2 뚜껑 윗면. 모란넝쿨문, 칠보문

29-3 윗면 상세

29-4 옆면.
모란넝쿨문, 칠보문

29-5 옆면.
모란넝쿨문, 칠보문

29-6 옆면. 모란넝쿨문, 칠보문

29-7 옆면. 모란넝쿨문, 칠보문

29-8 뚜껑 턱

나전모란넝쿨칠보문상자
螺鈿牡丹唐草七寶紋箱子

가로 36.8, 세로 29.0, 높이 20.3cm
18세기 후반~19세기 전반, 개인 소장

뚜껑 모서리 부분의 경사진 면 처리와 동선을 꼬아 모란넝쿨문의 줄기를 이루고 또 각 면의 계선에 사용한 것은 고려 나전경함과 연계성이 있다.

중심부 화분에서 키우고 있는 만개한 모란꽃을 묘사한 것은 당시의 취향을 엿볼 수 있는 매우 특이한 사례다(30-2, 3).

비교적 굵은 두 줄의 동선을 꼬아 모란문 줄기와 계선界線을 둘렀다(30-3).

천판에는 자개와 동선으로 칠보문, 네 귀에는 초엽문을 시문했으며(30-2), 4면에는 중심에 화분과 모란문, 테두리의 상하에는 칠보문, 양측면에는 국화넝쿨문을 시문했다(30-4~7).

시문된 모든 자개는 타찰법打擦法으로 무늬대로 오려진 비교적 두껍고 구부러진 자개 표면을 바닥에 대고 살짝 때려 표면에 닿게 만들었다(30-3).

뚜껑과 맞닿는 하단 구연부에 턱을 주어 안전하게 닫히도록 했다(30-8).

함의 표면에 검붉은 갈색을 내기 위해 토회칠 위에 흑칠을 하지 않고 연한 주칠을 바른 후 수분을 날린 정제된 옻칠을 여러 차례 발랐다.

백골은 소나무 판재로 제작되었으며 밑면에는 생칠을 발라 투명하다. 내부 청색 한지는 후대에 바른 것으로 보인다(30-1).

· 뚜껑 높이 3.9 · 판재 두께 1.1

30-1 내부 구조

30-2 뚜껑 윗면. 모란넝쿨, 칠보문

30-3 윗면 상세

30-4 옆면. 모란넝쿨, 칠보문

30-5 옆면. 모란넝쿨, 칠보문

30-6 옆면. 모란넝쿨, 칠보문

30-7 옆면. 모란넝쿨, 칠보문

30-8 뚜껑 턱

30-9 밑면

나전상자는 대부분이 사각으로 원형은 매우 드물다.
목재로 백골을 제작한 후 삼베로 싸 바르고 고래로 눈매를
메꾼 후 옻칠했다.
뚜껑이 안전하게 닫힐 수 있도록 하단 입구 안쪽에 턱을 높고
단단하게 설치했다(31-7).

자개는 타찰打擦 기법으로 무늬대로 오려낸 비교적 두껍고
구부러진 자개 표면을 바닥에 대고 살짝 때려 표면에 닿게
하는 기법이다(31-3).
보주寶珠를 중심으로 두 마리 용을 배치했는데 머리와 몸통은
천판에, 꼬리 부분은 측면 둘레와 연결하여 시문했다(31-2~5).
중심원 보주의 서기瑞氣와 용의 눈, 발가락에는 거북 껍질인
대모玳瑁를 사용했으며(31-3, 4), 발톱은 자개로 강조
했다(31-2, 3).
두 줄의 황동선을 꼬아 용 몸통 둘레의 계선을 형성했고,
수염과 머리카락은 한 줄로 구부려가며 유연한 선을
이루었다(31-3).

내부 바닥면과 뚜껑 밑면에는 봉황이 시문되었는데 봉황의
머리, 목, 날개는 타찰 기법을 사용했다. 몸통과 발은 대모,
여러 가닥의 꼬리는 황동선으로 줄기를 이루고 자개로 털을
표현한 것이 마치 초문草紋처럼 유연하다.

자개가 시문된 바탕면에 연갈색의 많은 점들이 보이는 것은
자개를 붙이고 정제된 옻칠을 한 후 마르기 전에 옻칠 가루를
뿌리고 갈아낸 것이다. 이는 단조로움을 피하고 미장 효과를
얻으려는 의도인데 일본 칠공예 기법의 영향으로 생각된다.

· 천판 밑판 두께 0.9 · 측면 두께 0.5

31-1 내부 구조

31-2 뚜껑 윗면

31-3 용문 상세

31-4 용문 연속무늬

31-5 용문 연속무늬

31-6 밑면

31-7 뚜껑 턱

31-8 내부 바닥면. 봉황문

31-9 내부 뚜껑면. 봉황문

소나무로 짜인 두루마리 서류를 넣어 보관하는 전형적인 서류함이다.

뚜껑인 천판에는 壽수를 중심으로 천도와 학이 시문되어 있고, 앞면에는 대나무, 매화, 새, 달, 뒷면에는 모란꽃과 나비, 옆면에는 난초와 국화, 벌, 괴석이 시문되어 마치 정원 풍경을 연상하게 한다.

새김질은 끊음질과 더불어 19~20세기 성행했던 나전 기법으로, 줄음질을 통해 오려낸 자개에 음각 세선細線으로 무늬를 사실적으로 표현했다.

이와 유사한 형태의 나전함에서는 앞면과 옆면에 천판(32-6)과 같이 경계선을 그리고 그 안에 무늬를 넣는 것이 일반적이나 이 함은 경계선 없이 시문하여 보다 확장되어 보이고 경쾌하게 느껴진다(32-2, 3, 4, 5).

경첩을 고정하기 위해 못을 박는 것이 통례이나 ㄷ자형 꺾쇠를 박아 끝부분을 구부렸기에 자주 여닫는 함에서는 견고하다(32-9).

판재가 맞물리는 면에는 국수형거멀잡이, 각 모서리에는 귀싸개장석, 밑면에는 반구형 받침쇠를 부착했다(32-7, 10).

· 뚜껑 : 높이 3.3, 판재 두께 0.9
· 내부 목판 : 가로 38.6, 세로 9.3, 높이 3.0, 판재 두께 0.7
· 자물쇠앞바탕 : 7.7×10.4+1.6
· 낙목 : 폭 1.1, 길이 10.2 · 귀싸개장석 : 2.5×2.5

32-1 내부 구조

32-2 앞면

32-3 오른쪽 면

32-4 뒷면

32-5 왼쪽 면

32-6 뚜껑 윗면

32-7 밑면 받침쇠

32-8 자물쇠앞바탕과 낙목

32-9 경첩

32-10 귀싸개장석

수를 놓거나 바느질을 위한 실을 넣어두는 소형 함으로 실함이라 부르며 한 개 또는 두 개가 한 조를 이루어 장, 농 위에 올려놓고 사용한다.

자개를 가늘게 오려내어 끊어가며 시문하는 끊음질 기법으로, 도식적인 壽수를 중심으로 귀갑문龜甲紋을 바탕에 깔았으며 아자문亞字紋으로 테두리를 둘렀다.

자개 문양이 전면을 채우고 있어 복잡하게 보일 수 있으나 가느다란 선들이 규칙적으로 구성되어 오히려 단아하고 중앙의 장수를 기원하는 수자壽字가 강조되고 있다. 이와 같은 귀갑문으로 시문된 이층농, 문갑 등과 함께 사용 되었을 것으로 짐작된다.

자개를 가늘고 길게 오려 내어 끊어 가며 시문하는 끊음질 기법은 상사톱 등 제작 공구의 발전과 기술 향상으로 19세기와 20세기 전반에 성행하였다.

망두형거멀잡이로 각 모서리를 거머잡고 넓은 자물쇠 앞바 탕을 사용하여 안정감을 준다.

· 뚜껑 : 높이 3.4, 두께 0.8
· 자물쇠앞바탕 : 가로 6.9, 세로 9.7+2.4
· 낙목 : 가로 1.6, 길이 3.8
· 감잡이 : 가로 2.4, 세로 2.4
· 귀싸개장석 : 2.5×2.3

33-1 앞면. 壽수자, 귀갑, 아자문

33-2 옆면

33-3 뚜껑 천판

33-4 뒷면

33-5 내부 구조

33-6 뚜껑 턱

함의 크기와 모양새, 화조도로 보아 여성용 기물을 보관하는 함으로 생각된다.

중앙의 자물쇠앞바탕장석을 중심으로 그 아래 대나무, 좌우에 패랭이와 괴석을 배치하고, 양 옆면에는 화초와 괴석을 배치했다.
주된 문양에는 줄음질로 넓은 면을 정교하게 오려 내었고, 가늘고 긴 풀들과 괴석은 끊음질 기법으로 시문하여 주된 무늬들을 강조하고 있다(34-1, 2, 4, 6).

천판에는 끊음질한 壽수를 중심으로 천도와 학을 시문하여 장수를 기원했다(34-3).

자물쇠앞바탕의 긴 낙목은 뚜껑을 열어젖혔을 때 그 무게를 받쳐주어 경첩 손상을 예방할 수 있다(34-7).

각 면이 짜이는 모서리에는 망두형거멀잡이, 모서리 귀부분에는 귀싸개장석을 사용하여 기물을 보호하고 시각적으로 안정감을 준다(34-1, 3, 4).

· 뚜껑 높이 3.7, 판재 두께 0.9
· 자물쇠앞바탕 : 가로 7.1, 세로 11.5+3.0
· 낙목 : 가로 1.7, 길이 17.6
· 경첩 : 가로 2.4, 세로 13.3+2.6
· 거멀잡이 : 2.6×2.2   · 귀싸개장석 : 2.7×2.7

34-1 앞면

34-2 앞면 상세

34-3 뚜껑 윗면

34-4 왼쪽 면

34-5 뒷면

34-6 오른쪽 면

34-7 뚜껑 열기의 낙목 사용

34-8 뚜껑 턱

나전함으로는 큰 편에 속하며 의복이나 중요 물품들을
보관한다. 소나무 판재로 제작되었다.

일반적인 나전함에 새겨진 무늬들의 도식화되고 전형 적인
것과 달리, 이 함은 앞면에 송학죽문松鶴竹紋과 매조죽문
梅鳥竹紋이 자유로운 구도로 시문되어 있어 보다 여유롭고
새롭게 느껴진다(35-2, 3).
천판에는 학과 화초문, 양 옆널에는 모란과 나비, 화초와 벌이
대칭으로 새겨져 있다(35-4, 5, 7).

뚜껑을 안전하게 닫을 수 있도록 하단 입구 안쪽에 얇고 좁은
각재를 덧대어 뚜껑의 받침턱을 형성했다(35-1, 8).
앞면의 긴 낙목은 뚜껑을 열어젖혔을 때 그 무게로 인해
경첩이 손상되지 않도록 받쳐주는 역할이다(35-9).

· 판재 두께 0.9 · 뚜껑 높이 7.3
· 자물쇠앞바탕 : 가로 10.4, 세로 21.2+4.9

· 낙목 : 가로 1.9, 길이 30.9
· 귀장석 : 10.0×4.8 · 고춧잎거멀장석 : 길이 4.0, 높이 3.6
· 들쇠 : 가로 9.9, 세로 5.2

35-1 모양새

35-2 앞면

35-3 앞면 세부

35-4 뚜껑 윗면

35-5 오른쪽 면

35-6 뒷면

35-7 왼쪽 면

35-8 뚜껑 턱

35-9 앞바탕과 낙목

35-10 뒷면 들쇠

비교적 큰 함으로 크기와 문양이 동일한 두 개를 이층장이나 삼층장에 나란히 올려놓거나, 이층으로 쌓아 놓고 사용하기도 하여 함농函籠이라 부르기도 한다. 함농으로 사용할 때는 하단 밑면에 가느다란 각목인 받침대를 붙여 바닥면에서 살짝 떠 있도록 했다.

자물쇠바탕장석을 중심으로 좌우에 대나무와 새, 물고기와 소나무와 학, 서기를 뿜고 있는 거북과 물결무늬를 줄음질로 오려내고 새김질로 소나무, 학, 거북을 미세한 선으로 사실적인 표현을 했다(36-6).
천판에는 壽수자를 중심으로 학과 천도를 대칭으로 배치했고, 양 옆면에는 모란을 시문했다.

뚜껑을 안전하게 닫을 수 있도록 하단 입구 안쪽에 얇고 좁은 각재를 덧대어 뚜껑 받침 턱을 형성했다(36-8).

· 뚜껑 : 높이 5.6, 판재 두께 1.2   · 받침목 :1.2×1.2, 길이 29.5
· 자물쇠앞바탕 : 가로 9.3, 세로 18.1+3.4
· 낙목 : 가로 1.9, 길이 6.2   · 들쇠 : 8.7×4.2, 굵기 0.7
· 고춧잎장석 : 3.2×5.8   · 귀장석 : 3.6×3.6

36-1 모양새

36-2 앞면

36-3 왼쪽 면

36-4 윗면

36-5 오른쪽 면

36-6 문양 상세

36-7 뒷면

36-8 뚜껑 턱

36-9 자물쇠앞바탕

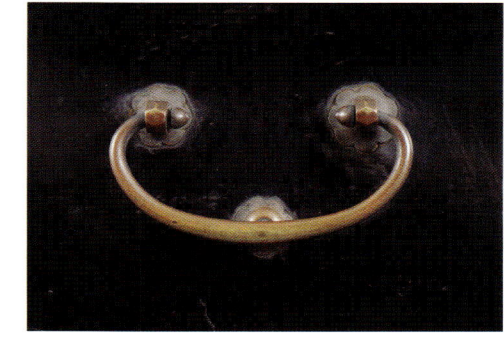

36-10 들쇠

칠공예

나전칠공예

나전매조죽학문의복함
螺鈿梅鳥竹鶴紋衣服函

가로 82.5, 세로 43.8, 높이 45.7㎝
19세기 말~20세기 전반, 개인 소장

초대형 나전함으로 두 개를 층으로 쌓아올려 함농으로 사용하기도 한다.

이 함의 각 면에 시문된 나전 무늬는, 중심의 주된 무늬 주변에 선으로 칸을 만들고 그 안에 부수적으로 매화, 대나무, 초화문을 간략하게 배치했다. 네 귀에는 실내 창호에서 자주 사용되는 아자문亞字紋을 넣어 마치 창밖을 통해 대나무와 학, 매화와 새, 괴석 등 아름답고 안정된 정경을 보는 듯한 효과를 준다(37-2).

천판에는 壽수를 중심으로 천도, 학, 박쥐를, 양 옆널에는 수자를 중심으로 대나무, 매화, 모란, 패랭이가 시문되었다. 부부애와 회춘, 절개, 장수長壽를 상징하는 문양들로서 여성적 취향이다(37-3, 4, 5).

자물쇠앞바탕과 경첩, 거멀잡이, 낙목에는 넝쿨문을 새긴 후 바탕면에 미세한 원형 정으로 촘촘히 쳐서 주된 문양을 강조했다(37-6, 7).

· 판재 두께 1.4 · 뚜껑 높이 7.3
· 자물쇠앞바탕 : 가로 11.3, 세로 19.6
· 낙목 : 가로 2.5, 길이 7.7
· 들쇠 : 가로 11.6, 세로 4.4, 굵기 0.8
· 약과거멀잡이 3.0×7.2 · 귀장석 4.6×4.6
· 반원형 받침 : 지름 3.2, 높이 0.

37-1 뒷면

37-2 앞면

37-3 옆면

37-4 뚜껑 윗면

37-5 옆면

37-6 자물쇠앞바탕

37-7 경첩과 거멀잡이

37-8 밑면 받침장석

나전십장생문의복함
螺鈿十長生紋衣服函

의복을 보관하는 한 쌍의 함으로 장과 농 위에 올려놓고 사용한다.

함의 4면이 만나는 외부 모서리를 둥글게 곡면 처리하고 대신 내부에 삼각기둥을 세워 보강한 후 턱을 붙여 뚜껑이 안전하게 닫히도록 했다(38-7).

해, 구름, 소나무, 사슴, 학, 복숭아, 불로초, 대나무 등 전형적인 십장생十長生을 자물쇠앞바탕장석을 중심으로 대칭되게 배치하고, 아자연속문으로 테두리를 둘러 안정감을 주었다(38-2).

천판에는 壽수자를 중심으로 운학과 천도, 양 옆면에는 수초어문水草魚紋으로 물가 정경을 시문했다(38- 3, 4, 6).

20세기 초 다양한 무늬 사용과 함께 면적에 비해 많은 내용이 들어차게 되면서 마치 보석처럼 사용하던 자개가 복잡한 구도로 바뀌게 되었다.

투각 만자화형자물쇠앞바탕장석과 투각 칠보형장석이 이에 걸맞게 장식성이 강조되었다.

· 각 층 높이 28.5 · 뚜껑 높이 5.9 · 판재 두께 0.9
· 자물쇠앞바탕 : 지름 15.6
· 낙목 : 가로 2.2, 길이 17.4
· 들쇠 : 가로 9.9, 세로 5.6, 두께 1.4
· 칠보문거멀잡이 : 4.7×7.0 · 귀장석 : 3.8×4.1
· 반구형 받침 : 지름 2.7, 높이 1.1

38-1 모양새

38-2
앞면

38-3 뚜껑 윗면

38-4 옆면

38-5 뒷면

38-6 옆면

38-7 뚜껑 턱

38-8 자물쇠앞바탕과 낙목

38-9 거멀잡이, 귀장석

사원에서 불경을 읽을 때 사용하던 경상이 민가에 들어와 글을 쓰고 읽는 서안으로 사용하게 되었다. 경상이 나전으로 장식된 형태는 극소수이다.

이 경상은 서랍 없이 안상문眼象紋 풍혈이 뚫려 있는데 긴 호족형 다리와 함께 경쾌해 보인다(39-3, 4, 5).

천판에는 해와 달, 구름, 산, 학과 오동나무, 사슴과 소나무 등 십장생문이 시문되어 있고, 그 테두리에는 연화넝쿨문이 둘러져 있다.

십장생문이 성글고 세련되지 못했으며 덩굴문은 17~18세기 함에서 보이는 것과 같은 흐름을 보인다(39-2).

견고한 호족에는 연화넝쿨문이 아래쪽으로 길게 뻗어 있다. 천판 측면과 아래 가로지른 쇠목에는 천판의 소나무잎과 동일한 무늬가, 다리 측면에는 오엽원형화문이 시문되어 있다(39-4, 5, 6). 투각 안상문 좌우에는 국화문을 배치 했다.

표면의 검붉은 칠은 바탕면에 베를 붙이거나 탄호칠을 하지 않고 목재 위에 수분을 제거한 정제 생칠을 여러 번 바른 효과다.

· 천판 : 가로 60.5, 세로 30.5, 두께 1.5
· 두루마리귀 : 폭 1.8, 높이 0.8, 길이 32.0
· 천판 하단 쇠목 : 높이 0.5, 두께 0.6
· 쇠목 : 높이 1.2, 깊이 3.2, 길이 35.4
: 윗쇠목 : 높이 0.7, 깊이 0.5
· 안상문 : 가로 10.9, 세로 2.2, 판재 두께 0.7
· 풍혈 : 가로 7.2, 세로 5.1, 두께 1.1
· 호족 : 폭 5.7, 높이 22.9, 두께 2.1
· 측 쇠목 길이 25.2 · 족대 : 2.4×1.5, 길이 31.0

39-1 족대

39-2 천판

39-3 앞면

39-4 옆면

39-5 풍혈과 다리 앞면

39-6 앞면 상세

나전희수복자칠보도학문연상
螺鈿囍壽福字七寶挑鶴紋硯床

가로 39.5 세로 28.7 높이 29.4㎝
19세기 말~20세기 초, 개인 소장

학문을 중시하는 선비들의 문방가구 취향은 인위적인 치장보다는 자연 나뭇결을 선호하는 것이 대다수지만 각자의 개성에 따라 나전으로 장식한 것을 택하기도 한다.

소나무로 짠 이 연상은 상부 두 개의 공간에 서로 다른 성격의 벼루를 넣거나, 한쪽에 묵호, 연적, 필산, 소형 붓을 넣어두기도 한다.
서랍에는 서한지나 소품을, 하단 공간에는 서한지 두루마리 또는 타구를 넣어둔다.

천판에는 壽수자를 중심으로 학과 천도를 대칭하여 화면을 가득 채웠고, 앞면에는 囍희, 壽수, 福복자와 칠보문, 모란문을, 양 옆면에는 화초와 괴석을 줄음질과 끊음질 기법으로 시문했다(40-2, 3, 4, 6).
뒷면에는 바다와 배, 구름과 산수를 끊음질 기법으로 간결하게 시문했다(40-5).

천판 테두리인 변죽과 기둥, 쇠목 등 골재에는 아자亞字문을 끊음질로 장식했다(40-2~6).

하부 너른 공간의 가로지른 쇠목과 기둥에 가느다란 풍혈을 설치했으며, 하단에도 ㄱ자 풍혈을 설치하여 시각적으로 기둥이 안정감을 주도록 했다(40-3, 4).

· 천판 : 19.6×28.6, 두께 1.1, 4면 두께 1.1
· 서랍 : 가로 36.0, 세로 5.7, 두께 0.7
· 기둥 : 1.8×1.7, 높이 20.7
· 쇠목 : 1.9×1.3, 폭 36.0
· 공간 풍혈 : 폭 0.5, 두께 0.6
· 하부 풍혈 : 가로 6.7, 세로 2.5, 두께 1.0
· 천도형달개비장석 : 가로 2.5, 높이 2.5

40-1 덮개와 서랍 열린 상태

40-2 덮개

40-3 앞면

40-4 오른쪽 면

40-5 뒷면

40-6 왼쪽 면

나전희자귀갑문연상
螺鈿囍字龜甲紋硯床

가로 40.0, 세로 28.3, 높이 27.7cm
19세기 말~20세기 초, 개인 소장

칠공예 40과 동일한 구조의 연상이며 소나무로 제작되었다.

자개를 가늘게 오려내어 끊어가며 시문하는 끊음질 기법으로, 희囍자를 중심으로 귀갑문龜甲紋을 바탕에 깔았으며(41-2, 4), 천판 테두리인 변죽과 기둥, 쇠목 등 골재에는 아자문을 끊음질로 장식했다(41-3).

시문된 귀갑문이 앞면을 메우고 있어 테두리 부분의 검은 선들이 강조되며 전체가 단단하고 짜임새 있어 보인다.
또한 가느다란 선들로 구성되어 자개의 빛이 은은하면서도 단아한 형상을 보인다.

이와 같은 귀갑문으로 시문된 문갑 등과 함께 사용되었을 것으로 짐작된다.

· 천판 : 한쪽 가로 19.9, 세로 28.3, 두께 1.1
· 벽면 두께 0.8
· 서랍 : 가로 35.8, 세로 5.4, 판재 두께 0.9
· 기둥 : 가로 2.0, 세로 1.9, 높이 19.2
· 쇠목 : 1.2×2.0, 길이 36.0 · 공간 풍혈 : 0.7×0.7
· 하단 풍혈 가로 7.3, 세로 2.1, 두께 0.8
· 바닥면 : 판재 두께 0.7 · 달개지쇠 : 2.2×2.2

41-1 내부 모양새

41-2 덮개 판재

41-3 앞면

41-4 덮개

41-5 뒷면

41-6 옆면

안경집 표면이 둥글게 휘어져 있어 나전 작업이 쉽지 않으므로 중심 부위에 문자나 화초문을 간략하게 시문하는 것이 일반적인데 이처럼 표면 전체를 치장한 것은 보기 드물다.

백골은 은행나무나 피나무로 제작하는데 긴 통나무 속를 얇고 깨끗하게 파내기 어려워 반씩 얇게 파낸 후 두 쪽을 붙여 한 통을 만들었다.
또한 뚜껑을 닫기 위해 상하를 서로 맞물려야 하므로 턱지게 깎아내었다(42-4, 5).

뚜껑과 밑부분이 항시 붙어 있도록 뚜껑 상부 구멍으로 들어온 가죽끈을 하부 입구의 턱에 ㄷ형 금속판으로 고정시켰다(42-2, 3, 4, 5).

상부의 구멍 밖에는 국화형받침장석을 부착하고 그 위 가죽끈에는 옥가락지를 끼웠으며, 하부에는 환고리와 국화형 받침장석을 부착했다(42-2, 3).

안경집 테두리에는 자개를 끊음질 기법으로 아자문을 두 줄, 상하부가 만나는 부위는 한 줄로 시문하고 나머지 부위에는 귀갑문을 촘촘히 배치했다(42-1, 2, 3, 4).

· 뚜껑 : 높이 6.0, 두께 0.4
· 국화형 장석 : 지름 1.3

42-1 옆면

42-2 상부

42-3 밑면

42-4 뚜껑 턱

42-5 내부 구조

베갯모는 베개의 좌우를 장식하는 것으로 자수, 나무, 돌, 도자, 나전, 화각 등 다양한 재료로 아름답게 꾸몄다. 아동용부터 어른용에 이르기까지 신체에 맞춰 크고 작은 것들이 제작되었다.

빗살문과 거치문(톱날 형태)으로 테두리를 두르고, 그 안에 소나무, 호랑이 한 쌍, 새, 괴석, 대나무 무늬를 나전으로 시문했는데, 민화에서 보이는 '까치와 호랑이' 그림을 연상하게 된다.

줄음질로 정교하게 무늬를 오려내고 새김질로 세부 사항을 칼로 파내어 사실적 표현을 시도했다. 무지갯빛의 영롱한 자개가 검은 바탕과 어울려 매우 화사하면서도 위엄을 느끼게 한다.
둘레의 연속적인 작은 구멍들은 실로써 베갯잇과 꿰매기 위한 것이다.

· 두께 1.8 · 나전 지름 16.2

43-1 뒷면

나전베갯모의 대부분은 소나무, 잣나무, 피나무 판재에 십장생, 연화, 원앙, 호랑이, 수복壽福 등의 무늬를 자개로 시문해 매우 화사하다.
나전 또한 줄음질로 오려내고 새김질로 상세한 표현을 하는 끊음질 기법으로써 가느다란 선들을 묘사한다.

이 베갯모는 장수를 기원하는 壽수를 중심으로 귀갑문龜甲紋을 바탕 전체에 시문했으며, 둘레에 거치문鋸齒文과 연속적인 빗살문을 둘렀다.

글씨는 무지개색이 영롱한 색패를 굵고 길게, 주변 빗살문과 주된 귀갑문은 국수처럼 가늘고 길게 오려냈으며 이를 끊어가며 무늬를 시문하는 끊음질 기법을 사용했다.
자개의 영롱한 빛과 광택이 은은하고 묵직하면서도 안정되어 보인다.

베개와 연결된 검은 가죽과 베갯모를 고정하기 위해 주석으로 만든 원형 테두리를 못으로 박아 장식하여 자개가 더욱 화사하게 느껴진다.

· 원형 주석 테두리 : 폭 0.6

44-1 뒷면

나전도운학수자문안석
螺鈿桃雲鶴壽字紋案席

가로 32.0, 세로 40.5 두께 5.5㎝
19세기 말~20세기 전반, 개인 소장

안방이나 사랑방의 아랫목에 방석 또는 보료가 놓인 뒤 벽면에 세워서 등을 편안하게 받쳐주는 역할인 안석案席이다. 보통의 안석은 방석처럼 내부에 솜을 두툼하게 넣어 뒤로 기대면 푹신하고 편안하다. 반면 이것은 목재 표면에 나전을 장식하여 매우 딱딱하므로 그 기능을 짐작하기 어렵고 사례가 별로 없는 독특한 유물이다.

상부를 화형으로 구성하고 하부보다 폭을 좁게 했으며 두께 또한 밑면을 넓게 하여 안정감 있어 보이도록 했다. 또한 양 옆면 판재를 중심 판재보다 좁게 붙였는데 삼단으로 보인다(45-1, 2, 3).

앞면의 곡면 진 테두리와 옆면의 곡면 진 모서리를 따라가며 아자문亞字紋을 시문하여 더욱 짜임새 있어 보인다(45-1, 2, 3).

중심부에 壽수 글자를 중심으로 구름과 학, 천도를 상하 대칭으로 가득차게 시문했는데, 학의 몸체는 새김질로 상세하게 표현했으며 수자의 곡면은 비교적 넓은 자개를 끊음질로 부드럽게 처리했다(45-1).

· 상부 두께 3.4   · 하부 두께 5.5

45-1 앞면

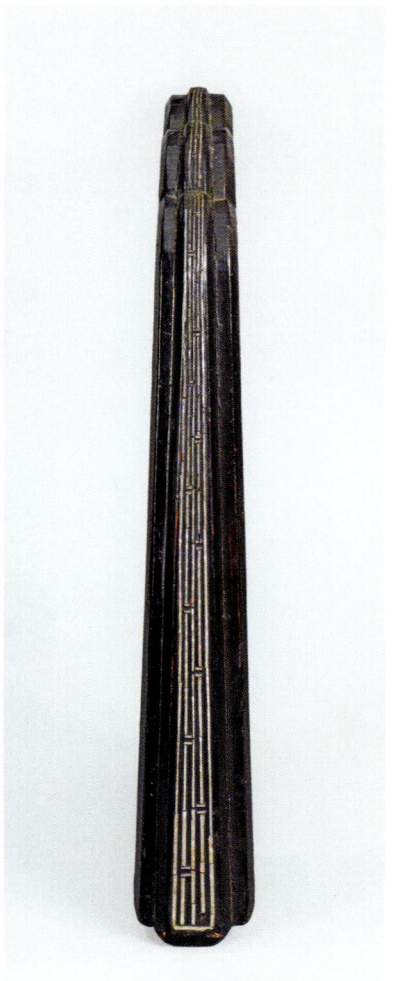

45-2 옆면

45-3 상부 곡면 모서리

45-4 하부 밑면

소나무 판재로 짜인 견고한 나전관모함이다.

천판은 가느다란 원문 안에 壽수를 중심으로 운학雲鶴과 천도문이 줄음질과 새김질로 시문되었다. 또한 팔각의 옆면에는 누각산수문樓閣山水紋이 수준 높은 끊음질 기법으로 시문되었는데, 강가와 육지, 계절, 낮과 밤, 초가와 기와집 다양한 상황의 가옥이 있는 풍경이 마치 실물을 보는 듯하다(46-4, 5).

앞면과 뒷면에 크고 견고한 자물쇠앞바탕과 경첩, 각 판재의 짜임새 부분에는 고춧잎형거멀잡이를 부착했다.

· 뚜껑 : 높이 4.3, 판재 두께 1.0
· 자물쇠앞바탕 : 가로 8.5, 세로 13.9+3.0
· 낙목 : 가로 2.8, 길이 4.6
· 경첩 : 가로 2.5, 세로 12.0+2.4

· 고춧잎 : 2.6 x 2.2
· 들쇠 : 가로 7.7, 세로 3.6, 두께 0.5
· 반구형 받침 : 지름 2.2, 높이 0.7

46-1 내부 구조

46-2 뒷면

46-3 윗면

46-4 각 면 누각산수도

46-5 각 면 누각산수도

부유한 가정의 여인들은 머리에 빗치개, 첩지, 뒤꽂이, 비녀 등으로 치장하고, 그 외 소품과 분粉 등의 화장용품을 넣어 두기 위해 여러 개의 넓은 서랍을 장착한 좌경이 필요하게 되었다.

이 나전좌경은 귀중품들을 안전하게 보관하고 외형적으로 단순하게 보이도록 좌경의 앞면에 여닫이문을 설치했다. 이 문판에 귀갑연속문을 아자문 테두리와 함께 끊음질 기법으로 시문했다(47-2).

천판에 장수를 기원하는 운학문과 복숭아문을 시문하고 둘레에 아자亞字문을 둘렀다(47-1).

오른쪽 면에는 소나무와 사슴 한 쌍, 해와 구름, 불로초를, 왼쪽 면에는 해와 구름, 학과 천도, 대나무, 불로초 등 장수를 상징하는 무늬들을 시문했으며 뒷면에는 대나무문을 가득차게 배치했다(47-3, 4, 5).

내부 하단의 긴 서랍에는 모란문을, 상부 두 개 서랍에는 매화문과 대나무문을 시문했다(47-9).

천판의 거울을 사용하기 위한 경첩, 앞면 여닫이문의 실패형경첩, 화형자물쇠앞바탕, 각 면 짜임의 귀장석 등이 영롱한 자개와 어울려 매우 화사하다(47-12).

전형적인 경상남도 통영 지방산이다.

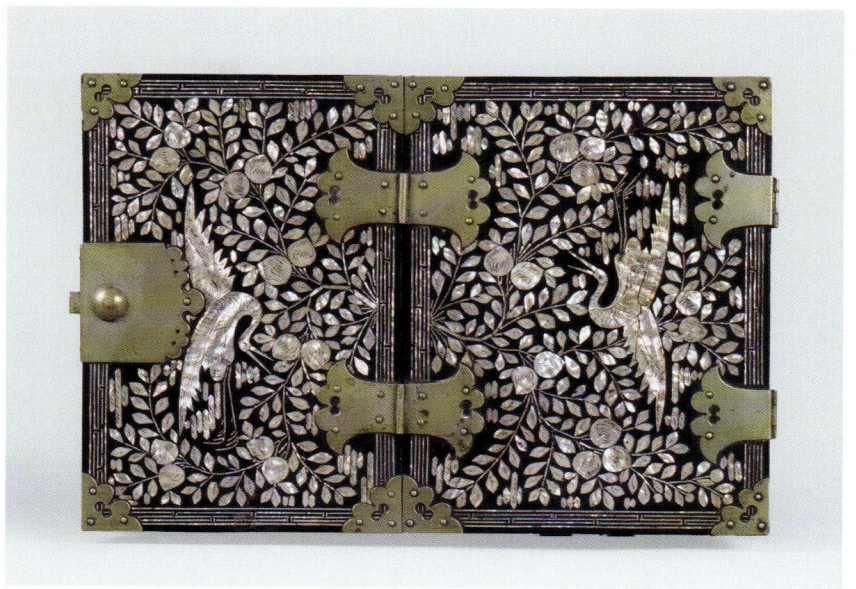

47-1 윗면

47-2 앞면

47-3 왼쪽 면

47-4 뒷면

47-5 오른쪽 면

47-6 덮개 열고 거울 펴기 모양새

47-7 옆면

47-8 앞 여닫이문 내부

47-9 내부 앞면

47-10 거울 변죽

47-11 덮개(천판) 장석

47-12 자물쇠앞바탕

· 여닫이문판 : 가로 11.8, 세로 15.3, 두께 1.3

· 서랍 : 가로 11.1, 세로 6.5, 길이 34.5

· 긴 서랍 : 가로 23.8, 세로 7.6

· 거울면 : 가로 22.9, 세로 34.3, 두께 0.7

· 거울면 테두리 : 0.9. 거울면 31.1×19.7

· 족통 : 가로 28.0, 세로 39.9, 높이 5.1

· 화형앞바탕 : 가로 9.3, 세로 7.9

· 사각앞바탕 : 가로 6.7, 세로 5.2+6.8

· 천판 경첩 : 가로 9.5, 세로 5.3

· 뒷면 경첩 : 5.5×4.4+1.3, 폭 2.8, 길이 6.6

· 천판 귀장석 : 3.3×3.3

· 거멀잡이 : 2.9×5.0

빗접은 화장하거나 머리를 빗기 위한 소도구인 화장품, 빗, 가리개 등을 모아 보관하는 여성용 가구인데 거울이 없으므로 면경이나 좌경을 별도 사용한다.

이 빗접은 앞면 상부에 부착된 거북형 잠금장치를 열고 위로 넘기면 덮개가 열린다. 그 안에 낮은 목판이 있어 머리를 빗을 때 바닥에 펴서 깔 수 있는 두꺼운 유지油紙를 넣어 두도록 만들었다(48-1).

앞면 상부에는 사각 계선界線 안에 난과 국화가 새김질로 시문되어 있으며, 하부 붙박이화형자물쇠가 부착된 여닫이

문에는 아자亞字문 계선을 두른 귀갑龜甲문이 끊음질 기법으로 시문되었다(48-3).

천판에는 원형 계선界線을 두르고 장수를 상징하는 壽수, 천도天桃, 운학雲鶴문을 시문했다(48-2).

화형자물쇠앞바탕을 열면 천도형 달개지가 달린 두 개의 서랍에 굵은 선으로 수복壽福을 끊음질 기법으로, 하단 긴 서랍에는 박쥐형당김쇠를 달고 연꽃과 원앙새, 대나무와 봉황을 새김질과 끊음질 기법으로 시문하여 부부애와 화목한 가정을 기원하고 있다(48-7).

48-1 목판과 상부 구조

48-2 윗면

48-3 앞면

48-4 뒷면

48-5 왼쪽 면

48-6 오른쪽 면

48-7 여닫이 문판과 내부 앞면

48-8 배목과 당김쇠

48-9 자물쇠앞바탕

48-10 거북형잠금장치

왼쪽 면에는 복사꽃, 물고기와 물가 정경을 평화롭게 표현했고, 오른쪽 면에는 장수를 뜻하는 사슴과 소나무, 해와 구름, 불로초 등을 줄음질과 끊음질로 정성을 들여 시문했다. 검은 바탕에 영롱한 빛을 지닌 나전 빗접 족통에는 붉은 칠을 하여 화사한 여성적인 취향을 잘 나타내고 있다.

여닫이문판의 붙박이화형자물쇠는 오른쪽 반구형장석을 오른쪽으로 밀면 열리는데(48-9), 48-8과 같이 내부 상하 서랍 중심 쇠목에 잠금장치가 견고히 붙어 있다.

· 뚜껑 : 가로 28.1, 세로 27.6, 높이 4.6
· 문판 : 가로 13.0, 세로 16.8, 두께 1.2
· 족통 : 가로 30.5, 새로 29.6, 높이 4.6
· 사각형앞바탕 : 가로 5.7, 세로 10.3+2.5
· 화형앞바탕 : 가로 8.1, 세로 7.3
· 경첩 : 세로 4.4, 가로 3.8+2×2
· 낙목 : 폭 1.8, 길이 5.3, 거북 1.8×5.3

나전누각산수문빗접
螺鈿樓閣山水紋梳貼

가로 27.4, 세로 27.6, 높이 30.7㎝
19세기 말~ 20세기 초, 개인 소장

자개의 색이 영롱한 상질上質의 전복패와 뛰어난 끊음질 솜씨로 미루어 통영 지방에서 제작된 것으로 보인다.

앞면의 서랍 앞바탕을 비롯해 천판과 양 옆면의 누각산수樓閣山水문양들은 국수처럼 가늘게 오려내어 짧게 끊어가며 시문하는 끊음질 기법을 사용했다.

안정된 구도와 끊음질 기법의 특성인 유연한 선이 마치 붓으로 그린 산수화와 같아 한가롭고 안정된 통영 지방의 바닷가를 연상하게 한다(49-1~4).

앞면의 긴 낙목은 뚜껑을 젖혀놓았을 때 경첩에 무리한 힘이 가해지는 것을 받쳐주는 역할이다(49-1).

각 면 짜임새 부분의 넓은 망두형거멀잡이 장석이 견고함과 장식 효과를 내고 있다(49-5).

서랍 사이의 쇠목과 하단의 족통에 주칠하여 보다 화사해 보인다. 바탕은 소나무다.

· 뚜껑 : 높이 4.3, 두께 1.0 · 쇠목 1.0
· 작은 서랍 앞면 : 13.0×6.3
· 큰 서랍 앞면 : 가로 27.0, 세로 7.3
· 족통 : 29.6×29.6, 높이 4.1
· 자물쇠앞바탕 : 가로 5.9, 세로 10.6+2.3
· 낙목 : 폭 1.7, 길이 21.8
· 당김쇠 : 가로 5.3, 세로 2.8
· 거멀잡이 : 2.3×4.4
· 귀싸개장석 : 2.3×2.5

49-1 앞면

49-2 윗면

49-3 왼쪽 면

49-4 오른쪽 면

49-5 뒷면

49-6 뚜껑 열기

일반적으로 패물함이라 부른다.

옆면 마구리 부분에 수직으로 미닫이문을 달아 위로 떼어
내도록 하고 내부에 두 개의 서랍을 두어 대형 비녀와 패물
들을 보관하는 기능인데 현재 서랍은 남아 있지 않다.

백골은 소나무 판재로 짜였다.

천판에는 壽수 문자를 중심으로 천도와 운학을 대칭으로
배치했고, 양 옆면에는 만개한 매화와 대나무, 소나무, 학
한 쌍이 줄음질과 새김질로 정교하게 시문되었는데 장수와
부귀영화를 기원하고 있다.

오색찬란한 자개와 정교한 자개 제작 솜씨로 보아 경상남도
통영 지방산이다.

· 판재 두께 1.2   · 덮개 : 9.6×10.2, 두께 2.1

50-1 내부 구조

50-2 뚜껑 닫은 모양새

50-3 뒷면

50-4 윗면

50-5 앞면

50-6 옆면

50-7 옆면

칠
공
예

나
전
칠
공
예

일반적인 나전칠기는 목재로 기본형을 제작하는 목심칠기 木心漆器이다. 반면 이 반짇고리는 진흙으로 틀을 만들고 그 위에 종이나 헝겊을 여러 겹 발라 기형器刑을 뜬 다음 떼어내어 칠을 입히는 건칠乾漆 기법을 사용했다.
이런 기법은 가볍고 변형되지 않으며 곡면의 형태를 쉽게 제작할 수 있다.

반짇고리는 바느질을 위한 소도구인 실패, 바늘, 쌈지, 골무, 자, 누빗대를 넣어두거나 바느질감을 잠시 담아두는 그릇이다.

일반적으로 원형, 4각, 8각이 있으며 뚜껑을 덮개 만든 것도 있다. 주로 여성용품이어서 오색찬란한 자개 제품, 화사한 화각 제품, 오색종이를 오려 붙인 지紙 제품 등 종류가 다양하다.

내부 바닥면에는 아자문 원형 테두리 안에 다산多産을 기원하는 물고기, 복사꽃, 괴석들로 채워 물가의 한가로운 정경을 묘사했다(51-1).

옻칠을 안팎으로 두껍게 칠했고, 바닥면이 살짝 뜨도록 밑면 세 곳에 굽을 붙였다(51-2, 3).

구연부의 원형이 변하거나 마모磨耗 되는 것을 방지하기 위해 주석테두리를 둘렀는데 구연부가 단단해지고 모양새도 좋다.

· 두께 0.5 · 주석테두리 높이 1.0

51-1 윗면

51-2 앞면

51-3 밑면 굽

여덟 개 판재로 짜인 이와 같은 형태는 부엌가구에서 음식을 담아 두거나 나르는 기능으로 팔각목판이라 부르는데 반짇고리 형태와 흡사해서 구별하기 어렵다. 따라서 목재 선택, 제작 수준과 사용 흔적 등을 고려해 살펴본다.
이것은 안팎으로 각 면에 나전을 시문한 것으로 보아 반짇고리가 분명하다.

팔각 진 바닥면에 천도와 한 쌍의 학을 원형 테두리 안에 배치했고, 그 둘레의 여덟 개 판재에는 壽福康寧수복강녕, 萬壽無疆만수무강 글자를 굵고 크게 시문했다(52-1).

여덟 개 판재 뒷면에는 모란, 국화, 난초, 불로초, 대나무 등 화초들을 면에 가득차게 시문하여 여성 취향을 잘 살렸다 (52-3, 6).

바닥면에는 비교적 높은 굽을 대었고, 구연부에는 둥글고 턱진 변죽을 달았다. 굽과 구연부에 주칠하여 단단하고 짜임새가 있고 자개와 검은 바탕과 어울려 더욱 화사해 보인다.

빛이 오색영롱한 질이 좋은 전복 껍질로 통영 지방에서 정성을 다해 제작한 것으로 보인다.
소나무 백골이다.

· 변죽 : 폭 1.0, 두께 0.9
· 판재 : 상부 한 변 17.5, 하부 한 변 13.4, 폭 1.0, 두께 0.9
· 족통 : 한 변 13.0, 높이 1.6, 두께 0.9

52-1 윗면

52-2 옆면

52-3 밑면

52-4 내부 8면 판재

52-5 변죽

52-6 외부 8면 판재

대부분의 반짇고리는 뚜껑이 없지만 이처럼 뚜껑을 씌워 놓아 단정하게 만든 것을 선호하기도 했다.

직사각형인 천판에는 延年益壽연년익수(세월이 지날수록 수명이 더해지다.)를 새겨 장수를 기원하고 있다.
옆면 4면에는 모란, 불로초, 괴석을 중심으로 좌우에 富貴부귀와 福壽수복 글자를 굵고 크게 시문하여 복 받고 오래 살기를 염원했다(53-2).

각 면의 테두리에는 아자문을 두르고 귀장석을 박아 4면을 서로 견고하게 고정했다(53-3).

바닥면에는 원통형받침장석을 붙여 성큼 높였다(53-3).

· 판재 두께 0.9   · 내부 상자 : 가로 27.5, 세로 20.7, 높이 17.6

53-1 구조

칠공예

나전칠공예

53-2 연년익수자延年益壽字문

53-3 각 면 테두리와 귀장석

53-4 4면

나전모란문구족반
螺鈿牡丹紋鉤足盤

지름 47.0, 높이 34.0㎝
19세기 말~20세기 초, 개인 소장

12각 천판에 길고 힘찬 다리를 갖고 있는 전형적인 구족반이다.

천판 테두리인 변죽은 따로 각목을 덧댄 것이 아니라 12각 진 판재를 파내어 형성된 것으로 천판과 부드럽게 이어져 있으며, 변죽의 밑면은 턱을 주어 부드럽게 굴렸다(54-7, 8).

굵고 힘찬 다리는 상부의 운각과 천판에 촉짜임과 턱짜임으로 견고히 짜여 있으며 하단의 족대와도 촉짜임 되어 있다(54-4, 5, 8).

천판에는 모란꽃과 잎, 줄기 두 장면을 서로 대칭되게 배치

하여 원 안을 가득 채웠다(54-1).

변죽의 주칠로 인해 자개의 영롱함과 검은 흑칠이 중화되어 한결 부드럽고 격이 있어 보인다(54-1, 7).

· 천판 두께 2.4, 판재 두께 1.3
· 변죽 : 넓이 2.9, 두께 2.4
· 운각 : 높이 6.5, 두께 1.2
· 구족 : 길이 31.2
· 족대 : 2.7×1.2, 길이 35.5

54-1 윗면 천판

54-2 앞면

54-3 옆면

54-4 구족 형태

54-5 구족과 족대

54-6 족대 밑면

54-7 변죽

54-8 변죽과 운각

칠공예

나전칠공예

전형적인 경상남도 통영 지방 사각반으로 천판의 네 귀가 둥글게 굴려져 있으며 원통형 다리가 천판부터 내려와 상중대上中帶와 하중대下中帶로 견고하게 짜여 있다.
이런 통영소반은 타지방 것에 비해 매우 견고하고 사용하기 편리하며 현대적 감각도 있어 찻상, 겸상, 교자상의 용도로 근래까지 전통이 잘 반영되고 있다.

4각 천판 중심에 아자문으로 돌린 원 안에 불로초를 입에 문 학과 천도를 시문했는데 이는 빗접이나 함의 천판에 자주 사용된 무늬이다.
또한 천판 테두리에 아자문 윤곽선을 두르고 네 귀에 壽福康寧수복강령 문자를 굵게 시문하고 그 주변에 소나무, 대나무, 물고기와 수초문 등을 가득히 배치했다(55-1).

천판과 상중대 사이에 끼운 견고한 구조물인 난간에는 대나무와 천도문, 4개의 기둥에는 대나무문, 다리를 견고히 묶어주는 중대에는 아자문이 시문되어 있다(55-2).

자개를 오려내고 무늬를 칼로 파내는 새김질과 가늘고 긴 자개 선을 끊어가며 시문하는 끊음질 기법이 총 망라되어 있으며, 경남 동영 지방산인 빛이 영롱한 색패色貝로 제작되어 화사해 보인다.

· 천판 두께 1.0
· 변죽 : 넓이 2.3, 두께 2.1, 높이 0.8
· 운각 : 가로 34.0, 세로 4.6 두께 0.9
· 가락지 : 2.3×1.1, 앞면 길이 52.5
· 중대 길이 40.5   · 족대 : 2.8×1.1 길이 40.4

55-1 평면. 천판

55-2 4면

55-3 기둥

55-4 천판 변죽

커다란 연엽형의 반盤을 구성하고, 몸체와 천판을 연결하는 굵은 기둥과 함께 +자형 받침대 위로 네 개의 서로 다른 높이의 연봉을 구성했다. 자연스레 굴곡진 줄기들이 생동감을 주고 있다(56-2, 4).

가느다란 기둥으로는 천판을 받치기 어려우므로 천판 밑면에 원추형 받침을 덧대고 구멍을 뚫어 천판과 촉짜임 해 견고하게 보강했다(56-1, 7).

중심에는 도식화된 연잎 줄기를 끊음질 기법으로, 그 사이에 서기瑞氣를 뿜고 있는 거북과 연꽃은 줄음질과 새김질로 시문하여 장수와 번영을 기원하면서 아름다운 연못가를 잘 표현하고 있다(56- 2).

· 천판 두께 1.5
· 기둥 : 굵기 2.2, 받침 2.6×2.6, 길이 23.8

· 봉오리 높이 : 8.6, 10.6, 4.9, 5.4

56-1 밑면

56-2 윗면 천판

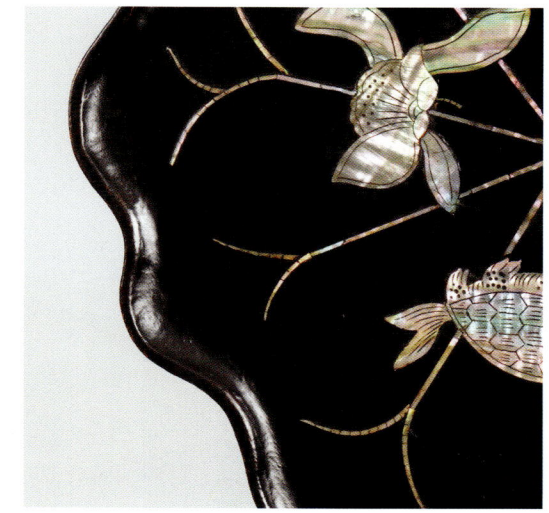

56-3 변죽

56-4 앞면

56-5 하부 옆면. 연봉

56-6 하부 앞면. 연봉

56-7 천판 하부

칠
공
예

나
전
칠
공
예

하부의 양측 판각에 여의두형 투각과 족대가 없는 판각, 그 사이의 초문 운각 등 해주반 형식을 갖고 있다.

상부의 네 귀가 각지고, 크기에 비해 높은 변죽으로 목판 형식을 갖고 있는 소반을 왜반倭盤이라 부르기도 한다(57-2, 3, 5).

이 소반은 극소형으로 그릇을 올려놓기는 좁고, 겨우 잔이나 작은 기물을 오려 놓을 수 있어 그 기능은 확실히 알 수 없으나 정성을 다하는 용도로 짐작된다.

좁은 바닥면에 비해 넓게 두른 아자문과 그 안에 천도가지를 입에 문 한 쌍의 학을 대칭으로 배치했다(57-1).

판각 사이의 운각은 초문을 유연하게 입체 조각했고, 양 옆면에는 여의두문 투각과 초엽형 풍혈로 장식했다(57-2, 3). 소나무 판재로 제작했다.

· 변죽 : 두께 0.6, 높이 1.2
· 운각 : 가로 15.1, 세로 2.0, 두께 0.6
· 옆널 : 가로 14.0, 세로 8.8, 두께 0.6

57-1 윗면

57-2 앞면

57-3 옆면

57-4 밑면

57-5 변죽

교자상은 천판이 넓어 많은 그릇을 올려놓을 수 있어 잔칫상이나 여러 명의 식사, 연회 시 사용되는데 19세기 후반 연회도宴會圖와 풍속화에서 자주 보인다.

교자상의 너른 공간에 그린 대나무 그림은 사실적으로 상세하게 표현한 솜씨와 화면의 구도로 보아 직업 화가의 작품으로 보이며, 이를 나전 장인이 뛰어난 줄음질 작업으로 완성해 마치 대나무 실물을 보는 듯하다(58-2).

19세기~20세기 전반에 제작된 나전 2·3층장에는 당시 유명 화가의 그림과 낙관이 나전으로 시문된 것들이 보인다.

왼쪽에 초서로 何何一無非君하하일무비군(어찌 하루라도 이 사람 없이 살 수 있겠는가)을 적었다. 사랑하는 사람과 떨어져 있는 것이 얼마나 힘든지를 표현한 말로 이별을 슬퍼할 때 사용한다(58-1).

다리는 운각 높이에서 이어 붙였다(58-3, 7).

· 천판 : 판재 두께 1.8
· 운각 : 앞면 길이 81.6, 높이 8.2
　　　　옆면 길이 55.0, 두께 5.8
· 구족 : 폭 5.8, 높이 27.9, 굽 5.6×5.6

58-1 명문

58-2 윗면. 천판

58-3 구족

58-4 앞면

58-5 옆면

58-6 밑면

58-7 족통 밑면

나전사각접시 5개가 한 조로 구성되어 있으며, 자개와 제작 기법은 전통적이나 모양새와 무늬는 서구적이고 밑면에 '美미' 자 낙관이 찍혀 있다(59-3).

이런 근대 유물들은 1908년 한성미술품제작소로 설립되어 1911년 명칭이 변경된 이왕가미술제작소에서 제작된 공예품 들로 일본 생활용품으로 대량 생산되어 현지로 수출되었다. 조선 시대의 전통적인 나전칠기 제작은 현재까지 지속되고 있지만 전통을 시대의 조류에 발맞추어 수출품으로 시도한 사례이다.

이 나전 접시는 얇은 판재로 사각을 이루고 네 귀를 접었으며, 바닥면에는 모란문을 중심으로 +자로 넝쿨문을 두 줄 시문 했다. 이곳 나뉜 공간 네 곳에 나비문를 배치하고 구연부

변죽의 좁은 테두리에 자개로 선을 둘렀다(59-1, 2).

사방연속문으로 자개 여러 장을 겹쳐서 한 번에 오려낼 수 있어 매우 실용적인 문양 구성이다.

양질의 자개를 사용하고 정교하게 오려낸 줄음질과 세선으로 음각한 새김질이 당시 나전칠기의 높은 제작 기술을 보여주고 있다.

이왕가미술제작소와 해시상회 등에서 제작된 유물들은 현재까지 많은 양이 남아 있는데 그중 이 나전사각접시는 품격 높은 유물이다.

· 밑면 34.0×34.0   · 밑면 판재 두께 0.5

59-1 윗면

59-2 변죽

59-3 이왕가미술제작소 낙관

다. 화각장공예 華角裝工藝

이 화각장필통은 두꺼운 대나무 통을 활용하여 내부 깊이의 ½정도만 깎아내어 넓어진 벽면에 종이를 발랐는데 위에서 들여다보면 단면이 보인다(60-4).

이후 가느다란 대나무 표면에 그림을 그린 화각을 말아 붙여 붓꽂이를 만들었다. 매끄러운 대나무 표면에 단단한 화각을 붙이는 일이 쉽지 않은데도 27개를 만들어 대나무통 표면에 둘러 붙였다(60-3). 세심한 공을 들인 것을 짐작할 수 있다.

또한 붙인 대통보다 약간 가느다란 대통으로 붓대를 만들고 상부에 마개, 하부에 필봉을 구성하여 붓꽂이 구멍에 꽂아 넣었다.

네모난 소뿔 판의 최대 길이 11.7㎝로는 의도한 필통 높이에 못 미치므로 3단으로 이어 붙였는데, 흰색 바탕의 화각을 하나로 길게 그린 후 자르고, 가운데 노란색 바탕의 화각을 붙였다(60-1, 2).

치장된 무늬들은 흰 바탕 상하부에 3단의 꽃잎을 두른 후 여러 형태의 나비와 꽃들을, 중간층 노란 바탕에 화초문을 배치했다(60-1, 2).

필통 중심부에는 중형 붓을 꽂아 둘 수 있다.

· 붓꽂이 : 굵기 1.0, 길이 14.9
· 붓대 : 지름 0.9, 길이 14.0(필봉 포함)
　　　　 마개 지름 1.0, 두께 0.4
· 밑받침 : 지름 11.2, 두께 0.9

60-1 앞면 1

60-2 앞면 2

60-3 입구

60-4 윗면. 내부

60-5 밑널

60-6 밑면

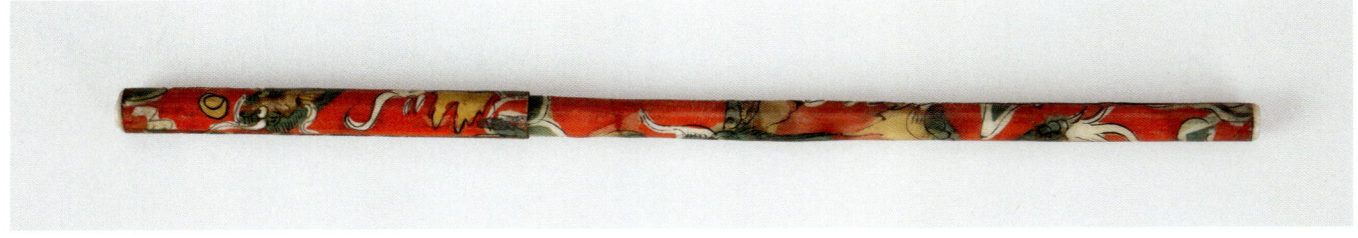

화각장붓은 그려서 붙이는 화각의 면이 좁고 붓대가 둥글어서 새긴 무늬보다는 화사한 채색 효과와 매끄러운 표면이 돋보인다.

가느다란 붓대 둥근 곡면에 화각을 얇게 말아서 붙이므로 쉽게 떨어질 우려가 있고 또 긴 붓대를 고려해 가능한 큰 소뿔을 준비해야 하므로 제작에 어려움이 있다.

이 화각장붓은 활달하고 솜씨 있는 필치로 추상적인 용과 구름을 그려 넣은 얇은 화각 편을 가느다란 대통 위에 감아 붙였다.

붉은 바탕 위에 용의 몸체를 황·녹·백색의 대비가 강한 석채石彩로써 그렸는데 이를 뒤집어 붙이게 되므로 화각의 투명한 미색을 통해 중화되어 부드럽고 온화한 색으로 보이게 된다.

특히 뚜껑의 용머리 일부에는 금박金箔을 사용하여 더욱

돋보인다(61-1).

필봉은 탄력이 좋은 족제비털로 제작되었다.

· 뚜껑 : 굵기 0.9, 길이 7.8
· 붓대 : 굵기 0.7, 길이 14.4, 필봉 2.3
· 붓 길이 16.7

61-1 붓과 붓뚜껑

뚜껑 없이 얼굴만 보는 거울인 면경面鏡으로 작은 휴대용
손거울이다.

앞면 테두리 부분인 변죽에는 거북 등판 껍질인 대모 무늬
형태로 검붉은색, 옆면 테두리는 황갈색을 칠한 화각으로
감쌌다(62-1).

뒷면은 배가 약간 나오도록 곡면으로 부드럽게 처리하고, 황색
바탕에 녹·적·갈색으로 칠한 암수 봉황과 그 사이와 하단에
새끼 아홉 마리〔九鳳〕를 좌우대칭 되게 배치했다.
또 상부에는 모란문을 시문하여 부귀영화와 자손 번창을
순정적으로 표현했다.

· 거울면 3.8×3.8 · 변죽 : 폭 0.8, 높이 0.3

62-1 앞면 거울과 변죽

화각장운룡해태문향낭
華角裝雲龍獬豸紋香囊

모양새로는 화약 가루를 넣어 다니는 화약통(목공예 49 참조)으로 보이나 화약통 바깥면에 화각을 붙인 예가 없으므로 용도가 확실하지 않다.

둥근 곡선과 부드러운 선, 붉고 화사한 여성 취향의 색채, 형태와 크기로 보아 향을 넣어 옆구리에 매달고 다니는 향낭香囊으로 추측되는데 이런 유물이 희소하여 단정할 수 없다.

이와 같은 두께가 얇고 넓게 속이 빈 형태는 테두리와 한쪽 면의 속을 파낸 후 다른 한 장의 판을 이어 붙여 통으로 만든다.

앞뒷면이 배가 부른 곡면이므로 화각을 표면에 붙이는 작업이 쉽지 않은데, 그림을 그린 편편한 화각판을 뜨거운 김을 쐬어 약간 눅신하게 만든 다음 눌러가며 붙인다.

앞뒷면 한 장씩의 우각편牛角片에 상서롭고 길조를 뜻하는 서수瑞獸와 용을 구름과 함께 시문했고 상단에 연판문蓮瓣紋 띠를 둘렀다(63-1).

마개가 있는 입구 면과 곡면 테두리에는 거북 껍질인 대모를 본떠 무늬를 검붉게 그려 넣었는데, 양면 주된 무늬가 돋보이고 짜임새 있는 형태를 갖추고 있다(63-2, 3, 4, 6).

대모 무늬 사이로 소나무결이 보인다(63-5).

양 옆면의 환고리와 입구의 다각형 마개 환고리에 끈목을 연결하여 마개를 여닫고 고정되게 했다(63-5, 6).

· 화각 : 폭 10.2, 높이 7.9
· 두께 : 입구 2.3, 밑면 1.6, 옆면 2.0
· 다각형 마개 : 폭 2.2, 길이 1.9, 내부 원통 길이 0.6, 지름 1.2
· 환고리 지름 1.0

63-1 앞면

63-2 옆면

63-3 윗면

63-4 밑면

63-5 상부 모양새

63-6 상부. 마개와 입구

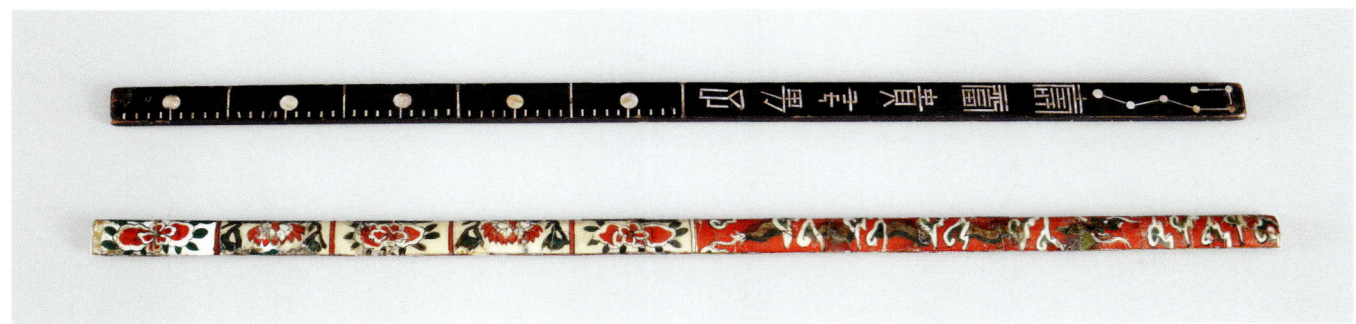

64-1 나전 무늬

64-2 화각 무늬

나전자는 각진 골재 위에 앞뒤로 눈금과 함께 북두칠성, 수부귀다남자壽富貴多男子를 자개로 시문했는데 장수, 부유, 득남을 북두칠성에 기원하는 뜻을 담고 있다.
검은 바탕 위 영롱한 자개는 눈금을 분명히 나타낼 수 있어 치와 푼까지 정확히 새겨놓았다.

나전자, 화각자 한 칸 : 5.5

화각장는 붉은색 바탕에 녹색과 백색의 구름, 적·녹·금분이 섞인 노란색 몸체, 흰 수염의 사나운 용을 그렸고 절반은 국화와 모란문이 흰색 바탕 위에 5.2~5.5cm 간격의 붉은 계선 사이에 그려져 있다.
뒷면에는 반대 방향으로 노랑 바탕에 화문이 그려져 있다. 양 끝부분은 소뼈로 깎아 막았다.

실패는 바느질용 실을 감아두는 넓적한 막대다.
실을 감아두는 방식과 용도에 따라 형태가 달라지고 치장용
무늬의 위치 또한 다르게 놓인다. 사용자의 개성과 경제적
여유에 따라 목재, 나전, 화각 등의 공예 재료가 사용된다.
화각장실패의 속 부분인 백골은 주로 잘 마른 소나무가
사용된다.

왼쪽 실패는 노랑 바탕에 추상적인 모란문과 길상문인
박쥐문이 그려져 있다. 좌우에 검은색 띠선, 기하문 등이
시문되어 중앙의 주된 문양을 돋보이게 한다.
양 끝면에는 소뼈로 제작하여 막았는데 보기에도 좋고 목재의
변형을 막아준다.

오른쪽의 실패는 붉은 바탕의 중심에 여의주와 용머리를 두고
상하에 몸체를 배치했다. 좌우에는 적·녹·백색으로 구름을
연판형으로 일렬 배치하여 용문을 강조하고 있다.

용의 표정이 해학적으로 표현되어 친근함을 느끼게 한다.
독특한 무늬로 앞뒷면이 동일하다.

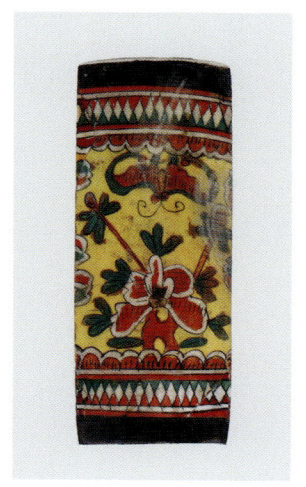

65-1 뒷면 무늬

화각장華角裝 공예는 소뿔을 켜고 펴서 얇게 갈아내어 만든 투명판에 먹으로 윤곽선을 그린 후 적·황·녹·백색 등의 석채로 메꾸어가며 문양을 완성한다.

그림이 그려진 면을 목재 바탕 위에 붙이고 소뿔의 표면을 유리처럼 광택을 내어 화사하게 만드는 일종의 칠공예다.

우각牛角판의 한정된 크기로 인해 여러 개를 사용하여 커다란 상자나 함을 제작하거나 붓, 실패, 베갯모 등 소형 기물을 만든다.

화사한 색채와 무늬가 돋보여 주로 여성용품과 아동용 베갯모에 이용된다.

목재판木材板으로된 베갯모는 소나무 판재를 바탕으로 사용하며 테두리를 경사지게 깎아내고, 그곳에 여러 개의 구멍을 뚫어 베개와 실로 꿰매 고정하는 것이 일반적이다.

그러나 이 베갯모는 작은 구멍 없이 베개 몸체에 끼워 넣어 고정하는 형식이다.

잘 마른 춘양목 표면을 약간 볼록하게 깎아 판을 형성하고 그 위에 얇은 화각을 붙였다.

어른용이며 화각장베갯모로는 최대 크기다.

4개의 우각판을 이어 붙여 하나의 문양을 구성했는데, 노란색 바탕에 호랑이, 소나무, 새, 불로초, 구름을 갈색, 초록, 흰색으로 시문했다. 뚜렷한 배경색에 무늬들이 돋보이며 붉은색 바탕보다 더욱 화사하게 느낀다.

초록색 테두리에 붉은색 뇌문을 둘러 중앙 부분을 강조하고 있다.

흰색 +자 선은 전면은 넓게, 내부는 좁고 날카롭게 깎아낸 소뼈를 박아 끼운 것으로, 화각판 끝부분이 들뜨지 않도록 눌러주는 역할을 한다.

· 화각 지름 : 17.3

화각장華角粧공예는 소뿔牛角을 켜고 펴서 얇게 갈아내어 만든 투명판에 먹으로 윤곽선을 그린 후 적, 황, 녹, 백색 등의 석채로 메꾸어가며 칠한다. 이 그림이 그려진 면을 백골인 목재면에 뒤집어 붙인다.

우각판의 한정된 크기로 인해 붓, 실패, 거울, 어린이 베갯모 등 작은 기물에 사용되나, 함, 반짇고리, 좌경 등 큰 기물에서는 여러 편을 모아 붙여 제작한다.
색채가 밝고 화사하며 문양 또한 꽃과 새, 길상문으로 이루어져 여성 취향에 걸맞다.

테두리 주변의 작은 구멍들은 화각판을 베개 양면에 굵은 실로 고정하기 위한 바늘구멍이다.

이 베갯모는 작은 크기로 어린이용이다.

부부애와 화목한 가정, 경사로움과 훌륭한 인물을 상징하는 봉황 한 쌍을 중앙에 배치하고 좌우 상단에 꽃을, 하단에 세 마리의 새끼를 시문했고 테두리는 거치문으로 장식했다.
봉황 한 쌍과 함께 보이는 새끼의 수는 보통 3, 5, 7마리인데 새끼 7마리와 함께 그린 것을 9봉도九鳳圖라 부른다.

밝고 화사한 색채와 순정적인 표현이 자식에 대한 소망과 사랑을 나타내고 있다.
소나무 판재로 제작했다.

· 화각 지름 : 9.4

칠
공
예

화각
장공
예

부채의 갓대에 화각판을 붙였는데 노랑과 감색의 꽃과 갈색 잎이 활달하고 숙련된 필치로 그려졌고 검은 선들이 흰 바탕과 합쳐져 맑고 밝다.
더욱이 붉은색 종이와 어울려 여성 취향의 분위기를 자아낸다.

부챗살은 얇은 대나무 표피를 서로 맞붙여 양면이 매끄럽고 단단하며, 그 표면에 끝이 뾰족한 뜨거운 인두로 문양을 그리는 낙죽烙竹 기법으로 박쥐문을 정교하게 새겨넣었다.

머리 부분蟬頭에는 먹이 들어 있는 감나무를 사용하여 미장 효과를 가져왔다.

· 화각판 길이 8.9×0.9

68-1 박쥐문 낙죽

68-2 갓대 표면 화각판 붙임

여름철에 햇빛을 가리는 용도인 일산日傘인데 지름이 87㎝나 된다. 이와 같은 대형은 커다란 마차 바퀴 같다 하여 대륜선大輪扇이라 부르기도 한다.

제작은 접선(접는 부채)과 같이 대나무 속대로 제작된 28개 댓살을 엮고 그 위에 연녹색 한지와 주홍색 색지를 발랐다. 댓살이 모이는 사북에 짧은 원통형의 장석을 달고 이곳에 긴 주석 봉을 끼워 일산을 받치고 다니거나 바닥에 잠시 내려놓을 수 있도록 했다(69-4).

양측 갓대의 화각은 분홍빛 바탕에 적·녹·백색으로 문양을 시문하여 일산에 사용한 색지와 조화를 이루도록 했다.

좁고 긴 대 위에 기품과 장수를 의미하는 송학을 배치하기에 어려움이 있어 중심에 굵은 소나무를 두고 양쪽으로 긴 가지에 세 마리의 학을 배치한 후 양 끝부분에 구름문을 두었다(69-5, 6, 7).

· 접었을 때 : 길이 55.0, 폭 5.9
· 꽂이 : 길이 8.6, 지름 1.4
· 손잡이 막대 : 길이 82.2, 지름 1.4
· 화각 막대 : 46.7×1.2
· 원형 종이 : 바깥지름 87.0, 안지름 18.7

69-1 내부 모양새

69-2 사북과 화각 막대   69-3 사북 상세

69-4 접었을 때

69-5 화각 송학운문松鶴雲紋

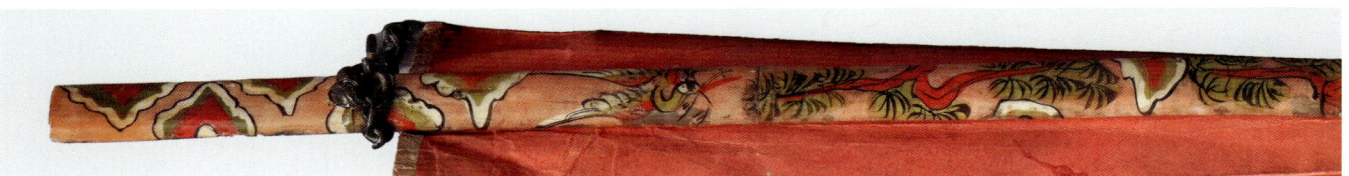

69-6 69-5 상세

69-7 69-5 상세

소나무 판재로 짠 백골에 사슴과 소나무, 토끼와 화초, 봉황과 파초, 용과 구름, 호랑이와 소나무, 운룡, 공작, 거북, 기린, 모란문 등이 앞뒷면과 양 옆면에 배치되어 있고, 뚜껑의 4면 둘레에는 연蓮과 용, 구름, 모란이 시문되어 있다(70-1~5).

천판 테두리에는 약간 경사지게 모를 깎아내고 황색 바탕에 백·녹·적색의 구름을 연속적으로 시문했으며, 그 안쪽에는 학이 봉황으로 변화하는 모습을 4단계로 묘사했다(70-5).
옆면 네 모서리에는 모란문을 크게 그린 화각판을 반으로 접어 감싸 붙였는데 이는 끝부분이 약하여 쉽게 떨어지는 것을 고려한 조치다(70-7).
붉은 바탕에 갈색, 초록, 주황, 백색 등이 서로 어울려 화사함과 동시에 부드럽고 순정적인 아름다움을 느끼게 한다.

각 면의 그림들은 장수와 번영과 풍요를 기원하는 내용들이 민화풍으로 그려져 있다.

화각판 사이의 흰 경계선들은 소뼈를 갈아 만들었는데 화각판 테두리가 들뜨지 않도록 누르는 역할을 한다.

앞면에 사각형자물쇠바탕쇠와 뒷면 사각형경첩, 각 면이 만나는 모서리에는 국수형거멀잡이로 단단히 거머잡았다.

· 뚜껑 높이 3.6, 판재 두께 1.0
· 화각판 : 천판 9.6×9.6, 옆면 7.4×11.9
· 자물쇠앞바탕 : 5.1×7.7, 낙목 : 1.8×3.7
· 경첩 : 2.5×6.9

70-1 앞면

70-2 왼쪽 면

70-3 뒷면

70-4 오른쪽 면

70-5 윗면. 천판

70-6 바닥면

70-7 모서리 화각판

70-8 내부 구조

화각장기린장생문함
華角裝麒麟長生紋函

가로 14.8, 세로 11.8, 높이 11.4cm
19세기, 개인 소장

화각장함의 바탕색은 붉은색 또는 노란색인데 이 함은 녹색
바탕면으로 특이한 색깔의 함이다.
앞면에는 태평성대를 기원하는 기린麒麟과 구름, 양 옆면에는
집을 지키고 재물과 복을 주는 두꺼비와 운문, 뒷면에는
장수를 뜻하는 사슴과 소나무, 불로초를 시문했다 (71-2~5).
각 모서리의 반으로 접은 면에는 번영의 상징인 모란과 새를
시문했는데 네 귀를 접어 붙인 것은 화각華角의 끝부분이 약해
쉽게 떨어질 수 있는 점을 고려했다(71-1).
천판은 크게 두 칸으로 나누어 천도, 학, 구름을, 모서리 부분에는
주황색으로 넝쿨문을 그려 넣었다(71-6). 각 면 녹색 바탕 위의
주황색, 갈색, 흰색, 연두색이 서로 잘 조화되고 있다.

각 판 문양들 사이의 흰 줄은 소뼈를 도끼날처럼 세모난
골선으로 만들어 박아 화각판이 들뜨는 것을 눌러주고 또
독립된 공간으로 나누어주는 계선界線의 역할도 한다.

백골은 오동나무다.

· 뚜껑 높이 2.6, 판재 두께 0.9
· 천판 : 한 면 6.3×8.4
· 앞널 : 한 면 5.3×8.8 · 자물쇠앞바탕 : 4.4×6.0
· 낙목 : 가로 1.4, 길이 2.9 · 경첩 : 2.1×4.9

71-1 내부 구조

71-2 앞면

71-3 왼쪽 면

71-4 뒷면

71-5 오른쪽 면

71-6 윗면

71-7 밑면

화각장장생문함
華角裝長生紋函

가로 32.5, 세로 21.0 높이 20.5cm
19세기, 개인 소장

이 화각함은 크기와 화각판의 배치, 문양과 금속 장석 등에서 중형 화각함의 기준형이다.

색채 또한 붉은 바탕에 초록색, 분홍색, 노란색, 갈색, 백색이 잘 어울리고 있으며, 각 문양의 테두리를 검은색으로 둘러 안의 색깔이 돋보이고 전체가 화사하여 여성 취향과 걸맞다.

문양들을 살펴보면, 앞면에는 송학, 봉황, 용, 귀룡龜龍, 송호松虎, 원앙과 연꽃을, 양 측면에는 모란, 학, 원앙과 연꽃이 묘사되어 있다.

뒷면에는 원앙과 연꽃, 모란, 봉황, 공작, 사슴, 기린이, 윗면에는 잉어가 용으로, 학이 봉황으로 변모하는 과정을 4장면씩 배치했다(72-1~5).

천판 테두리의 비스듬히 경사진 부분에는 거북 껍질(대모 玳瑁)을 본떠 얼룩지게 채색했다(72-5).

앞면의 원형자물쇠앞바탕과 뒷면의 사각형경첩은 화각함에 사용되는 전형적인 형태인데 부드럽고 단아하다.

- 뚜껑 높이 4.5, 아랫면 높이 16.0
- 화각면 : 앞뒷면 가로 8.0, 세로 8.0
  왼쪽, 오른쪽 면 가로 5.7, 세로 8.0
  윗면 가로 7.2, 세로 8.6
- 자물쇠앞바탕 : 지름 6.5, 낙목 1.6×3.8
- 경첩 : 2.5×6.2

72-2 앞면

72-3 왼쪽 면

72-4 뒷면

72-5 오른쪽 면

72-6 윗면

72-7 앞면 상세

화각장생인물문함
華角裝長生人物紋函

가로 59.0, 세로 33.5, 높이 33.5㎝
18~19세기, 개인 소장

초대형 화각장함으로 앞면과 뒷면에 화각판이 각 29개씩, 옆면에 각 18개씩, 천판에 28개 모두 122개로 대략 소 60마리의 뿔이 사용되었다.

이와 같은 화각함은 제작하는 데 많은 시간과 경비가 소요되었을 것이며, 크기, 규모, 솜씨 등으로 미루어 보아 궁이나 사대부가 용도로 특별히 제작된 것으로 생각된다.

그려진 문양들을 살펴보면 어룡魚龍, 용, 귀룡龜龍, 까치 호랑이, 백호白虎, 사슴, 서수瑞獸, 봉황, 학, 원앙, 꿩들과 파초와 괴석, 모란과 괴석, 매화가 여러 형태로 묘사되어 있다.

인물로는 피리 부는 동자, 학을 탄 동자, 복숭아나무 아래 여인, 구름 위 복숭아를 든 여인, 연잎에 앉아 복숭아를 든 여인, 소를 탄 동자, 바둑 두는 노인들, 말을 탄 무사武士 등이 상세하게 그려져 있다(73-1~5).

천판에는 태극문을 중심으로 학이 봉황으로 변하는 여러 단계의 과정을 상세히 묘사했다(73-1).

이런 다양한 그림들이 붉은 바탕 위에 백색과 녹색으로 칠한 구름을 배경으로 깔려 있어 내용들이 서로 통일되고 화려해 보인다.

73-1 윗면. 천판

73-2 앞면

73-3 뒷면

73-4 오른쪽 면

73-5 왼쪽 면

이때 사용된 석채는 백白·적赤·황黃·녹綠의 짙은 색으로 매우 강렬하나 시간이 경과되면서 조금씩 노랗게 변색되는 우각판 牛角板을 통해 중화되어 보인다.

장생, 부귀, 다남, 등용, 화목, 부부애, 태평성대 등 모든 길상 문양을 그려 넣었는데, 민화풍 그림들로서 필치가 숙련된 장 인의 솜씨다.

천판 테두리에는 약간 경사지게 모를 깎아내고 대모玳瑁의 검 붉고 얼룩진 형태를 그려 넣었는데, 당시 구하기 어려운 대모 의 효과를 얻으려고 우각판에 그린 것이 화각 공예의 계기가 된 것으로 생각된다(73-9).

화각판 사이의 흰 경계선은 소뼈를 갈아 만들었다.

73-6 자물쇠앞바탕

73-7 천판 부분

73-8 내부 구조

73-9 모서리 경사면. 대모玳瑁 문양

바닥면에는 화각을 사용하지 않았으며 받침목이 없이 소나무 판재로만 되어 있다.

앞면 중앙의 원형자물쇠앞바탕장석과 긴 길목은 함의 중심을 잡고 있으며, 특히 긴 낙목은 크고 무거운 뚜껑의 하중을 받쳐주어 경첩의 손상을 막아주는 역할을 한다(73-6, 8).

· 뚜껑 높이 5.9, 판재 두께 1.4
· 화각판 : 천판 한 면 7.4×8.0
　　　　　　앞면 한 면 7.2×8.2
　　　　　　옆면 한 면 7.2×8.8
· 자물쇠앞바탕 : 지름 9.4　· 낙목 : 폭 3.1 길이 26.9
· 경첩 : 가로 3.4, 세로 9.8　· 들쇠 : 10.7×3.8, 두께 0.7

Ⅲ 목공예품 실내 배치 및
세부명칭도

■ 목공예품 실내 배치

그림1 사랑방 목공예품 실내 배치 / 오른쪽

그림2 사랑방 목공예품 실내 배치 / 왼쪽

그림3 규방 목공예품 실내 배치 / 왼쪽

그림4 규방 목공예품 실내 배치 / 오른쪽

■ 목공예품 세부명칭도

1. 함

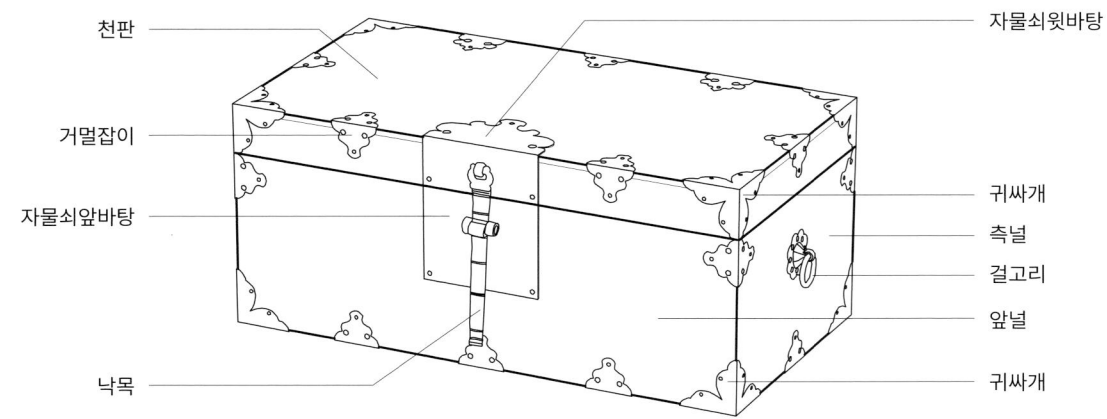

천판
자물쇠윗바탕
거멀잡이
자물쇠앞바탕
귀싸개
측널
걸고리
앞널
낙목
귀싸개

2. 서안

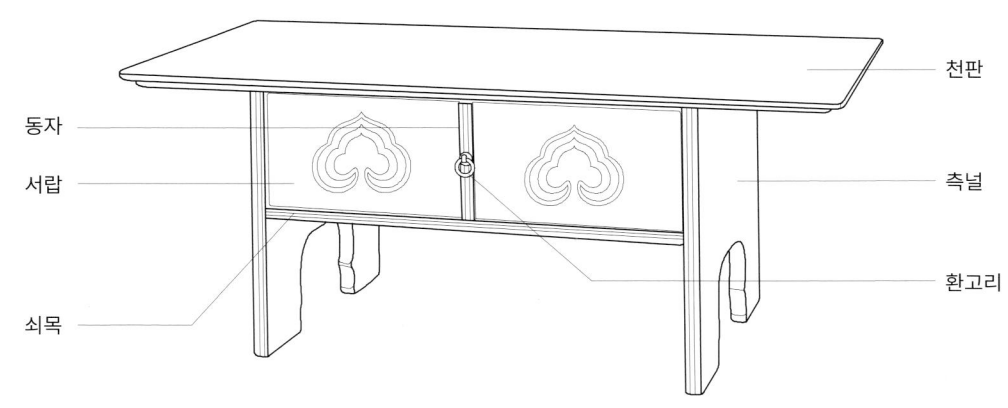

천판
동자
서랍
측널
쇠목
환고리

3. 경상

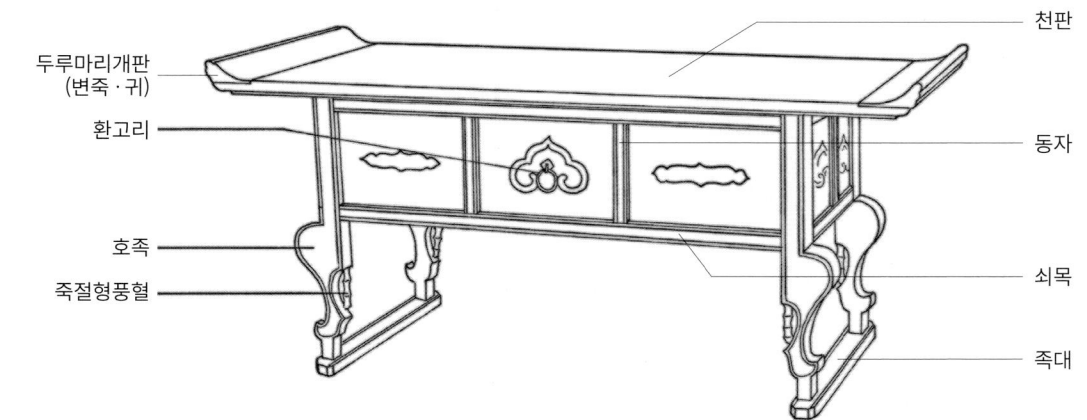

천판
두루마리개판
(변죽·귀)
환고리
동자
호족
죽절형풍혈
쇠목
족대

4. 좌경

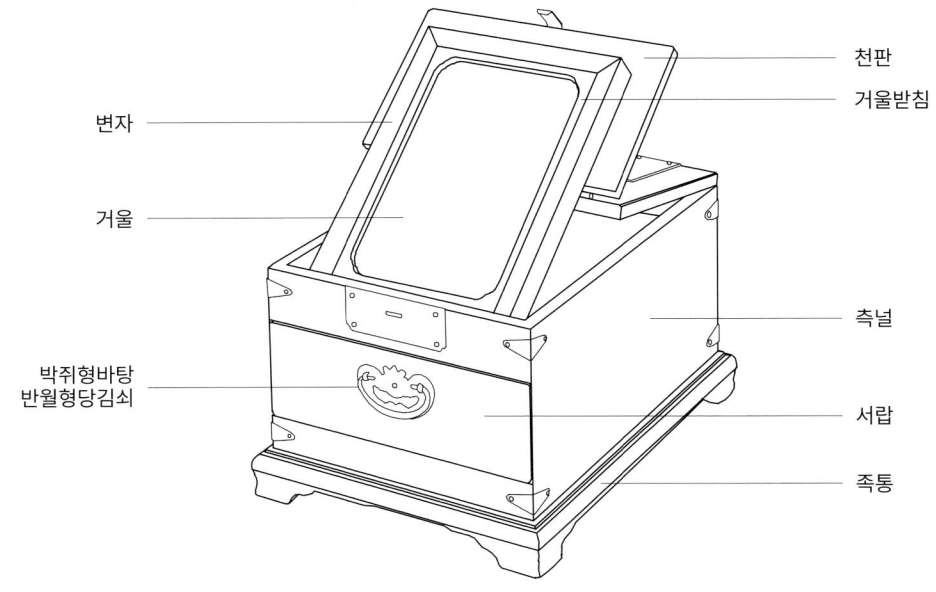

변자

거울

박쥐형바탕
반월형당김쇠

천판

거울받침

측널

서랍

족통

5. 좌등

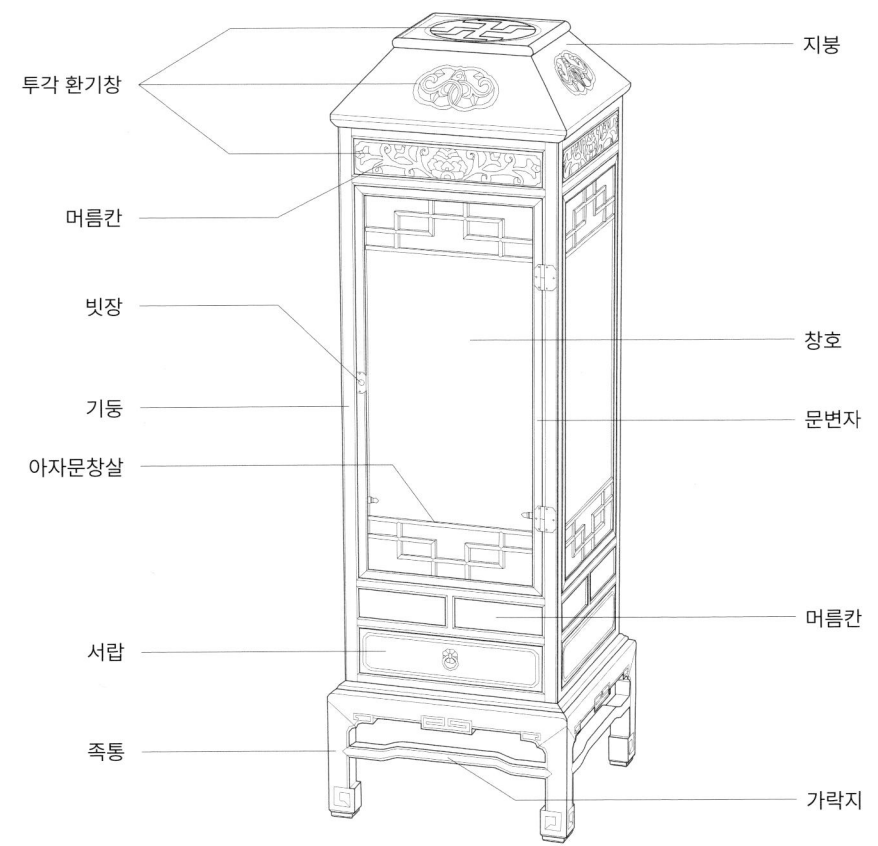

투각 환기창

머름칸

빗장

기둥

아자문창살

서랍

족통

지붕

창호

문변자

머름칸

가락지

6. 호족반

변죽

천판

운각

족(다리)

족대

7. 구족반

변죽

천판

운각

족(다리)

족대

8. 공고상

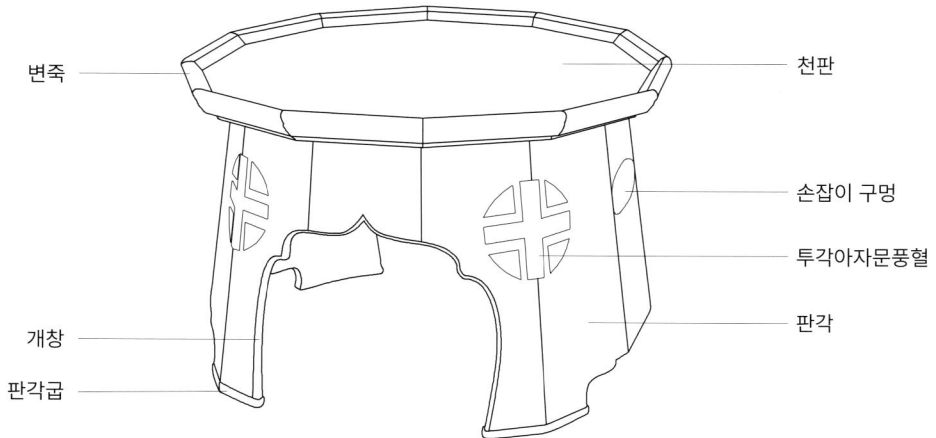

변죽

천판

손잡이 구멍

투각아자문풍혈

개창

판각

판각굽

9. 나주반

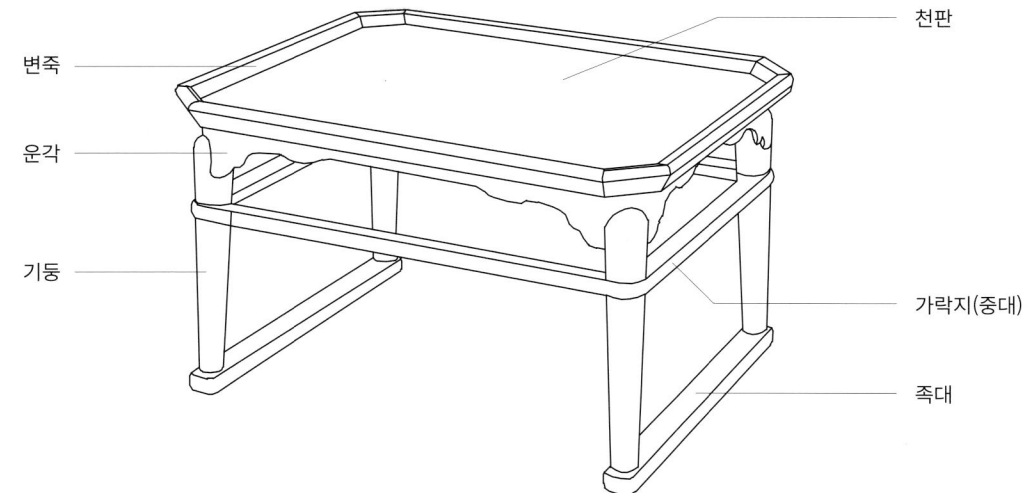

변죽

운각

기둥

천판

가락지(중대)

족대

10. 통영반

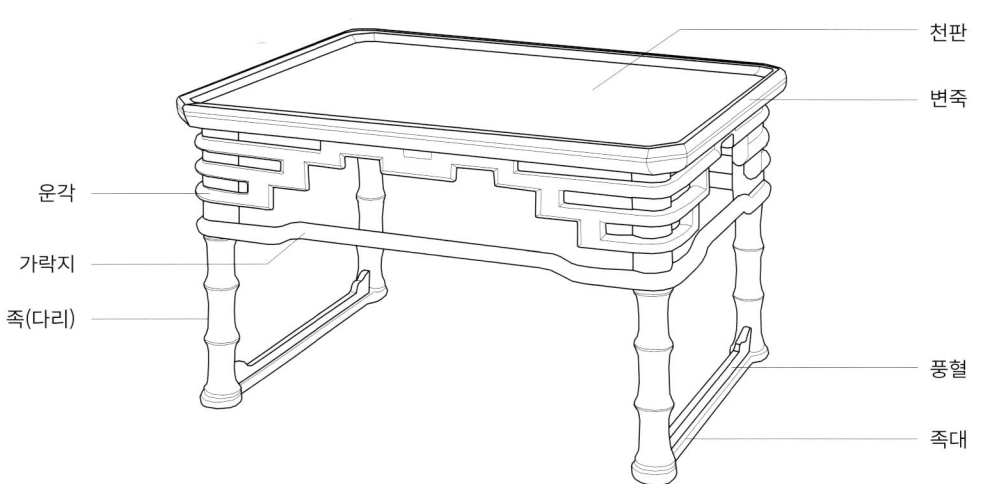

운각

가락지

족(다리)

천판

변죽

풍혈

족대

11. 해주반

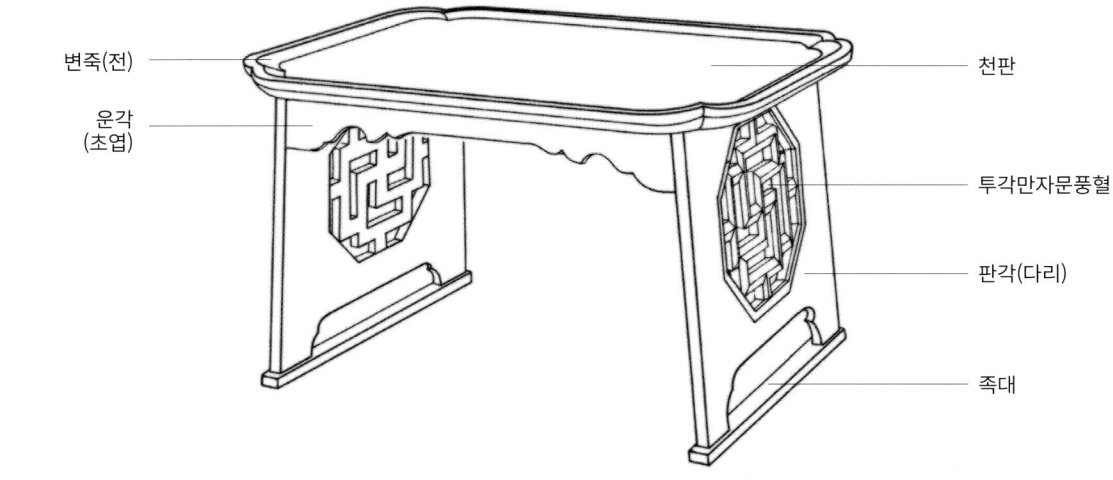

변죽(전)

운각
(초엽)

천판

투각만자문풍혈

판각(다리)

족대

참고 문헌

ㄱ ~ ㅁ

家具, 나무, 삶의 향기로 빚다 / 온양민속박물관, 2009

기산 풍속화에서 민속을 찾다 / 2020

관혼상제와 의례문화 / 서울특별시문화원연합회, 2015

경기민속지-생업기술, 공예 / 경기도박물관, 2003

나무 건강을 담다 / 허준박물관 2021

나무백과 / 임경림 / 일지사, 1977

나무열전 / 강판권 / 글항아리, 2007

나전장 / 국립문화재연구소 / 민속원, 2006

두석장 / 국립문화재연구소 / 민속원, 2008

木갈이공예전 / 한국문화재재단 2019

목조, 한국건축대계 Ⅴ / 장기인 / 보성출판사, 1990

목칠공예 / 박영규, 김동우 / 솔, 한국의 미 시리즈, 2005

민족생활어사전 / 이종훈 / 한길사, 1995

부엌의 문화사 / 함한희 / 살림, 2005

ㅂ ~ ㅇ

불교동자상 / 본태박물관, 2003

불교의식구 / 동국대학교 박물관, 통도사, 국립민속박물관, 1995

붉고 푸른 장엄의 세계 / 불교중앙박물관, 2015

빛 / 국립민속박물관, 2005

산수간에 집을 짓고 / 서유구 지음, 안대희 옮김 / 돌베개, 2005

섬용지贍用志 1, 2 / 서유구 지음, 임원경제연구소 옮김 / 풍석문화재단, 2016

선비문화와 목가구 / 신세계백화점, 2010

五色燦爛오색찬란 조선의 나전 / 호림문화재단, 2015

왕의 상징 御寶 / 국립고궁박물관, 2012

우리 나무의 세계 1, 2 / 박상진 / 김영사, 2011, 2018

우리 삶의 근원을 찾아서 / 한국국학진흥원, 2003

우리 선비 / 정옥자 / 현암사 , 2003

우리의 부엌살림 / 윤숙자, 박록담 / 삶과 꿈, 1999

이운지怡雲志 2 / 서유구 지음, 임원경제연구소 옮김 / 풍석문화재단, 2019

일본민예관 소장 한국문화재 1 공예편 / 국외소재문화재재단, 2015

ㅈ ~ ㅊ

전통 목가구 특별전 / 경기도박물관, 2012

중생의 염원 / 한국불교미술박물관, 2004

조선공예의 아름다움 / 가나문화재단, 2016

조선 목가구 정석 / 박영규 / 한문화사 / 2022

조선궁궐의 잔치, 연향 / 김종수 외 / 글항아리, 2013

조선시대 문방제구 / 국립중앙박물관 / 통천문화사, 1992

조선시대 선비 연구 / 이장희 / 박영사, 1989

조선시대 유교문화 / 최봉영 / 사계절, 1997

조선시대 의궤 용어 사전 / 왕실 전래 편 / 여찬영 외 / 경인문화사, 2012

조선시대의 향연과 의례 / 국립중앙박물관, 2009

조선의 소반, 조선도자명고 / 아사카와 다쿠미 지음, 심우성 옮김 / 학고재, 1996

조선의 승려 장인 / 국립중앙박물관, 2021

조선 초기 상장의례 연구 / 정종수 박사학위논문, 1994

조선시대 제례와 목제구 - 특별전 / 용인대학교 박물관, 2005

증보산림경제增補山林經濟 Ⅰ, Ⅱ, Ⅲ / 유중림, 산림경제(홍만선)를 증보 편찬 1766
／ 농촌진흥청(고농서국역총서 4,5,6), 2003, 2004

제구에 나타난 목칠공예 / 문화재연구소, 무형문화재 조사보고서(11) / 1987

칠장 / 국립문화재연구소 / 민속원, 2006

ㅋ ~ ㅎ

한국의 목가구 / 박영규 / 삼성출판사, 1982

한국의 목공예 / 박영규 / 범우사, 1997

한국의 목칠가구 / 최순우, 박영규 / 경미출판사, 1981

한국문화상징사전 1, 2 / 한국문화상징사전 편찬위원회 / 동아출판사, 1994, 1995

한국민속대사전 1, 2 / 한국민속사전 편찬위원회 / 민족문화사, 1991

한국의 규방문화 / 국제문화재단편 / 도서출판 박이정, 2005

한국의 제사 / 국립민속박물관, 2003

한국 전통 목가구 / 박영규 / 한문화사, 2011

한국 전통 소반 / 고미술 나락실, 2014

한눈에 보는 나전칠기 / 한국공예디자인문화진흥원 / 영신사, 2011

한눈에 보는 장석 / 한국공예디자인문화진흥원 / 영신사, 2013

함과 합 뚜껑을 열어 일상을 담다 / 호림박물관, 2007

화각장 / 곽대웅 / 화산문화, 2000

박 영 규

홍익대학교 응용미술학과 졸업
미국 뉴욕 프렛대학원 미술학부 실내디자인학과 졸업
국민대학교 대학원 건축계획 박사 과정 수료

국립중앙박물관 학예연구원
한집디자인연구소 소장
한국문화공간건축학회 회장
한국공예디자인문화진흥원 이사장
문화재청 무형문화재위원회 위원장

현 용인대학교 명예 교수

조선 목공예·칠공예

초판 1쇄 발행 2025년 08월 25일

저자 박 영 규

발행인 이인구
편집인 손정미

출력 (주)삼보프로세스
종이 영은페이퍼(주)
인쇄 (유)엠와이피엔엠
제본 신안제책사

펴낸 곳 한문화사
주소 경기도 고양시 일산서구 강선로 9
전화 070-8269-0860
팩스 031-913-0867
전자우편 hanok21@naver.com

등록번호 제410-2010-000002호
ISBN 978-89-94997-56-8(13630)

정가 66,000원